159.939

W0175332

Frank Ochmann
Die gefühlte Moral

Frank Ochmann

DIE GEFÜHLTE MORAL

Warum wir Gut und Böse
unterscheiden können

Ullstein

ISBN 978-3-550-08698-4

© Ullstein Buchverlage GmbH, Berlin 2008
Gesetzt aus der Minion
Satz: Pinkuin Satz und Datentechnik, Berlin
Druck und Bindearbeiten: Pustet, Regensburg
Printed in Germany

2008: PT-182

TK

Für meine Eltern
und für Jochem

»*Um Gut's zu tun, braucht's keiner Überlegung.*«
JOHANN WOLFGANG VON GOETHE, Iphigenie auf Tauris

Inhalt

Einführung: Der Strich durchs Herz
Biologen, Neurowissenschaftler und das
neue Interesse an der Moral 9

Der wiedervereinigte Mensch
Über das Verschmelzen von Veranlagung und Erfahrung 20

Zwischen Sein und Sollen
Philosophen und Theologen auf der
Suche nach dem Guten im Menschen 48

Ich, wir und die anderen
Der Mensch, ein soziales Wesen von Anfang an 74

Von Natur aus gut?
Über Empathie und Eigennutz 102

Böse Triebe
Von Psychopathen und ganz normalen Übeltätern 130

Gewissensbisse
Das moralische Dilemma: Erst sprechen
die Gefühle, dann der Verstand 163

Miteinander und gegeneinander
Moralisches Verhalten als Weg zu sozialer Anerkennung 195

Von Werten, Vorbildern und Tugenden

Der Verlust der Moral, eine Gefahr für jede Gemeinschaft 224

Danksagung 251
Anmerkungen 253
Literaturverzeichnis 280
Register 301

Einführung:
Der Strich durchs Herz

Biologen, Neurowissenschaftler und das neue Interesse an der Moral

> Ja, es wankt und zaudert der Mensch sein Leben lang zwischen Gut und Böse, rutscht aus, rutscht ab, klettert hoch, bereut und wird wieder finsterer.
>
> *Alexander Solschenizyn*[1]

Wann sollte sich das Wesen des Menschen deutlicher zeigen als zu Zeiten gnadenloser Herausforderung?

In Stalin'schen Straflagern hatte der russische Schriftsteller, Bürgerrechtler und spätere Nobelpreisträger Alexander Solschenizyn elf Jahre lang Gelegenheit, die menschliche Natur eingehend zu studieren. Die der Peiniger, die der Mitgefangenen, auch die eigene. Das Ergebnis hat ihn angesichts einer von Menschen bereiteten Hölle, durch die er gehen musste, selbst überrascht:

»Wenn es nur so einfach wäre! – dass irgendwo schwarze Menschen mit böser Absicht schwarze Werke vollbringen und es nur darauf ankäme, sie unter den übrigen zu erkennen und zu vernichten. Aber der Strich, der das Gute vom Bösen trennt, durchkreuzt das Herz eines jeden Menschen. ... Während der Lebensdauer eines Herzens bleibt dieser Strich nicht unbeweglich, bedrängt einmal vom frohlockenden Bösen, gibt es dann wieder dem aufkeimenden Guten Raum. Ein neues Lebensalter, eine neue Lebenslage – und ein und derselbe Mensch wird ein sehr anderer.«[2]

Es ist eine Menschheitsfrage und zugleich die Frage jedes einzelnen Menschen: Wo durchkreuzt diese Linie mein eigenes Herz? Und warum fällt es manchmal nicht nur schwer, gut zu sein, sondern auch, überhaupt zu erkennen, *was* gut ist?

9

Moralische Fragen umgeben uns und durchdringen unseren Alltag. Interessen, Rechte, Ansprüche stoßen aufeinander und führen zu Kampf oder Kompromiss. So ist das in Partnerschaften und Familien, bei der Arbeit, in der Gesellschaft, in der wir leben, und nicht anders ist es in der globalen Gemeinschaft der Völker, die sich zum Beispiel entscheiden muss, wie sie mit den endlichen Gütern umgehen will, die der Menschheit zur Verfügung stehen.

Wir können den Fragen nach dem Gebotenen und Verbotenen, dem Guten und Bösen nicht entgehen. Wo immer Menschen miteinander leben, stehen sie unausweichlich vor der Entscheidung, wie sie einander behandeln wollen – in jedem Einzelfall und generell.

Wie kommt es nun, dass wir dem einen vertrauen und zum Feind des anderen werden? Wer bestimmt, welche Regeln gelten und das Gute vom Bösen scheiden? Wer fordert ihre Beachtung ein, belohnt und bestraft? Wissenschaftlich sind solche Fragen traditionell das Feld von Philosophen und Theologen, Psychologen und Soziologen. Für viele noch überraschend, versuchen sich seit einiger Zeit und immer nachdrücklicher aber auch andere Disziplinen an einer Antwort: die Naturwissenschaften.

Nach etlichen, noch wenig beachteten biologischen Studien zum Sozialverhalten des Menschen in den Jahrzehnten davor war es 1975 mit der Zurückhaltung vorbei: Der Harvard-Zoologe Edward O. Wilson, Begründer und bis heute einer der prominentesten Vertreter der fortan so genannten Soziobiologie, rief zur Erstürmung der geisteswissenschaftlichen Bastion. Allerdings dachte er zunächst nur an eine vorübergehende Besetzung, während der das Nötigste gerichtet werden sollte: »Natur- und Geisteswissenschaftler sollten gemeinsam die Möglichkeit in Betracht ziehen, dass die Zeit gekommen ist, die Ethik für eine Weile aus den Händen der Philosophen zu nehmen und sie zu biologisieren.«[3]

Das, was für viele den kultivierten Menschen ausmachte und ihn vom Tier abhob, sein zwischen Gut und Böse unterscheidender und im Idealfall dem Edlen zugewandter Geist, wurde nun wie Nahrungsaufnahme oder Fortpflanzung betrachtet und ohne Unterschied auf Ursprung und Nützlichkeit mit dem Instrumentarium der Evolutionstheorie untersucht. Das biologische Fundament der Moral sollte freigelegt werden.

Der Widerstand war selbst unter Fachkollegen zunächst heftig. In einem öffentlichen Appell gegen die Soziobiologie warf die akademische Opposition dem neuen Forschungszweig vor, er wärme nur alte Theorien wieder auf, in denen der Mensch von seiner Natur ein für alle Mal und ohne Chance auf Veränderung festgelegt sei. Sogar ein politisches Motiv wurde unterstellt. Die Soziobiologen wollten, so hieß es, jede gesellschaftliche Veränderung nach Kräften unterdrücken und »die existierenden Privilegien bestimmter Gruppen entsprechend ihrer sozialen Klasse, ihrer Rasse oder ihres Geschlechts« mit biologischen Argumenten verteidigen. Letztlich, so wurde behauptet, sei solches Gedankengut auch das Fundament der von Nazi-Deutschland errichteten Gaskammern gewesen.[4]

Angesichts dieser erbitterten Fehde lässt sich erahnen, wie brandgefährlich das intellektuelle Terrain auch heute noch werden kann, wenn sich Geistes- und Naturwissenschaften begegnen. Wilson und seine Mitstreiter waren jedoch keine verkappten Rassisten oder Rechtsradikalen. Und sie hatten durchaus ernst zu nehmende, auch für liberal gesinnte Menschen nachvollziehbare Gründe für ihre Annahmen.

Warum, fragte Richard D. Alexander zum Beispiel, ein Zoologe der Universität von Minnesota, der zwölf Jahre nach Wilson ebenfalls die Moral mit den Mitteln der Evolutionstheorie zu erklären versuchte, führten alle noch so ernsthaften und intensiven Anstrengungen nicht aus der Krise des Kalten Krieges, der damals alles Leben im Hagel von Kernwaffen auszulöschen drohte? Unter anderem deshalb, so seine Antwort, weil »diejenigen, die versucht haben, die Moralität zu analysieren, jene menschlichen Verhaltensweisen ausließen, die Ergebnis der Evolution sind und dem moralischen Verhalten zugrunde liegen«.[5] Zugespitzt formuliert: Wer die ererbte Biologie des Menschen außer Acht lässt und vom freien Wirken des Geistes über die Natur ausgeht, muss sich nicht wundern, wenn die ihn eines Tages umbringt.

Was aber am menschlichen Wesen ist biologisch? Oder vielmehr: was *nicht?*

In jenen Jahren waren es vor allem Fragen der evolutionären Abstammung und Prägung des Menschen, die zum Beispiel ins Feld der Verhaltenspsychologie eingebracht wurden. Die Frage nach den animalischen Wurzeln unserer Art sollte klären helfen, warum bei aller Kooperation und Selbstlosigkeit der Menschen, die doch tagtäglich beobachtet werden konnten, es dieselben Menschen auf der anderen Seite so weit hatten kommen lassen, dass sie in Gefahr waren, sich allesamt von eigener Hand zu vernichten. Zwanzig Jahre später ist dieses Risiko noch immer nicht gebannt. Nach dem Ende des Kalten Krieges zwischen Ost und West haben sich schnell neue, gefährliche Fronten gebildet, die nur noch zum Teil geografisch fassbar sind – etwa unter der Bezeichnung »Nahost« – und nun eher kulturell und ideologisch definiert werden müssen. In der Heftigkeit der zu erwartenden oder auch schon beobachtbaren Auseinandersetzungen stehen die neuen den alten Konflikteherden in nichts nach, sie drohen sie sogar noch zu übertreffen.

Dieser »Kampf der Kulturen«, den der US-amerikanische Politikwissenschaftler Samuel P. Huntington bereits 1993 diagnostizierte,[6] ist auch und vielleicht sogar in erster Linie eine Kollision moralischer Systeme. Angehörige verschiedener Kulturen haben, so Huntington, unterschiedliche Ansichten über die Beziehungen zwischen Gott und Mensch sowie dem Einzelnen und der Gruppe, und auch das Verständnis von Recht und Verantwortung, Freiheit und Autorität, Gleichheit und Hierarchie ist verschieden. Da diese Differenzen über Jahrhunderte hinweg gewachsen seien, würden sie auch nicht so bald verschwinden.[7]

Dass es letztlich moralische Werte und Urteile sind, die an staatlichen, wirtschaftlichen und oft auch binnengesellschaftlichen Grenzen aufeinanderprallen und das Potenzial für heftige Konflikte in sich bergen, wird auch bei der gegenwärtigen Konfrontation zwischen westlichen und islamistischen Weltanschauungen deutlich. Die Anfang 2006 publizierten dänischen Mohammed-

Karikaturen, von der einen Seite mit dem Recht auf Meinungsfreiheit begründet, von der anderen unter dem Vorwurf der Gotteslästerung und der Missachtung des Glaubens bekämpft, sind nur ein Beispiel dafür. Selbstmordattentäter, denen weder das eigene Leben noch das der Opfer viel zu gelten scheint, sind ein noch viel eindringlicheres.

Hält man die postulierten Überzeugungen und Motivationen hinter solchen Taten für glaubhaft, zeigt sich, wie weit Urteile darüber, was gut ist und was böse, auseinandergehen können, ja, dass sie sich manchmal sogar unvereinbar gegenüberstehen.

Wie soll man aber nun feststellen, wer recht hat und wer nicht? Woher soll das absolute Maß stammen, mit dem allein sich diese Frage beantworten und ein Konflikt zwischen konträren subjektiven Urteilen lösen ließe? Nicht einmal eine religiöse Begründung – die fällt einem zur Rechtfertigung moralischer Urteile vermutlich zuerst ein – hilft hier weiter. Denn sich auf Gott zu beziehen, schränkt das Spektrum möglicher Handlungsweisen offenbar nicht spürbar ein. Auf den Willen Gottes, eines barmherzigen Gottes sogar, beriefen sich die christlichen Kreuzzügler des Mittelalters ebenso, wie es islamistische Kämpfer heute tun. Und beiden stand und steht nach jeweils geltender Lehre für das Töten himmlischer Lohn zu, der keinesfalls geringer ausfällt als beispielsweise der für großzügige Wohltäter der Armen.

Immer noch suchen Philosophen derweil nach Wegen aus den moralischen Dilemmata. Immer noch forschen Biologen nach der animalischen, aus der Evolution erwachsenen Basis menschlichen Verhaltens. Allerdings wird es immer schwieriger, zu definieren, wo die Biologie aufhört und vielleicht etwas anderes – Geist, Kultur – anfängt. Die Grenzen verschwimmen.

Inzwischen ist noch eine weitere, hochproduktive und allmählich das gesamte Feld dominierende Gruppe hinzugekommen, um Menschheitsfragen wie die nach dem Ursprung und Wesen der Moral zu beantworten: die Neurowissenschaftler. In ihrem Umfeld entstand sogar vor kurzem eine ganz neue Disziplin, die Neuroethik.

»Neuroethics – Mapping the Field«[8] war eine Konferenz über-
schrieben, die 2002 in San Francisco Experten aus ganz unterschiedlichen Bereichen, von der Biologie über die Philosophie bis
hin zu den Rechtswissenschaften, zum Gründungskongress der
Neuroethik zusammenbrachte. Im selben Jahr fand in London
eine thematisch ähnliche Veranstaltung des Royal College of Physicians statt. Auch ihr Schwerpunkt war der Gedankenaustausch
zwischen Neurowissenschaftlern und Philosophen.[9]

Weitere derartige Konferenzen wurden inzwischen abgehalten,
dazu entstanden Web-Portale[10] und eine Vielzahl von wissenschaftlichen Publikationen. Auch die Gründung der »Neuroethics
Society«[11] ist ein Zeichen dafür, dass sich die Neuroethik in den
wenigen Jahren ihrer Existenz offenbar schon im akademischen
Reigen etablieren konnte. Zwar gibt es bei der Zielsetzung noch
einige Unsicherheiten im Selbstverständnis dieser jungen Disziplin.[12] Grenzgänger wie der Mainzer Neurophilosoph Thomas
Metzinger erwarten von ihr dennoch nicht weniger als den Ent-
wurf eines neuen Menschenbildes.[13]

Die Neuroethik befasst sich mit zwei großen Fragenkomplexen.
Bei dem einen geht es darum, Normen zu finden für den Einsatz
immer tiefer in die menschliche Existenz eingreifender Verfahren
der Hirnforschung und der Hirnmanipulation, sei es mit elektro-
magnetischen Feldern, Implantaten oder auch Drogen. Metzinger
hat diesen Forschungskomplex »normative Neuroethik« genannt,
um ihn in klassischer philosophischer Manier vom zweiten ab-
zugrenzen, der »deskriptiven Neuroethik«, bei der es um das Wesen
der Moral selbst geht: Warum also unterscheiden wir Menschen
Gut und Böse? Wie und wo im Kopf machen wir das? Und welche
Funktion, welchen womöglich evolutionsbiologisch verwurzelten
Zweck hat unser moralischer Sensus für uns als Einzelne und für
die Gemeinschaften, in denen wir leben?

Oft ist es allerdings eher das Fehlen oder Versagen von Moral,
das solche grundsätzlichen Fragen wachruft. Wenn wieder irgendwo jemand Amok läuft und in einer Schule ein Blutbad anrichtet,
wenn Kinder sterben, weil sie von ihren Eltern vernachlässigt oder

missbraucht wurden, wenn Menschen im Irak oder in Darfur von
Bomben und Granaten zerrissen werden.
Warum sind Menschen überhaupt gewalttätig? Warum sind sie
habgierig, sadistisch, heuchlerisch oder arrogant? Warum fehlt es
manchen anscheinend an Mitleid selbst mit den Kleinsten und Be-
dürftigsten? Stecken Gewaltbereitschaft und Selbstsucht vielleicht
schon von Geburt an in ihnen? Oder sogar, wenn auch vielleicht
tief verborgen, in jedem von uns? Ist es womöglich nur eine ange-
lernte oder antrainierte dünne Schutzschicht, kulturelle Tünche,
die unsere ansonsten bestialische »Natur« umschließt?[14]

Die Frage, ob er den Islam für besonders aggressiv halte und
eben deswegen eine Konfrontation fürchte, hat Samuel Huntington nach den Anschlägen vom 11. September 2001 verneint.
Statt die Religion als Quelle der Aggression zu sehen, führte er
nun einen biologisch anmutenden Grund für die auch weiter aus
diesem Kulturraum befürchtete Gewalt an: »Der Schlüssel ist der
demografische Faktor. Im Allgemeinen sind die Menschen, die
hinausgehen und andere Menschen umbringen, Männer zwischen
16 und 30.«[15] Internationale Statistiken stützen diese Sicht. Und
warum ist das so? Wirken Y-Chromosomen und Hormone ein-
flussreicher auf das Verhalten als alle Erziehung und Kultur?

Es war 1996, als ich den damals in Los Angeles an der University
of Southern California arbeitenden Kriminologen und Psychiater
Adrian Raine besuchte,[16] der sich als einer von damals noch wenigen Forschern seit längerem mit einer möglichen biologischen
Basis des Bösen – des antisozialen Verhaltens, um wissenschaftlich
präzise zu sein – befasste. Das weckte mein Interesse, denn etwa
um das Ende meiner Schulzeit 1974 herum wurde es modern,
folgendermaßen zu denken: Wer kriminell war oder »asozial«, der
musste es schwer gehabt haben in seiner Kindheit, war vielleicht
arm gewesen, vernachlässigt worden oder gar missbraucht. Die
»Umstände«, die »Gesellschaft« hatten ihn – oder weitaus selte-
ner *sie* – dazu gemacht. Zum Opfer eben, wenn man es zu Ende
dachte.

Gab es also *nur* Opfer? Hing allein von den äußeren Einflüssen,

15

von der Erziehung und den persönlichen Erfahrungen ab, was aus Menschen wurde? Und woher stammten überhaupt diese äußeren Einflüsse, die doch nicht wie der Regen über sie kamen? Spielte es gar keine Rolle, *wer* diese Menschen waren, welche *Natur* sie geerbt hatten? Mein Gefühl sagte mir etwas anderes. Aber Gefühle können trügen.

Adrian Raine erzählte mir bei meinem Besuch von seinen Forschungsprojekten, bei denen damals bereits bildgebende Verfahren eingesetzt wurden, die es möglich machten, dem Gehirn von Versuchsfreiwilligen bei der Bewältigung bestimmter Aufgaben zuzuschauen. Daraus schuf der Computer bunte Bilder: Gelbe und rote Flecken markierten Areale mit erhöhter Aktivität – zeitweilig stärkerer Durchblutung –, blaue und grüne Bereiche zeigten an, welche Gebiete des Gehirns bei einer bestimmten Übung weniger aktiv waren als in einem unaufgeregten, neutralen Ruhezustand, der als Vergleich diente.

In den Gehirnen von Mördern zum Beispiel, so war aufgefallen, gab es bei solchen Aufnahmen nicht selten markante Unterschiede zum polizeilich unauffälligen, x-beliebigen Menschen von der Straße. Wurden im Labor Aufgaben gestellt, die Gefühle, auch Mitgefühl wecken sollten, blieben daran beteiligte Hirnregionen bei den überführten Tätern im Scanner sehr oft wesentlich »kühler« als bei Probanden aus der harmlosen Vergleichsgruppe.

Raine zeigte mir einige Hirnaufnahmen und erklärte mir, worauf ich besonders achten sollte.

Ein Kainsmal, dachte ich sofort, als ich die typischen bunten Muster sah, und erinnerte mich an die Geschichte vom berüchtigten Brudermörder aus der Bibel, den Gott, so stand es dort, für alle Zeiten gezeichnet hatte.[17]

Raine nahm schließlich einen gemischten Stapel Hirnaufnahmen und legte sie mir der Reihe nach zur Beurteilung vor. Nachdem ich die erste Scheu überwunden hatte, ging es ganz einfach: *Mörder – normal – normal – Mörder – Mörder – normal* ... Und auch das letzte Bild ließ keinen Zweifel zu: *Mörder*.

Es war das von Raines eigenem Gehirn.

Der Neuropsychologe ist seither von der Polizei keines Kapitalverbrechens verdächtigt worden. Bei der Deutung vermeintlicher Kainsmale ist also Vorsicht geboten; das Böse liegt gewiss nicht für jeden Laien sichtbar in unseren Köpfen oder Genen. Aber das muss nicht heißen, dass sich im Gehirn oder in den Erbanlagen überhaupt keine Spuren antisozialen Verhaltens finden lassen. Raine und inzwischen etliche andere haben zumindest statistische Auffälligkeiten entdeckt. Wie also müssen oder können die gedeutet werden? Und was sagen sie über mögliche dunkle Veranlagungen aus?

Zu allen Zeiten und in allen Kulturen waren es zumeist Priester und Philosophen, die sich in die Abgründe der menschlichen Seele[18] hinunterdachten und Antworten auf die drängenden Fragen des Volkes fanden. Wie war die Sünde in die Welt gekommen und zum Guten das Böse? Mythen wie die Versuchung von Adam und Eva im Paradies und vom folgenreichen Biss in die verbotene Frucht[19] waren Antworten, die Fragende mit ihren Deutungen aus einer anderen, alles und jeden umschließenden Überwelt mehr oder weniger erfolgreich zu beruhigen vermochten.

Aber nicht nur der Mensch mit seinen Taten stand und steht infrage. Der Zweifel der Gläubigen[20] wendet sich ebenso in die andere Richtung, wenn auch meist nur zaghaft: Wieso lässt Gott Tod und Verderben unter seinen Geschöpfen überhaupt zu? Warum schreitet er mit seiner angeblich endlosen Macht nicht ein, wenn der Mensch den Menschen zum Opfer macht?

Ganze Scharen von Theologen haben sich über die Jahrhunderte mit diesen Fragen auseinandergesetzt. Dabei war mit den Schriften des Neuen Testaments auch der Teufel in die Welt gekommen, der Versucher und Verführer, der Chaos brachte, wo Ordnung geherrscht hatte, der *Diabolos*.[21]

Nun gab es wenigstens einen Sündenbock, den im Übrigen auch schon die Autoren des Alten Testaments gekannt hatten. Doch war er dort noch nicht zum gerissenen, bocksfüßigen Gegenspieler Gottes gemacht worden, wie er dann vor allem seit dem Mittelalter in Glauben wie Aberglauben lebte.

Die Fragen nach der Moral, nach Gut und Böse, sind mit dem Verblassen des christlichen Glaubens und seiner Mythen in weiten Teilen Europas nicht weniger geworden. Zwar gibt es bei uns noch ein diffuses Gefühl für die Sünde, doch ist die nur noch selten mit einem traditionellen Gottesglauben verbunden. Wer heute jemanden zum Beispiel wegen seiner Hautfarbe oder Abstammung, seines Geschlechts oder seiner Sexualität benachteiligt oder gar verfolgt, versündigt sich gegen die Menschenrechte. Wer Giftmüll ins Meer kippt, versündigt sich gegen die Umwelt. Und wer von Deutschland aus zum Urlaub in die Karibik fliegt, versündigt sich – eine neuere Variante – gegen das Weltklima.

Der christliche Gott spielt in diesem verweltlichten Sündenbegriff keine Rolle mehr. Eher scheint sich so etwas wie ein oberflächlicher Pantheismus breitzumachen, eine weitgehend unreflektierte Vergöttlichung der Natur vor allem, die mal gewaltig und menschlichen Frevel rächend, mal zerbrechlich und ganz und gar schutzbedürftig dargestellt wird.

Die Frage aber, warum überhaupt Unrecht geschieht, warum Menschen einander Böses antun, muss auch in einer nachchristlichen Welt beantwortet werden. Und dieser Erklärungsbedarf gilt genauso für das Gute und Anständige, für Freundlichkeit und Opfermut. Es ist nämlich nicht selbstverständlich, dass Menschen Rücksicht aufeinander nehmen, nett sind und einfühlsam. Oft haben wir vermutlich eher den Eindruck, dass Frechheit und Rücksichtslosigkeit im Alltag zum Erfolg führen. Warum also sind Menschen trotzdem gut und erkennen Pflichten für sich an? Warum folgen sie Regeln und fordern deren Einhaltung ein? Warum kümmern sie sich umeinander?

Solange Gott im Spiel ist, fällt die Antwort leicht. Christen stellen sich vor, was Jesus an ihrer Stelle getan hätte, und finden so guten Gewissens durchs Leben. Evangelikale in den USA haben dies so weit getrieben, dass sie jetzt sogar fragen, welches Auto Jesus heute wohl fahren würde.[22]

So funktioniert also eine religiös fundierte Moral: Erkenne den Willen deines Gottes (oder lass ihn dir amtlich erklären), deute ihn dann für eine bestimmte Lebenssituation, in der du dich entscheiden musst (oder lass ihn dir amtlich deuten), und dann handle entsprechend, auf dass du in den Himmel kommst.

Aber was tun die anderen? Was ist der innere Antrieb unseres moralischen Handelns, wenn es nicht der Wunsch ist, Gott zu gefallen, welchem auch immer? Wonach beurteilen wir, was gut und was böse ist, wenn wir keine göttlichen Gebote kennen?

Die Erfahrung zeigt, dass es überall, wo Menschen zusammenkommen, moralische Werte gibt, auch wenn sich nicht alle immer daran halten. Trotzdem kennen selbst marodierende Banden fernab jedes äußeren Rechts nach innen verbindliche und alle verbindende Regeln. Und noch im schlimmsten Knast herrscht so etwas wie ein Ehrenkodex.

Aber warum ist das so? Ist es erst das Gewissen, das uns zum Menschen macht? Wann ergreifen ein Herz Gefühle wie Mitleid, Schuld, Scham, Solidarität oder Dankbarkeit? Und warum verlangt es zu einem anderen Zeitpunkt vielleicht nach Rache oder Vergeltung, nach Bestrafung oder sogar Vernichtung?

Beinahe jede Woche erscheinen inzwischen neue Forschungsarbeiten, die sich solchen Fragen widmen. Immer deutlicher tritt dabei das naturwissenschaftliche Bild des »moralischen Menschen« hervor, auch wenn noch viele Feinheiten fehlen und manche Konturen nicht genau genug gezogen sind oder vielleicht später sogar noch einmal neu gezeichnet werden müssen. Schon jetzt aber bietet sich uns ein überraschendes Bild.

Dass wir weder vollständig gut noch vollständig böse geboren werden, haben wir zwar auch schon ohne Genanalysen und Hirnscans geahnt. Von etlichen anderen Überzeugungen aber werden wir uns vermutlich verabschieden müssen. Etwa von der gängigen Meinung, dass es vor allem unser Verstand ist, der unser moralisches Wollen und Handeln leitet.

Der wiedervereinigte Mensch

Über das Verschmelzen von Veranlagung und Erfahrung

> Derjenige, der etwas zerbricht,
> um herauszufinden, was es ist,
> hat den Pfad der Weisheit verlassen.
>
> *Gandalf (»Der Herr der Ringe«)*[1]

Auch der *moralische* Mensch ist zuerst einmal *biologisch* Mensch. Was uns in diesem Sinne werden und leben lässt, muss darum auch einen wichtigen Einfluss darauf haben, wie wir als soziale Wesen denken und fühlen, wie wir urteilen und handeln. Die Biologie ist unausweichlich die Basis von alledem, wie uns spätestens klar wird, wenn Krankheit oder gar Tod diese Basis tief greifend verändern.

Aber wie genau werden wir zu den Menschen, von denen andere dann sagen, sie seien umgänglich oder schwierig, freundlich oder ablehnend, gut oder böse?

Das Zergliedern sei die Seele der Anatomie, erklärte Mitte des 19. Jahrhunderts einer ihrer damals berühmtesten Vertreter, der Wiener Mediziner Joseph Hyrtl.»Sie zerstört mit den Händen einen vollendeten Bau, um ihn im Geiste wieder aufzuführen, und den Menschen gleichsam nachzuerschaffen. Eine herrlichere Aufgabe kann sich der menschliche Geist nicht stellen.«[2]

Etwa seit dem frühen 16. Jahrhundert, als Leonardo da Vinci in Florenz noch mehr oder minder heimlich seine ersten Leichen zergliederte und zeichnete, ist die Analyse, die Auflösung des Ganzen in seine Bestandteile, zu einem wichtigen Qualitätsmerkmal seriöser Wissenschaft geworden. Von Anfang an galt dies auch für das moderne Studium des Menschen. Und mit jedem Schnitt wich die mittelalterliche Ehrfurcht vor dem Schöpfer weiter dem neuzeitlichen Staunen über das Geschöpf.

Beim Zerlegen und Zerfasern wurde zwischen Knochen und Gewebe das Wesen unserer Art gesucht und der Schlüssel zu ihrem Verständnis, zuletzt bis hinunter in die molekularen Windungen des Erbguts. Sprosse für Sprosse der Doppelhelix wurde abgetastet, um an der DNA entlang ablesen zu können, was einen Menschen werden lässt und lenkt. Im so oft beschworenen »Code des Lebens«, dem Gral des 20. Jahrhunderts, wurde das Geheimnis des Lebens selbst vermutet. Alles, vom Werden bis zum Vergehen eines jeden Organismus, dazu noch Abstammung und Erbe, schien verschlüsselt in das Molekül der DNA eingeschrieben. Dieses musste demnach nur noch aufgespalten und Stück für Stück gelesen werden, um das Wesen des Lebens zu begreifen.

Die Analyse, schrieb der französische Jesuiten-Theologe und Naturgelehrte Pierre Teilhard de Chardin Mitte des vergangenen Jahrhunderts, sei »dieses wunderbare Instrument wissenschaftlicher Forschung, dem wir alle unsere Fortschritte verdanken, das aber Ganzheit um Ganzheit auflöst und so eine Seele nach der anderen entweichen lässt, bis wir uns schließlich vor einem Haufen zerlegter Mechanismen und zergehender Teile befinden«.[3] Es war wohl wirklich vermessen zu glauben, das Geheimnis des Lebens lasse sich mit dem Seziermesser entdecken. Dass das Ganze mehr sei als die Summe seiner Teile, hatte schon Aristoteles vermutet.

Vier Jahrhunderte und viele buchstäbliche und auch intellektuelle Zerteilungen nach Leonardo mehren sich die Zweifel an der lange so selbstverständlichen Methode des Zerteilens und Reduzierens und auch an dem schließlich mechanistischen Menschenbild, das daraus erwuchs. Natürlich wird es nun nicht einfach wieder durch die alte Idee vom über alle Kreaturen erhobenen Ebenbild Gottes ersetzt, wie es zum Beispiel Hildegard von Bingen im 12. Jahrhundert beschrieben hat:

»Gleichsam inmitten des Universums steht die Gestalt des Menschen. Er ist bedeutender als alle übrigen Geschöpfe der Erde.

Seine Statur ist zwar klein, die Kraft seiner Seele jedoch gewaltig. Das Haupt in die Höhen erhoben, die Füße auf den Tiefen, bewegt er sowohl die oberen als auch die unteren Elemente.«[4]

Vielmehr setzt sich allmählich eine naturwissenschaftliche Sicht durch, in der die Einheit des Menschen aus einer ganz neuen Perspektive wiederentdeckt wird. Mit einem genaueren Blick auf dieses neue Menschenbild und darauf, wie es allmählich entstand, soll unsere Suche nach der Moral beginnen.

Wie weiches Wachs

»Menschen möchten sich nicht mit anderen Tieren in einer Klasse sehen. Sie sind bereit zuzugeben, dass sie Tiere sind, aber ›dazu noch etwas anderes‹. Es ist dieses ›etwas andere‹, das den Ärger macht.«[5] Den und dazu reichlich Spott hatte schon Darwin zu spüren bekommen, als sich seine Evolutionstheorie Mitte des 19. Jahrhunderts in der Vulgärversion herumsprach: der Mensch, ein rasierter Affe!

Dass viele sich mit ihrem evolutionären Erbe nicht zufrieden geben und gern noch »etwas anderes« sein wollen, beklagte der amerikanische Psychologe John B. Watson Anfang des 20. Jahrhunderts. Watson gilt als Begründer des Behaviorismus, jener Psychologierichtung, die davon ausgeht, über Menschen lasse sich nur durch Beobachtung ihres Verhaltens etwas aussagen. Eine Innenwelt aber, eine fühlende und mitfühlende Seele gar, falls überhaupt vorhanden, bleibe dem Beobachter prinzipiell versperrt. Ein Zugriff auf das Innenleben sei zur Erklärung des menschlichen Verhaltens allerdings auch gar nicht erforderlich. Denn die Psychologie, so hatte Watson bereits 1913 erklärt, sei nichts als ein objektiver, experimenteller Zweig der Naturwissenschaften.[6] Watson ist dabei zutiefst davon überzeugt, allein die jeweiligen Lebensumstände prägten einen Menschen und machten ihn zu dem, der er am Ende sei.

Hätten Watson und die Behavioristen recht, könnten wir unsere Suche nach der Moral an dieser Stelle schon beenden. Denn wo sollte ohne eine Seele, vorsichtiger gesagt: ohne irgendeine Art von Innenleben, dann zum Beispiel ein Gewissen seinen Platz haben? Wo könnte noch ein Sinn für Gerechtigkeit und Güte im Menschen verwurzelt sein? Verantwortung und Schuld, Reue und Vergebung blieben leere Begriffe.

Dennoch haben selbst mittelalterliche Theologen diesen inneren Sinn offenbar nicht sonderlich vermisst. Thomas von Aquin jedenfalls, der geistig wie leiblich so gewichtige Meister der scholastischen Theologie, nach seinem Tod als überragender Kirchenlehrer und Heiliger geehrt, fand großen Gefallen an den Gedanken des griechischen Gelehrten Aristoteles. Und er war nicht der Einzige, wenn auch der Einflussreichste. Besonders durch die Klöster lief der Gedankenstrom aus der Antike. Dort wurde das aus jüdischen, griechischen und römischen Quellen gespeiste Denken des abendländischen Mittelalters geprägt, bis heute die Basis unserer westlichen Kultur.

Und was sagt Aristoteles zur Frage der ursprünglichen Natur des Menschen? Lassen wir den gelehrten Mönch Thomas in seinem Namen sprechen. Lateinisch zuerst, damit der berühmtberüchtigte Begriff auch fällt:

»Intellectus autem humanus ... in principio est sicut tabula rasa in qua nihil est scriptum, ut philosophus dicit ...« – »Der menschliche Geist aber ... ist am Anfang wie eine abgeschabte (glatte Wachs-)Tafel, auf die nichts geschrieben ist, wie der Philosoph sagt ...«[7]

So dominierend ist Aristoteles für das Denken dieser Zeit, dass sein Name nicht einmal genannt werden muss. Und was er hinterlässt und was durch Thomas von Aquin noch verstärkt wird, ist ein so mächtiger Gedanke, dass er bis heute in vielen Köpfen herumspukt: Tabula rasa!

Ist sie nicht wirklich verlockend, diese blitzblanke Tafel? Wäre es nicht wunderbar, wenn wir alle als blütenweiße, unbeschriebene Blätter auf die Welt kämen? Unschuldig und offenen Geistes für alles? Und gerecht wäre es noch dazu, denn niemand hätte von Natur aus einen Vorteil vor den anderen. Es müsste dann nur noch entschieden werden, was auf diese weißen Blätter geschrieben werden sollte. Und von wem. Ähnliches hatten auch schon die britischen Empiristen vermutet, jene Denker des 16. und 17. Jahrhunderts, die davon ausgegangen waren, dass uns Menschen von Natur aus kein Wissen irgendwelcher Art mitgegeben ist. Alle überragend führte diesen Gedanken John Locke in seinem berühmten »Versuch über den menschlichen Verstand« von 1690 aus. Es sind vertraute Töne, die wir da vernehmen, keine jedenfalls, die uns irgendwie altmodisch vorkommen müssten:

»Wir wollen also annehmen, die Seele sei, wie man sagt, ein weisses, unbeschriebenes Blatt Papier, ohne irgend welche Vorstellungen; wie wird sie nun damit versorgt? Woher kommt sie zu dem grossen Vorrath, welche die geschäftige und ungebundene Phantasie des Menschen darauf in beinah endloser Mannichfaltigkeit verzeichnet hat? Woher hat sie all den Stoff für die Vernunft und das Wissen? Ich antworte darauf mit einem Worte: Von der Erfahrung.«[8]

Weißes Papier, Tabula rasa – so verheißungsvoll ist der Gedanke vom vollständigen Neuanfang eines jeden Menschen, dass er zwei Jahrtausende übersteht. Von Erbschuld, wie sie das Christentum als Folge des paradiesischen Sündenfalls eingeführt hat, ist philosophisch seit der Aufklärung so gut wie keine Rede mehr. Auch nicht davon, dass ein Gott irgendetwas in uns hineingelegt oder uns mitgegeben hat, nichts von Talenten, mit denen wir wuchern sollen, um ihm zu gefallen und uns den Himmel zu verdienen. Jeder Anfang ist jetzt zumindest geistig, *seelisch*, ein wirklicher, völlig unbelasteter Beginn. Und kein Gott steht mehr über dem Schicksal. Denn das ruht nun, zumindest in der Theorie, allein in menschlichen, trotzdem aber für allmächtig gehaltenen Händen:

»Man gebe mir ein Dutzend gesunder Kinder, gut gebaut, und meine eigene, spezielle Welt, in der ich sie aufziehen könnte, und ich garantiere, ich könnte ein zufällig gewähltes Kind herausnehmen und zu einem Spezialisten in einem von mir gewählten Fachgebiet ausbilden – Arzt, Rechtsanwalt, Großkaufmann und, ja, sogar Bettler und Dieb, unabhängig von Talenten, Vorlieben, Neigungen, Fähigkeiten, Berufungen und der Rasse der Vorfahren.« Er gebe ja zu, fügt Watson ein Stück zurückrudernd an, damit den Boden der schon beweisbaren Fakten zu verlassen. Aber das hätten die Anwälte der Gegenposition schließlich auch getan, und zwar über viele Jahrtausende.[9]

Die Sprache, in der Gott das Leben schuf

Hier ist die Gegenposition in ihrer aktuellen Variante:

»Das menschliche Erbgut, das Genom, enthält das genetische Programm und verwaltet die Datenbank, die erforderlich ist, um einen Menschen hervorzubringen, zu steuern und am Leben zu erhalten. Mit dieser Betriebsanleitung des Menschen, deren Entschlüsselung im Juni 2000 bekannt gegeben wurde, beginnt ein neues Zeitalter der Medizin. Von nun an ist es möglich, den menschlichen Körper fast so vollständig und genau zu verstehen, wie ein Ingenieur eine Maschine begreift. Mediziner können neue Methoden zur Reparatur der menschlichen Maschine entwickeln und werden in absehbarer Zeit fähig sein, die meisten, wenn nicht alle Mängel dieser Maschine zu beheben.«[10]

Das Zitat stammt von Nicholas Wade, einem angesehenen Wissenschaftsjournalisten der *New York Times*, und es steht am Beginn seines Buches über das Genomprojekt. Erschienen ist es 2001, doch liest man diese Einleitungspassage heute, nur wenige Jahre später, kommt es einem vor, als stamme sie aus der Zeit des bretonischen Arztes und Philosophen Julien Offray de La Mettrie. Der hatte den Begriff vom »Menschen als Maschine« einst geprägt.[11] Nun wurde dieser Geist, zweihundertfünfzig Jahre später, noch einmal beschworen.

Zu erklären ist das wahrscheinlich nur mit der Euphorie, die so

viele erfasste, als am 26. Juni 2000 im Weißen Haus die so genannte »Entschlüsselung des menschlichen Genoms« proklamiert wurde. Das geschah so feierlich, als wäre der Herrschaft des Menschen
mindestens ein weiterer Kontinent hinzugewonnen worden.[12]

»Heute lernen wir die Sprache, in der Gott das Leben schuf«,
verkündete Präsident Clinton, der sich da noch vom Skandal um
seine nebeneheliche Beziehung zu der Praktikantin Monica Lewin-
sky erholte und sichtlich froh war, der Presse diesmal ein gänzlich
anderes Thema präsentieren zu können. Keine Frage, der Glanz
der Geschichte lag über dem East Room seines Amtssitzes.[13]

Aber wenn Clinton damals genau hingehört hat, werden ihm
auch die weitaus vorsichtigeren Formulierungen von Francis Collins nicht entgangen sein, dem Direktor des amerikanischen National Human Genome Research Institute:

»Wir sind ganz sicher viel, viel mehr als die Summe unserer
Gene, so wie unsere Gesellschaft mehr ist als die Summe von uns
Einzelnen. Unsere Physiologie basiert auf komplexen und anscheinend unendlichen Wechselwirkungen zwischen all unseren Genen
und der Umwelt, so wie unsere Zivilisation auf den Wechselwirkungen zwischen uns allen beruht.«[14]

Auch wenn das Ziel des Genomprojekts, das Ablesen der über
drei Milliarden Buchstaben des menschlichen Erbmoleküls, da
noch gar nicht vollständig und auch nicht ohne Fehler erreicht war,
scheint sich das Denken seit den Anfängen dieses gewaltigen Unternehmens bis zum feierlichen Auftritt im Weißen Haus deutlich
gewandelt zu haben. Während Francis Collins von »anscheinend
unendlichen Wechselwirkungen« zwischen den Genen und ihrer
Umwelt spricht, und vom Ganzen, das mehr als die Summe seiner
Teile sei, klingt das bei dem Genetiker Renato Dulbecco noch ganz
anders. Der Nobelpreisträger, der im März 1986 mit einem Artikel
im Wissenschaftsjournal *Science* so etwas wie den internationalen
Startschuss zur Sequenzierung des menschlichen Genoms gab,
schrieb damals: »… die Sequenz der menschlichen DNA ist die
Wirklichkeit unserer Spezies, und alles, was in der Welt geschieht,
hängt von diesen Sequenzen ab.«[15]

Wollte man die Forschungswelt – samt der dafür erforderlichen finanziellen Mittel – für das Unternehmen der DNA-Entschlüsselung zusammenbringen, war es wahrscheinlich nötig, so pathetisch auf die Pauke zu hauen. Aber bald schon wurde auch Kritik laut. Einer der schärfsten Gegner einer genetozentrischen Sicht, wie sie manchmal genannt wird, war und ist Richard Lewontin, selbst Genetiker und Zoologie-Professor in Harvard. Kein akademisches Leichtgewicht also.

Lewontin stellte sich dabei nicht grundsätzlich gegen die Sequenzierung. Aber er hatte eine lange Liste von Einwänden gegen übertrieben große Hoffnungen und allzu forsche Versprechen. Was wüssten wir denn schon, wie die Grundbausteine eines Gens überhaupt funktionierten? Was wüssten wir, wie eine Zelle solche Gene interpretierte und daraus schließlich ein kompletter Organismus würde? Eben darum sei es ja so schwer, aus genetischen Erkenntnissen therapeutische Verfahren zu entwickeln.[16]

Wir werden später sehen, wie berechtigt diese kritische Beurteilung war und dass sich daran auch einige Zeit nach Abschluss des Genomprojekts nicht viel geändert hat.

Allerdings wurden solche eher vereinzelten Bedenken am Ende vom Tisch gewischt, und die meisten Forscher schlossen sich der herrschenden Lehre an. Das molekulare Wesen des Menschen brauchte also nur noch aus dem zähen Glibber der DNA-Stränge herausgelesen zu werden, so schien es, und schon würden sich zum Beispiel ungeahnte Wege zur Heilung der schlimmsten Plagen eröffnen. Musste das nicht auch die Zweifler und Zauderer endlich motivieren?

Jedenfalls überschrieb Dulbecco seinen berühmten Aufruf mit »Ein Wendepunkt in der Krebsforschung« und nannte erst an zweiter Stelle die »Sequenzierung des menschlichen Genoms«. Nur zwei Jahrzehnte nach diesen vollmundigen Proklamationen und wenige Jahre nach der wissenschaftlichen Siegesfeier im Weißen Haus wagt kaum noch jemand, die DNA die »Wirklichkeit unserer Spezies« zu nennen.

27

Galtons Wortgeklingel

Was also macht uns zu dem Menschen, der wir sind? Was lässt uns denken, fühlen und handeln, wie wir es tagtäglich tun? Unsere biologischen Veranlagungen in der ererbten DNA oder das, was wir im Laufe der Jahre erleben, Erziehung also und Erfahrung? »Nature or nurture«, brachte der englische Naturforscher Francis Galton Ende des 19. Jahrhunderts die Debatte auf die noch heute gebräuchliche Formel.[17] Der Cousin Charles Darwins, des Begründers der Evolutionstheorie, bewertete das bald berühmte Begriffspaar allerdings weitaus realistischer als viele nach ihm: Wortgeklingel sei es doch nur, stellt er fest, da beide Begriffe unzählige Elemente in sich vereinten.

»Nature« sei dabei alles, was ein Mensch mit in die Welt bringe, »nurture« dagegen jeder Einfluss, der nach der Geburt auf ihn einwirke. Natürliche Gaben könnten erblich sein oder auch nicht. Und die als »nurture« zusammengefassten, von Menschen ausgehenden Einflüsse bestünden nicht zwangsläufig nur aus Nahrung, Kleidung, Erziehung und Tradition, sondern aus alldem und vielleicht auch noch aus zusätzlichen Effekten, die bisher keiner kenne.

Zwar hielt Galton die Natur letztlich für stärker, dennoch war für ihn diese Komponente nicht ohne die andere – die von außen wirkenden Erfahrungen – denkbar. Im Grunde sagte er damals also schon das, was Francis Collins über ein Jahrhundert später als den Stand der Wissenschaft zusammenfasste.

Über die Frage, ob eher die Vererbung oder aber Erziehung und Erfahrung den Menschen und sein Verhalten prägen, ist trotz Galtons relativ gelassener Haltung ein langer und heftig geführter Wissenschaftskrieg ausgebrochen. Auch heute kommt es hier und da noch zu Scharmützeln. Dabei sind es längst nicht immer nur Wissenschaftler, die aneinandergeraten. Und keinesfalls geht es nur um abgehobene akademische Fragestellungen.

Genetische Verwundbarkeit

Kurz vor der letzten französischen Präsidentschaftswahl traf der konservative Kandidat und spätere Sieger Nicolas Sarkozy, arrangiert von der Redaktion einer Intellektuellen-Zeitschrift, auf einen seiner schärfsten Gegner, den Philosophen Michel Onfray.[18] Und wie sich schnell zeigte, begegneten sich dabei Welten.

Sarkozy erzählt von einem Besuch im Frauengefängnis von Rennes und dass er darum gebeten habe, eine Insassin mit besonders schwerer Schuld zu treffen. Die junge Frau, die man ihm dann vorgestellt habe, sei ihm allerdings völlig normal erschienen, und doch habe sie ihren Ehemann getötet.

Darauf folgt eine Auseinandersetzung mit Onfray, die so oder so ähnlich nicht nur in Frankreich immer wieder aufs Neue geführt wird.

Der Mensch werde nun einmal weder gut noch böse geboren, behauptet der Philosoph. Vielmehr seien es die Umstände, die einen Menschen formten. Locke und Watson haben bei diesem treuen Bekenntnis zur Tabula rasa vermutlich erfreut in ihren Gräbern genickt.

Aber was, fragt Sarkozy, sei dann mit der Freiheit jedes Einzelnen? Was mit der Möglichkeit zu wählen?

Der würde er keine übertriebene Bedeutung beimessen, entgegnet Onfray und bringt das Beispiel Sexualität. Niemand setze sich eines schönen Vormittags hin und überlege, ob er nun homosexuell, heterosexuell oder vielleicht lieber pädophil werden wolle. So werde man auch nicht geboren. Vielmehr richte sich die sexuelle Orientierung nach der familiären und gesellschaftlichen Umgebung, in der man aufwachse.

Der Mensch als reines Produkt seiner Umwelt? Ohne Wahl und Verantwortung?

Onfray könne doch wohl nicht behaupten, wendet Sarkozy ein, dass die 1200 bis 1300 Jugendlichen, die sich jedes Jahr in Frankreich umbrächten, das vielleicht nur täten, weil ihre Eltern schlecht bezahlte Jobs hätten. Vielmehr gebe es da doch aus genetischer Sicht eine »Zerbrechlichkeit«, so etwas wie einen »angelegten Schmerz«.

Mehr wurde gar nicht gesagt, doch die Reaktionen auf dieses Gespräch, vor allem die Attacken gegen Sarkozy, fielen heftig aus. Unverhüllter Biologismus wurde dem künftigen Präsidenten vorgeworfen.

Dabei war es sogar ein französischer Forscher, der Psychiater Philippe Courtet von der Universität in Montpellier, der sich da schon intensiv mit der Frage nach einer möglichen genetischen Basis für den Selbstmord Jugendlicher befasst und einen Begriff verwendet hatte, den Sarkozy womöglich kannte: Bei Heranwachsenden mit Selbsttötungsabsichten habe er eine besondere »genetische Verwundbarkeit«[19] beobachtet, so Courtet.

Dass Veranlagung beim Suizid eine wichtige Rolle spielt, bestätigen auch andere Wissenschaftler. Eine noch nicht endgültig geklärte Frage ist aber zum Beispiel, ob es dabei eine spezielle genetische Veranlagung gibt, oder ob sich die in etlichen Studien beobachtete Erblichkeit – das überdurchschnittlich häufige Auftreten des Suizids in bestimmten Familien also – eigentlich auf bestimmte psychische Erkrankungen bezieht, Depressionen etwa, die dann als Folge das Risiko einer Selbsttötung erhöhen können.[20]

Mehr hatte Sarkozy mit der Formulierung von einer gewissen »genetischen Zerbrechlichkeit« in diesem Zusammenhang auch gar nicht gesagt. Doch wie zu den Anfangszeiten der Soziobiologie vor rund dreißig Jahren fällt es offenbar auch heute noch vielen Menschen schwer, einen biologischen Einfluss nicht nur auf ihren Körper, sondern auch auf ihre Psyche und ihr Verhalten zu akzeptieren. Dabei kommt ihnen die Forschung inzwischen ein ganzes Stück entgegen. Wenn die letzten zwei, drei Jahrzehnte in den so genannten *Life Sciences*, also den Wissenschaftsdisziplinen, die sich – wie Biologie und Neurowissenschaften – besonders auch mit dem menschlichen Leben und seinen Bedingungen befassen, auf einen einfachen Nenner gebracht werden müssten, dann wäre es wohl der folgende: Eine große Vereinigung hat stattgefunden und setzt sich immer weiter fort, ein Verschmelzen all jener einst im guten Glauben oder manchmal auch aufgrund heute seltsam erscheinender philosophischer Theorien auseinandergerissenen Komponenten, Module, Fragmente, Bausteine, die nur in ihrer Gesamtheit und in ihren immerwährenden Wechselwirkungen das *ganze* Leben, den *ganzen* Menschen ausmachen.[21]

Im Zuge dieser grundsätzlichen Bereinigung werden inzwischen auch etliche Geister ausgetrieben, die lange den Blick auf das soziale und moralische Verhalten des Menschen verstellt und vernebelt haben. Das vom Diktat der Gene zum Beispiel.

Dinos und Defekte

Im Labor des reichen Mr Hammond ging 1993 alles ganz einfach: Zerbrochene Saurier-DNA aus dem Beuteblut eines vor vielen Millionen Jahren in Bernstein gefangenen Moskitos wurde vom Supercomputer wie ein Puzzle kombiniert, wo nötig durch DNA-Sequenzen von Fröschen ergänzt und dann schließlich in biologisch verwertbares, klonbares Erbgut verwandelt.

Das skurrile Experiment eines Museums mit lebenden Fossilien ging zwar am Ende gründlich und ziemlich blutig daneben, genetisch aber war es ein Erfolg. Alle künstlich durch Klonen gezeugten Dinos pickten sich munter durch ihre Eierschalen und gingen dann einzeln oder in ganzen Herden auf der tropischen Insel Isla Nublar ihren archaischen Neigungen nach. Das Klonen jedenfalls war kein Problem.

Vier Jahre nachdem der »Jurassic Park« auf der Leinwand eröffnet worden war, stand das im wahren Leben geklonte Schaf Dolly zum ersten Mal blökend vor den staunenden Vertretern der Weltpresse. Seit diesem Pioniererfolg im schottischen Roslin Institute ist der Prozess des genetischen Kopierens bei inzwischen siebzehn weiteren Säugetierarten geglückt – und es ist durchaus berechtigt, hier von Glück zu reden. Denn was mit Dollys Geburt 1996 als biotechnologische Hoffnungsgeschichte begann, entwickelte sich im Laufe der folgenden Jahre zu einer langen Kette von Fehlschlägen und bitteren Enttäuschungen.

Einer der Stars der Klonszene, der in den USA lebende gebürtige Argentinier José Cibelli, hat zum zehnjährigen Jubiläum des Dolly-Erfolgs, den er als Zufall *und* als Durchbruch sieht, eine ziemlich düstere Bilanz gezogen:[22] Hunderte von Studien nach Dolly ließen eine Menge Fragen unbeantwortet, so Cibelli, und noch immer seien er und seine Kollegen nicht in der Lage, die Effizienz des Verfahrens wesentlich zu verbessern. Hunderte von Versuchen braucht es oft noch bis zur Lebendgeburt eines einzigen Klons. Es sind fundamentale Fragen, keine Kleinigkeiten also, an denen das liegt und weshalb Schafe, Rinder oder Ziegen nach ohnehin komplizierter Schwangerschaft der Leihmütter oft entweder gar nicht geboren werden oder aber mit grauenhafter Missgestalt.

Wie ist das möglich? Wird nicht beim so genannten Kerntransfer, durch den auch Dolly im Labor gezeugt wurde, das komplette Erbgut in eine zuvor entleerte Eizelle verpflanzt und dann zu neuem embryonalen Leben angeregt? Warum geht bei der Kopie schief, was beim Original noch funktionierte?

Weil ein Genom kein Backrezept ist und auch keine Blaupause.

Identisch und verschieden

Das medizinische Team um Joseph Holoshitz an der Universität von Michigan in Ann Arbor lud im Jahr 2006 elf eineiige Zwillingspaare ein, um ihnen ein wenig Blut abzunehmen.[23] So etwas war natürlich auch schon bei anderen Zwillingsstudien geschehen. Diese Paare aber besaßen ein Merkmal, das sie besonders interessant machte: Je ein Zwilling litt an rheumatoider Arthritis, der andere nicht.

Aus anderen Studien war bereits bekannt, dass diese entzündliche Gelenkerkrankung zu einem erheblichen Teil genetisch bedingt ist, dass es also Erbanlagen gibt, die einen Ausbruch der Krankheit wahrscheinlicher machen als im Bevölkerungsdurchschnitt. Nun hatten es die Forscher aber mit eineiigen Zwillingen zu tun, deren Erbgut nach klassischer Lehre ganz und gar identisch ist. Schließlich sind monozygotische Zwillinge so etwas wie natürliche Klone. Musste es da nicht erstaunen, dass jeweils nur einer der beiden erkrankt war?

Bei einer eingehenden Analyse der genetischen Voraussetzungen der Zwillingspaare fand sich schließlich die Antwort: Die genetische Abfolge der Basen A, C, T und G (Adenin, Cytosin, Thymin und Guanin), die wie Sprossen einer verdrehten Strickleiter zwischen den beiden molekularen Strängen der DNA-Doppelspirale liegen, war zwar tatsächlich bei beiden Zwillingen identisch. Doch sind diese Bausteine offenbar nur so etwas wie die Tasten eines biochemischen Klaviers. Welcher Ton schließlich zu hören ist, hängt davon ab, welche Taste zu welchem Zeitpunkt angeschlagen wird, und nicht allein davon, welche Tasten nebeneinander liegen.

Gene werden allerdings nicht angeschlagen, sondern exprimiert. Man könnte sagen, sie kommen auf ein äußeres Kommando hin zum Einsatz und produzieren dann das, was in ihrer Sequenz angelegt ist: einen Strang so genannter Messenger-RNA. Das ist ein molekularer Kurier, eine Ribonukleinsäure, aus der mittels komplizierter Übersetzungsverfahren und weiterer RNA-Typen Aminosäuren zu Proteinen zusammengebaut werden können. Aus solchen Eiweißmolekülen bestehen wir, und sie halten uns am Leben. Jedenfalls wenn wir einigermaßen pfleglich mit ihnen umgehen.

Holoshitz und seine Mitarbeiter fanden nun heraus, dass sich diese Expression eines DNA-Abschnitts bei den Zwillingspaaren in 1163 Fällen und an 827 verschiedenen Genen deutlich voneinander unterschied. Gleichzeitig entdeckten die Mediziner aus Michigan dabei auch noch drei neue Gene, die offenbar einen wichtigen Einfluss auf den Ausbruch rheumatoider Arthritis haben. Ein wichtiges Ergebnis angesichts vieler Millionen Menschen – bis zu einem Prozent der Weltbevölkerung –, die unter solchen, oft von schmerzhaften Deformationen begleiteten Gelenkentzündungen leiden.

Uns interessiert hier aber etwas anderes: Wenn nämlich die Aktivierung oder Deaktivierung eines bestimmten Gens darüber entscheiden kann, ob jemand krank wird oder nicht, welche Bedeutung hat es dann überhaupt noch, dass zwei Menschen die gleichen Gene haben?

Oder anders gefragt: Wenn alle Lebewesen des Typs Homo sapiens fast alle Molekülbausteine des Erbguts in ihren Zellen miteinander teilen, woher kommen dann die oft gravierenden Unterschiede, die selbst eineiige Zwillinge – in biochemischer Hinsicht zumindest – zu unverwechselbaren Individuen machen? Warum entwickeln sich die einen zu angenehmen, immer hilfsbereiten Mitmenschen, andere hingegen zu Nichtsnutzen oder notorischen Nervensägen, die es selbst wohlmeinenden Eltern manchmal nicht leicht machen, sie zu lieben?[24]

Wertvoller Müll

Etwa drei Milliarden molekulare »Buchstaben« bilden den Doppelstrang DNA, der entscheidend dazu beiträgt, dass wir zu Menschen werden und nicht zu Mäusen oder Motten. Bevor diese Sequenz, der vermeintliche »Code des Lebens«, durchbuchstabiert worden war – mit Fehlern und Lücken zwar, aber immerhin von Anfang bis Ende –, gingen die meisten Forscher des Genomprojekts davon aus, dass die DNA etwa 100 000 Gene enthält. Das, so meinten sie, seien die eigentlichen Erbanlagen, der biochemische Bauplan, nach dem wir gemacht sind, nach dem wir leben und schließlich wieder vergehen.

Doch die Zahl der bis heute tatsächlich gefundenen menschlichen Gene liegt derzeit knapp über 20 000 und wird wohl kaum noch die 30 000 überschreiten, was selbst den Direktor des amerikanischen Genomprojekts, Francis Collins, »aus den Socken haut«.[25]

Was aber ist mit den etwa 95 Prozent der DNA, in die zumindest nach derzeitigem Wissensstand *keine* Gene geschrieben sind? Unterschiedliche, oft mehrfach wiederholte Doppelungen treten dort auf, auch rückwärts buchstabierte Sequenzen aus anderen Passagen, dann wieder nur wirres Durcheinander. Alles in allem hat es den Anschein, die Evolution habe in diesen Abschnitten der DNA nur geübt oder lieblos ins Unreine gekrakelt.

Es fand sich auch ein gängiger Laborterminus für diese Sequenzen: »Junk-DNA«, der Müll des Erbguts, ein Begriff, den der in den USA arbeitende japanische Genetiker Susumu Ohno 1972 prägte und der sich bald weltweit durchsetzte – auch wenn Ohno und spätere Gleichgesinnte nicht von vornherein ausschlossen, dass irgendwo in diesem biochemischen Buchstabensalat doch noch wertvolle Informationen stecken konnten.[26]

Daran besteht heute kein Zweifel mehr. Mit der Einsicht, dass der genetische Plan in unseren Zellen eher wie eine Partitur als wie eine Blaupause gelesen werden muss – also dynamisch, nicht statisch –, war schnell klar, dass der vermeintliche Müll manche Kostbarkeit enthalten würde. Über oder neben dem Genom, das die Sequenzierroboter zusammenbuchstabiert haben, liegt offenbar noch ein zusätzlicher »Code«, das so genannte Epigenom. Das birgt auch den Schlüssel zu dem Geheimnis, warum zwar alle Körperzellen (bis auf die roten Blutkörperchen) den kompletten DNA-Satz enthalten, trotzdem aber nicht alle Zellen identisch sind.

Tatsächlich ist die epigenetische Information in jedem Gewebetyp anders. Und im Jahr 2005 fand ein internationales, unter spanischer Leitung stehendes Forscherteam noch etwas sehr Spannendes heraus: Das Epigenom ändert sich nämlich nicht nur mit dem Ort – dem jeweils betrachteten Teil eines Organismus, also den Knochen beispielsweise, den Leberzellen oder auch Neuronen im Gehirn –, es ändert sich auch mit der Zeit.[27]

Manuel Fraga vom Nationalen Krebsforschungszentrum in Madrid untersuchte, wie bestimmte genetische Abschnitte bei eineiigen Zwillingen aktiviert oder deaktiviert werden. Das erstaunliche Ergebnis: Je älter die Zwillingspaare waren, desto deutlicher fiel der epigenetische Unterschied aus. Die »Partitur«, die biochemisch in ihnen erklang, wich umso mehr von dem des anderen Zwillings ab, je mehr Lebenszeit vergangen war. Und noch mehr Einflüsse zeigten sich. Auch unterschiedliche Lebensstile oder weit voneinander entfernte Wohnorte trugen zu diesen im Epigenom nachweisbaren genetischen Differenzen bei, »was die signifikante Rolle von Umweltfaktoren unterstreicht«.[28] Das Team um Fraga hatte damit eindrucksvoll gezeigt, wie »nature« und »nurture« über das Epigenom zu einer untrennbaren Einheit verschmelzen. Jede statische Sicht auf das Genom ist damit wohl für alle Zeiten überholt. Und das hat enorme Folgen.

Mag nämlich ein Gen bildlich gesprochen auch noch so selbstsüchtig sein, noch so sehr darauf erpicht, sich im pausen- und gnadenlosen Kampf der Evolution gegen alle Widerstände zu behaupten, wie es Richard Dawkins 1976 in seinem lange wegweisenden Buch »The Selfish Gene« behauptete,[29] so ist seine Wirkung doch nur im jeweiligen »nurture«-Kontext verständlich. Keinesfalls ist es allmächtig und erst recht nicht ewig. Das düstere Urteil, das Dawkins schon im Vorwort fällte, ist heute überholt: »Wir sind Überlebensmaschinen – Roboter, blind programmiert zur Erhaltung der selbstsüchtigen Moleküle, die Gene genannt werden.«[30]

Denn der »nurture«-Kontext einer genetischen Ausstattung kann sich von Mensch zu Mensch erheblich unterscheiden, und die Erbinformation verändert sich, wie Fragas Team gezeigt hat, zudem auch über die Jahre. Das *eine*, von uns allen geteilte menschliche Genom, das im Jahr 2000 im Weißen Haus gefeiert wurde, gibt es also bei genauerem Hinsehen gar nicht.

Deswegen braucht auch niemand Angst zu haben vor einer »Diktatur der Gene«[31] oder vor einer Zukunft mit Designerbabys, deren körperliche und geistige Talente, wie in dem Science-Fiction-Film »Gattaca«,[32] aus dem Katalog zusammengestellt werden könnten. »Um zu überleben, brauchst du die besten Gene!«, hieß es etwas platt auf der Hülle der deutschen DVD des Films. Der Untertitel des amerikanischen Originals war da vorausschauender: »There is no gene for the human spirit.« Genau das sagen uns auch die Genetiker inzwischen, selbst wenn mancher in alter Manier noch etwas anderes vertritt: Es gibt kein Gen für den menschlichen Geist. Und auch keins für unseren Charakter oder für unsere moralische Gesinnung.[33]

Genetische Flipperspiele

Nehmen wir trotzdem einmal für einen Moment an, es gäbe zum Beispiel eine klar abzugrenzende genetische Veranlagung für das menschliche Temperament, die den einen lebhaft und kontaktfreudig, den anderen langweilig und phlegmatisch macht. Könnten wir dann nicht ein fortpflanzungsbereites Paar zu den »Gattaca«-Genberatern schicken, damit sie sich ein Temperament für ihr künftiges Kind maßschneidern lassen? Und könnte der Genberater ihnen mit absoluter Sicherheit sagen, welches Persönlichkeitsmerkmal ihr künftiges Kind sein Eigen nennen würde? Er könnte es nicht.

Denn unsere genetische Ausstattung ist genau genommen so etwas wie ein biologisches Flipperspiel: Die per Federkatapult nach oben geschossene Metallkugel könnte drei, dreizehn oder dreißig Mal denselben Punkt im Parcours passieren und trotzdem jedes Mal einen anderen Weg nehmen. Natürlich könnte sie auch denselben Weg nehmen wie zuvor. Aber mit Gewissheit vorhersagen ließe sich das nicht.

Einer solchen schrägen Flipperlandschaft ähnlich hat der britische Biologe Conrad H. Waddington bereits Anfang des vergangenen Jahrhunderts einen imaginären Raum der Lebensmöglichkeiten dargestellt, den die genetischen Voraussetzungen einem Organismus insgesamt anbieten. Das gilt für primitive Pantoffeltierchen und auch für höhere Primaten wie uns und zeigt recht anschaulich, warum wir uns in die eine Richtung entwickeln können, aber eben auch in eine andere.

Eine bestimmte Eigenschaft, in unserem Beispiel das Temperament, entspricht dabei einer Flipperkugel, die der Schwerkraft folgend von oben nach unten rollt.[34] Da gibt es genetisch geformte Täler, die sie passieren kann, flache Hügel oder kleine Berge, die sie mit genügend Schwung vielleicht überwindet. Am Ende ihres Weges – zum Zeitpunkt unserer Untersuchung, heißt das – liegt irgendwo eine Senke, in die hinein die Kugel rollt. Wie das Temperament des betreffenden Menschen ausfällt, ist damit entschieden. Für den Augenblick jedenfalls. Natürlich ist kaum damit zu rechnen, dass schon im nächsten oder übernächsten Moment grundlegende Umwälzungen geschehen werden. Veränderungen aber sind möglich, ja wahrscheinlich. Und kein Gen kann sie verhindern, da jedes Gen eben nur ein Teil der gesamten »Lebenslandschaft« ist.

Genetisch mögen zwei Menschen also genau die gleichen Voraussetzungen mitbringen – wie natürliche eineiige Zwillinge oder künstliche Klone –, und dennoch werden sie sich in ihrem phänotypischen Endpunkt unter Umständen erheblich unterscheiden. Zwischen Erbanlage und tatsächlich ausgeprägter, beobachtbarer Eigenschaft liegt das, was Biologen inzwischen den Epigenotyp nennen.[35]

Die Konsequenzen dieser Entdeckung sind immens, wie sich immer deutlicher zeigt. Denn die Entwicklung eines Lebens über den Epigenotyp ist nicht nur keine gerade, sie ist »nicht-linear«. Und damit zumindest für Theoretiker ziemlich unangenehm.

Außerhalb von Expertenkreisen bekannt wurde die Nicht-Linearität schon vor rund zwanzig Jahren mit der Popularisierung der Chaostheorie. Deren berühmtestes Beispiel ist vermutlich der Flügelschlag eines Schmetterlings in Japan, der über dem Atlantik einen Hurrikan auslösen kann. Wohlgemerkt *kann*, nicht *muss*! Jedenfalls kann schon die winzige Variation eines einzigen Parameters zu gewaltigen, schlimmstenfalls katastrophalen Folgen für das Gesamtsystem führen.

Das ist eine der ehrfurchtgebietenden Eigenschaften der Nicht-Linearität: Keiner weiß so recht (oder könnte auch nur mit dem denkbar cleversten Computer ausrechnen), was im Einzelfall am Ende herauskommt. Das liegt daran, dass selbst die perfekte Kenntnis aller einzelnen auf ein Geschehen einwirkenden Faktoren nicht reicht, um dessen Entwicklung im Zusammenspiel eben dieser Faktoren mit Gewissheit vorhersagen zu können.

Ein Beispiel begegnet uns tagtäglich: der Wetterbericht. Da auch das Wetter ein nicht-lineares Geschehen ist, sind Wetterberichte immer noch so unzuverlässig, wenn sie mehr als zwei, drei Tage in die Zukunft reichen sollen.

Und genauso führt nichts, was in die DNA eingeschrieben ist, zwangsläufig zu einem ganz bestimmten, vorhersagbaren Ergebnis. Das ist die entscheidende Botschaft.

Für Gott und die Sprache

Spielen Gene dann überhaupt noch eine Rolle für unser Leben, unser Verhalten? Natürlich, das tun sie. Allerdings hat sich die Wissenslage in verhältnismäßig kurzer Zeit so verkompliziert, dass offenbar selbst Fachleute Schwierigkeiten haben, den Überblick zu wahren und sich auf dem aktuellen Forschungsstand zu halten.

Die große Mehrheit der Psychologen, kognitiven Wissenschaftler, biomedizinischen Forscher und sogar »echten« Biologen verstehe nicht, was sich gerade in der wissenschaftlichen Bestimmung des Verhältnisses von Evolution und der Entwicklung eines einzelnen Organismus tue, beklagt etwa die Psychologin und Neurowissenschaftlerin Barbara Finlay von der amerikanischen Cornell University, eine Spezialistin für die Entwicklung des Gehirns. Leider verträten diese Kollegen darum oft noch ein eher altmodisches Gen-Umwelt-Konzept.[36] Die traditionelle Vorstellung vom Wesen und der beinahe allmächtigen Wirksamkeit der Gene sitzt nach

Jahren und Jahrzehnten, in denen diese Modelle gepflegt worden sind, verständlicherweise tief.

Gibt es da nicht zum Beispiel das 2002 entdeckte »Sprach-Gen« namens »FOXP2«, dessen Entwicklung uns angeblich nicht nur Gedichte und Romane, dazu natürlich auch Klatsch und Tratsch gebracht hat, sondern gleichzeitig das gesamte kultivierte Auftreten, das uns »moderne« Europäer von den primitiven Vorfahren in Afrika unterscheidet?[37]

Es wurde vermutet, diese besondere genetische Anlage für den komplexen Umgang mit Sprache könnte der Grund gewesen sein, warum der primitivere Neandertaler gegen den eloquenten Homo sapiens auf Dauer keine Chance hatte und schließlich ausstarb. Seit kurzem wissen wir durch neue DNA-Analysen, dass auch der Neandertaler über die »kultivierte« Variante des »FOXP2«-Gens verfügte.[38] Genützt hat es ihm offenbar trotzdem nichts.

»Gene stehen nicht für Verhaltensweisen oder kognitive Prozesse. Sie stellen regulierende Faktoren her, Signalmoleküle, Rezeptoren, Enzyme und so weiter, die in einem hochkomplexen Netzwerk wechselwirken, von Umwelteinflüssen moduliert werden und so das Gehirn bauen und instand halten.«[39] Das sagt der Genetiker Simon Fisher vom Wellcome Trust Centre for Human Genetics in Oxford, einer aus dem Team, das »FOXP2«, das vermeintliche »Sprach-Gen«, entdeckt hat. Dass inzwischen auch viele Nicht-Genetiker das genetische Instrumentarium einsetzen könnten, sei besonders bei Hirnstudien zugleich Segen und Fluch.

So sind außer dem »Sprach-Gen« und dem für Frömmigkeit (»Gott-Gen«) angeblich auch schon Erbanlagen gefunden worden, die einen Menschen schlau, schlagwütig oder schwul machen. Wäre es doch nur so einfach. Doch die Vorstellung, es gäbe ein Gen oder vielleicht auch ein ganzes Ensemble von Genen, das uns unvermeidlich gut oder böse, aggressiv oder freundlich, selbstlos oder egoistisch macht, müssen wir uns ein für alle Mal aus dem Kopf schlagen.

Eins und eins macht eins

Aber wie entsteht der menschliche Geist, wie unser individuelles Denken, Wollen und Handeln, wie der »moralische Mensch«, wenn Gene ihn nicht erzeugen? Wie, wenn uns kein Gott »beseelt«?

Es gibt wohl nur wenige Wissenschaftler, die den Gedanken der Einheit von »nature« und »nurture« so klar und konsequent zu Ende gedacht haben wie die Psychologieprofessorin Susan Oyama von der City University New York.[40] Schon in den achtziger Jahren und fernab des damaligen Mainstreams prägte Oyama den Begriff vom »Entwicklungssystem«, womit sie zunächst ganz allgemein ein biologisches Wesen in all seinen komplexen Beziehungen und Wechselwirkungen in Raum und Zeit meinte.

Unsere Natur, also das, was uns biologisch ausmacht, wird demzufolge nicht mehr oder weniger unverändert von einer Generation auf die nächste übertragen, sondern immer wieder frisch konstruiert. Das bedeutet, wir sind nicht ein für alle Mal das, was in unserer genetischen Ausstattung »steht«, sondern immer wieder neu das Produkt einer bestimmten Entwicklung. Biologisch ausgedrückt: Nicht der Genotyp bestimmt unsere Natur, sondern der Phänotyp. Ein bestimmter Genotyp, sagt Oyama, kann deshalb eben auch zu einer Vielzahl von »Naturen« führen.[41]

Wie schrieb Alexander Solschenizyn im »Archipel Gulag«? »Ein neues Lebensalter, eine neue Lebenslage – und ein und derselbe Mensch wird ein sehr anderer.«

Das zunächst vermutlich so theoretisch anmutende Konzept der Entwicklungssysteme kommt dem, was wir Tag für Tag und erst recht über die Jahre empfinden, offenbar viel näher als der »blind programmierte Roboter« von Richard Dawkins.

Nun geht es aber nicht nach Sympathie und Wohlgefühl. Dass der sich entwickelnde Mensch nach warmem, pulsierendem Leben »riecht«, der von Dawkins dagegen eher nach kaltem Metall und Maschinenöl, bedeutet nicht, dass Susan Oyama allein deshalb schon recht hat.

41

Was war noch gleich ein Gen?

Die Genetik hat inzwischen mit so starken Erschütterungen zu kämpfen, dass in der *New York Times* – im Finanzteil, nicht auf der Wissenschaftsseite – offen darüber spekuliert wird, ob dem 73,5 Milliarden Dollar schweren weltweiten Biotech-Sektor gerade das Fundament wegbröselt.[42]

ENCODE heißt der entscheidende Grund dafür, neben den bereits erwähnten Entdeckungen der Epigenetik. Hinter dem Kürzel (»ENCyclopedia Of DNA Elements«) steckt ein weltweiter Forschungsverbund von achtunddreißig Genlabors, der sich ein Prozent des menschlichen Genoms vorgenommen hat, dreißig Millionen der insgesamt drei Milliarden Basenpaare also. In diesem Abschnitt sollten diejenigen Bereiche identifiziert werden, die eine biologische Funktion haben, also zum Beispiel RNA-Ketten erzeugen, die dann über Aminosäuren zu Proteinen führen. Ganz genau wollte man diesmal hinsehen, anders als beispielsweise bei den ersten, noch ziemlich groben Untersuchungen im Rahmen des Humangenomprojekts, bei denen es erst einmal nur um die Bestimmung der Sequenz ging.

Etwa vierhundert Gene galten in diesem Abschnitt als bekannt. Folglich war nach dem »gegenwärtigen Dogma biologischer Mechanismen«[43] mit derselben Zahl von RNA-Ketten zu rechnen. Gefunden wurden aber doppelt so viele. Dazu zehnmal so viele »Genschalter« wie erwartet; an solchen Stellen kann die DNA dazu gebracht werden, zu»transkribieren«, also RNA zu schreiben, aus der dann Aminosäuren zu Eiweißen werden können.

Und schließlich auch noch diese Entdeckung: Gene haben offenbar keine klar erkennbaren Grenzen, obwohl das bis vor kurzem noch als sicher galt. Alles überlappt sich jetzt mit allem, fließt ineinander und ist eingebettet in Gott-weiß-was.

»Was ist ein Gen?«, fragte die Zeitschrift *Nature* schon ein Jahr vor der Veröffentlichung der ENCODE-Resultate, als erste Details durchsickerten.[44] Eine rechte Antwort darauf wusste auch der Mann nicht, der sieben Jahre zuvor neben US-Präsident Bill Clinton den Erfolg des Genomprojekts zelebriert hatte: »Wir müssen jetzt beinahe jedes Mal ein Adjektiv davorsetzen, wenn wir dieses Wort verwenden.«[45] Francis Collins meinte das Wort »Gen«.

Inzwischen hat sich daraus ein Problem für die Forschung ergeben, denn besonders dort, wo mehrere Disziplinen beteiligt sind, ist nicht mehr gesichert, dass alle Wissenschaftler die gleiche Begriffsdefinition verwenden. Es ist auch nicht klar, ob alle, die es angeht, Mediziner etwa, diese grundsätzlich neue Sicht auf das Erbgut schon verlässlich verinnerlicht haben.

Die Genetik steckt in der Krise. Das gilt auch – und damit sind wir wieder im Finanzteil der *New York Times* angelangt – für all jene Firmenmanager und Anwälte, die sich in den vergangenen Jahren um Genpatente gerissen haben. Was beschreiben diese Patente eigentlich noch, wenn niemand mehr so recht weiß, was ein Gen überhaupt ist? Wo fängt es an, wo endet es? Und welche Funktion haben die vielen RNA-Schnipsel, die dieses Gen mal herstellt und dann wieder nicht?

Aus all diesen verwirrenden Resultaten – aus Epigenetik, ENCODE und der Evolution von Entwicklungssystemen – lernen wir vor allem, dass das Leben, unser eigenes natürlich eingeschlossen, nicht statisch, sondern durchweg dynamisch organisiert ist. Außerdem ist es hochkomplex, nicht simpel wie eine Dampfmaschine. Und sein im Labor analysierbarer Part steht in ständiger Kommunikation und Wechselwirkung – wirklich: *Wechsel*wirkung – mit allen ebenfalls hochkomplexen biologischen Entwicklungssystemen und auch mit allen nichtbiologischen Fährnissen, die es umgeben.

Sieben Jahre nach dem proklamierten Ende des internationalen Genomprojekts ist damit auch allen damals in diesem Zusammenhang geführten Diskussionen über eine angeblich anstehende oder gewollte oder nur befürchtete Menschenveränderung oder Menschenverbesserung die Basis genommen.

Es wird nichts draus, so scheint es. Die Züchterträume sind zerplatzt. Es gibt kein Diktat der Gene, das uns bis in die letzte Zelle unseres Körpers hinein festlegt oder uns gar unausweichlich vorschreibt, wie wir zu denken oder uns zu verhalten haben.

Sind wir dann also frei? Kann unser Geist in vollem Bewusstsein zwischen genehm und nicht genehm, wahr und falsch, gut und böse entscheiden?

Aladins Lampe

Es passiert jeden Abend, jede Nacht. Wenn wir zu Bett gehen, versinken wir irgendwann in Finsternis, Schlaf umfängt uns, das Bewusstsein hat Pause.

Aber was ist das eigentlich, Bewusstsein? »Ihre eigene, ganz persönliche Welt, zu der Sie allein Zugang haben«, beschreibt es die britische Hirnforscherin Susan Greenfield.[46] Nur ist dies nicht die einzige kursierende oder gar denkbare Definition. Allein die »Stanford Encyclopedia of Philosophy« bringt es auf etwa ein Dutzend Kriterien und Zustände, die Bewusstsein beschreiben.[47]

Betrachten wir hier einmal nur das vermutlich einfachste und alltäglichste Kriterium: Wachheit. Obwohl jeder gesunde Mensch das Bewusstsein im Augenblick des Einschlafens für einige Stunden verliert, würde kein Arzt ihn in dieser Zeit für tot erklären, denn alle wichtigen Lebensfunktionen wie Atmung und Herzschlag lassen sich weiterhin feststellen.

Auch der Teil unseres Körpers, dem wir das Bewusstsein hauptsächlich verdanken, das Gehirn also, schaltet seine Aktivität im Schlaf keineswegs auf eine todesähnliche Null-Linie zurück. Statt der im Wachzustand üblichen, ziemlich regelmäßigen Alpha- (Ruhe) und etwas zappeligeren Beta-Wellen (Aktivität), beherrschen jetzt langwellige, aber von der Amplitude her im Vergleich zum Wachzustand sogar noch stärkere Schwingungen des Typs Delta und Theta den elektrischen Output des Gehirns. Es ist also auch im Schlaf noch einiges los unter der Schädeldecke. Aber etwas fehlt eben: das Bewusstsein. Erst beim Aufwachen entsteht es wie durch ein Wunder neu.

Wie es denn nur sein könne, fragte der britische Biologe Thomas H. Huxley 1866, dass etwas so Bemerkenswertes wie unser Bewusstsein letztlich nur die Folge gereizten Hirngewebes sei, dabei aber »so unberechenbar ist wie das Auftauchen des Dschinns, wenn Aladin seine Lampe reibt«.[48]

Fast eineinhalb Jahrhunderte sind seitdem vergangen, aber am Staunen der Wissenschaftler über das Wesen des Bewusstseins, des Wissens über »mich, hier, jetzt«,[49] hat sich nicht viel geändert.

»Ich wusste, dass eine Entzündung der Zahnhöhle elektrische Aktivität von Nervenzellen einen der Äste des Trigeminusnervs hinaufschickte, der im Hirnstamm endet.« Diese Schmerzattacke ereignete sich im Sommer 1988, und der, den sie traf, war Christof Koch vom California Institute of Technology in Pasadena, einer der weltweit führenden Bewusstseinsforscher. »Nach Passieren weiterer Umschaltstufen wurde durch die Aktivität von Nervenzellen tief im Inneren des Vorderhirns schließlich Schmerz erzeugt. Aber nichts von all dem erklärte, warum es sich wie etwas anfühlte! Wie kam es, dass Natrium, Kalium, Kalzium und andere Ionen, die in meinem Gehirn umherwanderten, dieses scheußlich unangenehme Gefühl hervorriefen?«[50]

Um es gleich vorwegzunehmen: Die Frage ist noch nicht abschließend beantwortet. Niemand weiß zurzeit, warum sich überhaupt irgendetwas in unserem Leben genau so anfühlt, wie es sich anfühlt. Und es hat den Anschein, als würde es auch noch eine ganze Weile dauern, bis sich eine Erklärung dafür abzeichnet. Schlimmer noch: Etliche ernst zu nehmende Neuroforscher und noch mehr Philosophen gehen davon aus, diese Frage – im Fachjargon das »Leib-Seele-«, »Körper-Geist-«, »Mind-Body-« oder auch »Mind-Matter-Problem« genannt – werde nie hinreichend beantwortet werden können, ja, es sei prinzipiell unmöglich, diese Nuss zu knacken.

Es wird sogar noch ein bisschen komplizierter: Denn »Geist« (»mind«) und »Bewusstsein« (»consciousness«) sind nicht ein und dasselbe. Der Geist schließt das Bewusstsein – in allen seinen Definitionen – zwar ein, hat aber darüber hinaus unbewusste Anteile. Das meiste in unseren Köpfen geschieht unbewusst. Und damit sind nicht nur aus dem limbischen System brodelnde Gefühle oder Triebe und Instinkte gemeint. Auch unser Bild von der Welt um uns herum entsteht weitgehend unbewusst. Was wir sehen oder hören, ist das, was uns unbewusste Verarbeitungsprozesse im Gehirn präsentieren, nicht das, was draußen tatsächlich vor sich geht.

Wie soll es nun aber möglich sein, über moralische Entscheidungen zu sprechen, über Verantwortung und Schuld, Vertrauen und Scham, wenn wissenschaftlich zuvor nicht wenigstens halbwegs geklärt ist, was es mit dem Bewusstsein auf sich hat, auf welche Weise wir uns selbst in jedem Augenblick wahrnehmen, wie genau die Bilder entstehen, die wir mit der Zeit in unserem autobiografischen Gedächtnis von uns speichern?

Vorerst soll uns in diesem Kontext nur eines interessieren: Unser Bewusstsein scheint aufs Engste damit verknüpft zu sein, dass wir uns als frei urteilende, wollende und handelnde Subjekte erleben und dasselbe von allen anderen annehmen. Auf dieser Grundlage erfahren wir uns als moralische Menschen. Aber wann genau ist das, was wir tun, *moralisches* Handeln?

Zusammenfassende Thesen:

1. Auch im moralischen Urteilen und Handeln wird der Mensch von seiner Biologie geleitet.
2. Das Erbgut ist aber kein Backrezept und auch keine Blaupause. Unsere DNA muss vielmehr so dynamisch und interpretierbar verstanden werden wie eine Beethoven-Symphonie.
3. Die »menschliche Natur« entwickelt sich aus einem kom-

plexen, unauflösbaren Wechselspiel zwischen Erbanlagen und von außen wirkenden Einflüssen. Keine unserer Eigenschaften, ob körperlich oder geistig, wird daher allein genetisch oder nur durch Erziehung und Erfahrung bestimmt.

Zwischen Sein und Sollen

Philosophen und Theologen auf der Suche nach dem Guten im Menschen

> Es giebt gar keine moralischen Phänomene,
> sondern nur eine moralische Ausdeutung von Phänomenen.
>
> *Friedrich Nietzsche*[1]

Wenn umgangssprachlich etwas als unmoralisch bezeichnet wird, geht es oft um Sex. Irgendwer verhält sich mit irgendwem in einer Art und Weise, die anderen gegen die allgemeinen Sitten – das, was *man* tut – zu verstoßen scheinen und die darum als »unsittlich« oder eben »unmoralisch« verurteilt werden. Aber bei dieser oberflächlichen Definition kann es natürlich nicht bleiben. Auch von Managerabfindungen heißt es ja manchmal, sie seien in der Höhe »unmoralisch«. Bei der Moral muss es also um mehr gehen als nur um Sex.

Im Folgenden soll die Vielzahl der Begriffe auf dem moralisch-ethischen Feld geordnet und, so gut es eben geht, definiert werden. Das ist keine ganz leichte Aufgabe, denn nicht einmal in unserem eigenen Kulturraum gibt es ein halbwegs einheitliches Verständnis von Moral.

Kommen andere Gegenden und andere Gewohnheiten dazu, ist die Übersicht schnell dahin. Einige Unschärfen werden also bleiben. Da ergeht es uns allerdings nicht anders als schon Aristoteles, der im Vorwort seiner *Nikomachischen Ethik* bekannte:

»Was die Darlegung betrifft, so muss man zufrieden sein, wenn sie denjenigen Grad von Bestimmtheit erreicht, den der gegebene Stoff zulässt. ... Das sittlich Gute und das Gerechte ... zeigt solche

Gegensätze und solche Unbeständigkeit, dass es scheinen könnte, als ob es nur auf dem Gesetze, nicht auf der Natur beruhte. ... So muss man sich denn, wo die Darstellung es mit einem solchen Gegenstande zu tun hat und von solchen Voraussetzungen ausgeht, damit zufrieden geben, die Wahrheit in gröberen Umrissen zu beschreiben.«[2]

Selbstverständlich ist schon deshalb keine der im Folgenden angebotenen Begriffsbestimmungen für alle und jeden und erst recht nicht für alle Zeiten zwingend. Das ändert aber nichts daran, dass Grenzen gezogen werden müssen, wollen wir zum Beispiel auch nur feststellen, wo die reine Konvention aufhört und das Terrain der Moral anfängt, falls es überhaupt eine solche Grenze gibt.

Eine heute übliche Sichtweise besagt, dass eine Handlung nur dann eine *moralische* Qualität bekommt, wenn durch sie jemand geschädigt werden kann, sei es leiblich, als Folge einer Missachtung von Rechten oder auch im Widerstreit von Ansprüchen. Wo kein Opfer, da keine Moral.[3]

Es braucht allerdings nicht viel Phantasie, um zu erkennen, wie verschwommen diese Definition ist. Offen bleibt nämlich zum Beispiel, wie direkt ein potenzielles Opfer betroffen sein muss und wie stark. Wenn etwa die Farbe des Kleides einer Arbeitskollegin oder die Krawatte eines Kollegen den Geschmackssinn anderer beleidigt, sind die dann schon Opfer und ist die allmorgendliche Frage »Was ziehe ich an?« entsprechend eine moralische, nicht nur eine der Konvention? Wie es scheint, muss zumindest noch eine gewisse »Härteklausel« eingeführt werden, um der Moral auch den nötigen Ernst zu verleihen.[4]

Und was ist dann erst mit Gesetz und Religion? Mit beiden Begriffen verbinden wir auch moralische Vorschriften, und doch beschränken sich ihre Wirkungsfelder nicht darauf.

Wenn wir uns die wichtigsten Probleme und Konfliktlinien der Moralphilosophie anschauen, werden wir ohne große Umwege zu jenen Fragen gelangen, mit denen sich heute zum Beispiel auch Psychologen und Neurobiologen, die auf den Spuren der Moral in unseren Köpfen sind, intensiv befassen. Ihnen geht es etwa um das Verhältnis von Verstand und Intuition oder Gefühl: Wie kommen wir zwischen diesen beiden Polen überhaupt zu einem moralischen Urteil? Und wie lässt sich dieses Urteil dann begründen?[5]

Verbotene Früchte

Auch wenn der christliche Glaube zumindest in Europa in den vergangenen Jahrzehnten erheblich an Bedeutung verloren hat, so leben wir doch in einer Gesellschaft, in der wir ständig auf Relikte jener Religion treffen, unter deren Einfluss unsere Kultur entstanden ist und in der sie zum Teil noch heute wurzelt. Das gilt auch für das gegenüber den Ursprüngen zwar verkümmerte, aber immer noch auszumachende Sündenverständnis. Und wo die Sünde ist, kann die Moral nicht weit sein.

Vermutlich irgendwo im Zweistromland zwischen Euphrat und Tigris, einer Region also, bei der wir heute kaum auf den Gedanken kämen, sie paradiesisch zu nennen, lag dem zweiten biblischen Schöpfungsbericht zufolge ein Garten namens Eden, der zur Heimstatt des da eben erst von seinem Schöpfer ins Leben gerufenen Menschen wurde. Zugleich ist er die Bühne für den ersten jüdisch-christlich-islamischen Auftritt der Moral. Diese drei monotheistischen Religionen teilen den Mythos um Adam, Eva und das Paradies in Grundzügen, auch wenn nur Christen sich zur Lehre von der »Erbschuld« bekennen.

Alles im Garten Eden dürfe er nutzen, so wird dem Menschen von seinem Schöpfer und Herrn gesagt, alle Pflanzen und alle Tiere. Mit einer bedeutenden Ausnahme: »Vom Baum der Erkenntnis von Gut und Böse darfst du nicht essen; denn sobald du davon isst, wirst du sterben.«[6]

Der Mensch wurde demnach also ohne einen Sinn für Gut und Böse geschaffen. Da ist noch nicht klar, warum. Jedenfalls ist er dem biblischen Verständnis nach trotzdem ganz Mensch.

Wie die Todesandrohung zu verstehen ist, ob sie gar impliziert, der Mensch sei zunächst unsterblich gewesen, ist ein unter Theologen umstrittenes Auslegungsdetail, das wir hier nicht zu klären brauchen.

Warum aber hat Gott den Menschen ohne die Fähigkeit erschaffen, Gut und Böse zu erkennen? Eine mögliche Antwort findet sich in den Worten der Schlange, die Adam und Eva in der Mitte des Gartens Eden heimsucht, an eben jenem Baum mit den geheimnisvollen, verbotenen Früchten. Die Erkenntnis von Gut und Böse solle Gott vorbehalten bleiben, verrät das listige Tier, aus dem erst in späterer Interpretation der Teufel wird. Von der Todesandrohung sollten sich Adam und Eva nicht einschüchtern lassen, rät sie, und sie könnten ruhig von dem verbotenen Baum essen. Das werde ihnen sogar guttun: »Ihr werdet wie Gott und erkennt Gut und Böse.«[7]

Natürlich verlangte die schriftstellerische Dramaturgie auch schon vor zweieinhalb bis drei Jahrtausenden,[8] als diese Mythen vermutlich Form gewannen, dass dem verführerischen Rat gefolgt und das göttliche Verbot übertreten wird:

»Da sah die Frau, dass es köstlich wäre, von dem Baum zu essen, dass der Baum eine Augenweide war und dazu verlockte, klug zu werden. Sie nahm von seinen Früchten und aß; sie gab auch ihrem Mann, der bei ihr war, und auch er aß. Dann gingen beiden die Augen auf, und sie erkannten, dass sie nackt waren.«[9]

Das Gewahrwerden der eigenen Nacktheit führt kurz darauf dazu, dass Adam sich voller Scham vor Gott versteckt. Genau das Gegenteil von dem, was die Schlange versprochen hat, ist damit eingetreten: Mit der Erkenntnis von Gut und Böse werden die beiden ersten Menschen nicht wie Gott, allmächtig und sich selbst genügend, sondern sie erkennen die eigene existenzielle Bedürftigkeit.

Auf die Gefahr einer Überinterpretation hin lässt sich sogar sagen, dass der Mensch jetzt, nachdem er gesündigt hat, in sich selbst zum ersten Mal die *Anlage* zur Sünde entdeckt. Im Wesen des Menschen steckt also die Möglichkeit des Versagens und, aus theologischer Sicht, das Angewiesensein auf Vergebung und göttliche Gnade. Es ist diese Argumentationsfigur, die in der christlichen Theologie die spätere Wiedergutmachung der Ursünde durch die Menschwerdung Gottes und den Opfer- und Sühnetod Jesu begründen soll – das sich Hingeben des »zweiten Adam«[10] wird zur zweiten Chance für den gefallenen Menschen.

So »nackt« sind Adam und Eva. So »nackt« ist der Mensch. Genau genommen führt ihn erst die Fähigkeit zur Erkenntnis von Gut und Böse, der moralische Sinn also, der ihm in der Sünde aufgeht, zur realistischen und wohl darum auch ernüchternden Einschätzung seiner endlichen Existenz.[11]

Moralisch, sittlich, ethisch

Hätte der Mensch im Paradies, seinem Gott gehorsam, auf den Sinn für Gut und Böse verzichtet, müsste er sich heute nicht mit der Moral herumschlagen. Das bleibt nun auch uns nicht erspart.

Im Alltag werden die Begriffe Moral, Sittlichkeit und Ethik zumeist bunt durcheinander verwendet, wobei der Ethik gemeinhin ein größeres Gewicht zugemessen wird als der Moral. Seitensprünge etwa sind eher eine Frage der Moral, Stammzellenforschung und »therapeutisches Klonen« eine der Ethik. So haben wir hierzulande ja auch einen »Deutschen Ethikrat«, keinen »Moralrat«.

Die Kirche, zumindest die katholische, sollte sich auf beiden Seiten heimisch fühlen, ließe sich vermuten angesichts der Fülle lehramtlicher Äußerungen zur ehelichen Treue und Sexualität auf der einen Seite und jener etwa zum Embryonenschutz auf der anderen. Doch im thematischen Register des weltweit für Katholiken verbindlichen Katechismus kommt die »Moral« nicht einmal vor. Wohl aber ist von »Sittlichkeit« die Rede. Und das ist dort lehramtlich aus der eben geschilderten Begebenheit im Garten Eden geworden:

»Durch die Sünde der Stammeltern hat der Teufel eine gewisse

Herrschaft über den Menschen erlangt, obwohl der Mensch frei bleibt. Die Erbsünde führt zur ›Knechtschaft unter der Gewalt dessen, der danach die Herrschaft des Todes innehatte, das heißt des Teufels‹ (Hebr 2, 14) ... Zu übersehen, dass der Mensch eine verwundete, zum Bösen geneigte Natur hat, führt zu schlimmen Irrtümern im Bereich der Erziehung, der Politik, des gesellschaftlichen Handelns und der Sittlichkeit.«[12]

Auf wenigen Zeilen ist da eine beachtliche Batterie von Behauptungen aufgelistet, die selbst von überzeugt religiösen Menschen allesamt hinterfragt werden können: Gibt es so etwas wie das personifizierte Böse? Ist der Mensch tatsächlich völlig frei in seinem Handeln? Kann Schuld vererbt werden? Kommen wir wirklich mit einer Neigung zum Bösen auf die Welt? Und schließlich: In welchem Verhältnis steht die Sittlichkeit – das moralische Handeln also – zu den Bereichen Erziehung, Politik und gesellschaftlichem Handeln?

Ohne eine religiöse Begründung, genauer noch, ohne eine lehramtlich saubere *katholische* Begründung ist jedenfalls kaum ein Wort aus diesem Artikel des Katechismus nachzuvollziehen. Natürlich ist es das Kennzeichen eines religiös fundierten Lebens, dass konkretes Handeln aus dem Glauben erwächst. Hier zeigt sich aber nun, dass sich das katholische Moralverständnis *nur* aus dem Glauben heraus erschließt.

Eine solche Einschränkung gilt genauso für die folgende Definition aus der DDR, die natürlich auf einem ganz anderen Glauben fußt:

»Die Moral ist eine Form des gesellschaftlichen Bewusstseins; sie wird durch die jeweiligen Klassenverhältnisse geprägt und spiegelt diese in letzter Instanz wider. ... Hauptgrundsatz der proletarischen Moral ist der sozialistische Internationalismus und die brüderliche Solidarität der um ihre Befreiung von Ausbeutung und Unterdrückung kämpfenden Menschen im nationalen und internationalen Maßstab.«[13]

Das ist trotz der prinzipiellen Unterschiede zwischen beiden Definitionen in etwa so verständlich wie der Auszug aus dem katholischen Katechismus. Für allgemeine Einsichten in das Wesen der Moral eignen sich weltanschaulich geprägte Systeme also eher nicht, auch wenn es bei bestimmten moralisch relevanten Themen durchaus zu ähnlichen Einschätzungen kommen kann. Beispielsweise könnten Juden, Christen, Buddhisten, Moslems, Hindus, Konfuzianer, Shintoisten, Kommunisten, Atheisten, Agnostiker und wer sonst noch allesamt zu dem Schluss kommen, dass Folter moralisch nicht zu rechtfertigen ist.

In diesem Fall wäre allerdings zu klären, welche Kriterien jeweils zu dem Urteil geführt haben. Vor allem dann, wenn wir uns nicht auf ein reines Autoritätsargument zurückziehen und damit zufriedengeben wollen, der Papst, der Dalai Lama, das Grundgesetz oder sonst eine Institution mit anerkannter oder zumindest beanspruchter Autorität schreibe das nun einmal so vor. Vielleicht kann ja zur Stützung zusätzlich ein Vernunftargument angeführt werden?

Denkbar wäre, dass in unserem Beispiel von der Folter deshalb alle zum gleichen Urteil gelangen, weil das in der Natur der Sache begründet ist. Dann wäre es nur noch einem Unvernünftigen oder Böswilligen möglich, zu einem anderen Ergebnis zu kommen und Folter – dann natürlich fälschlich – moralisch zu rechtfertigen.

Hinter diesem Gedanken steckt die Idee vom »natürlichen Sittengesetz«, das nicht wenige Moralphilosophen und auch Theologen durch die Jahrhunderte vertreten haben und bis heute vertreten. Dann wäre es der Schein eines geradezu naturgesetzlichen Wissens um die Moral, der uns innerlich erleuchtete und zur rechten Einsicht brächte.

Haben wir vielleicht deshalb – wie vermutlich die meisten in unserem Kulturkreis – das Gefühl, die Folter müsse *natürlich* und in jedem Fall verboten sein?

Und schon beim zweiten Nachdenken ist diese Gewissheit dahin. Denn wer erst einmal die Folgen eines moralischen Urteils berücksichtigt, wird schnell zu dem Schluss kommen, es seien in besonders schweren oder vertrackten Fällen auch Ausnahmen von der ansonsten berechtigt strengen Regel möglich. Zwei moralphilosophische Welten stoßen hier aufeinander: Denn entweder hat eine bestimmte Tat, Folter zum Beispiel, einen moralischen Wert in sich, oder aber der ergibt sich erst aus dem, was diese Tat hervorbringt.

Wie etwa müsste denn entschieden werden, wenn »unschuldige« Menschenleben in Gefahr gerieten und allem Anschein nach nur durch in einer so genannten Rettungsfolter[14] erzwungene Aussagen eines »Schuldigen« erhalten werden könnten?

Die »Natur der Sache« und ihre Folgen

Wir haben am Beispiel der Folter eben zwei zentrale moralphilosophische Argumentationsformen kennengelernt, mit denen sittliche Urteile zumindest theoretisch gerechtfertigt werden können:

Die so genannte deontologische[15] Begründung geht davon aus, ein moralisches Urteil oder eine Handlung sei stets *in sich* gut oder schlecht. Was gut ist, bleibt demnach ausnahmslos gut. Was schlecht ist, bleibt schlecht. Wer also zum Beispiel die Zehn Gebote des Alten Testaments[16] für unverrückbares göttliches Gesetz hält, darf nicht lügen, selbst wenn eine Lüge in einer bestimmten Situation schlimmen Schaden abwenden könnte.

Dass die deontologische Rigorosität selbst von rigoros Denkenden als Problem erkannt worden ist und die Folgen einer Handlung selbst von dieser philosophischen Schule nicht ganz außen vor gelassen werden, zeigt sich unter anderem daran, dass die katholische Moraltheologie früher die Möglichkeit einer »restrictio late mentalis« einräumte, eines gedanklichen Vorbehalts also. Unter gewissen Umständen war es erlaubt, eine Aussage so vieldeutig zu fassen, dass das Gegenüber sie mit ziemlicher Sicherheit falsch verstehen musste. Dieses listige Mittel kam zum Beispiel zum Einsatz, um ein Geheimnis, etwa das strikt geltende Beichtgeheimnis, wahren zu können, ohne (direkt) zu lügen.[17]

So genannte »Regeldeontologen« können leicht in Situationen geraten, in denen zwei oder mehr als gleich wichtig erachtete Regeln miteinander kollidieren. Wer nicht lügen darf, aber auch keine Geheimnisse offenbaren, hat zum Beispiel ein Problem, wenn er nach einem Geheimnis gefragt wird. Einen möglichen, wenn auch nicht sonderlich überzeugenden Ausweg aus diesem Dilemma haben wir mit dem gedanklichen Vorbehalt katholischer Moraltheologie eben kennengelernt. Elegant allerdings lässt sich dieses Problem nur auf eine Art lösen: Es darf überhaupt nur eine einzige Regel geben.

Das klassische Beispiel hat Immanuel Kant mit seinem »kategorischen Imperativ« formuliert, der das zweckfrei (»kategorisch«) Gute so vorschreibt: »Handle nur nach derjenigen Maxime, von der du zugleich wollen kannst, dass sie ein allgemeines Gesetz werden kann.«[18]

So genannte Teleologen[19] können mit ewigen Werten, wie sie Deontologen vertreten, nicht viel anfangen: Nur die Beurteilung der Folgen, so die Gegenposition, lasse eine Aussage darüber zu, ob eine Handlung gut oder schlecht sei. Wer es mit den Teleologen nicht gerade gut meint, macht daraus für gewöhnlich: Der Zweck heiligt die Mittel. Neutraler lässt sich auch formulieren: Eine Handlung ist nur dann moralisch richtig, wenn sie ein mindestens ebenso großes Übergewicht von guten gegenüber schlechten Folgen hervorbringt wie jede andere mögliche Handlungsalternative.[20]

Es ist offensichtlich, dass für die moralische Beurteilung einer Folge zunächst festgelegt werden muss, wann wir sie überhaupt als gut erachten wollen. Da gibt es viele Möglichkeiten, genau genommen haben Teleologen also die freie Wahl. Zum Beispiel könnten sie beschließen – und das haben in der Geschichte auch etliche Philosophen getan –, gut sei eigentlich nur, was dem Urteilenden selbst zum Vorteil gereicht. »Egoismus« heißt diese Richtung.

Am anderen Ende des Spektrums finden wir die Utilitaristen, jene Teleologen also, die nicht zuerst an sich selbst denken wie die Egoisten, sondern an die Allgemeinheit. Gut oder sittlich richtig ist für sie eine Handlung nur dann, wenn sie – im ganzen Universum, streng genommen – von allen möglichen Alternativen das höchste Maß guter Folgen hervorbringt. Aber auch hier muss natürlich wieder entschieden werden, was denn eine gute Folge überhaupt ist. Die meisten Vertreter dieser Denkrichtung haben sich dafür ausgesprochen, dass das, was angenehme Gefühle erzeugt, als gut anzusehen ist. Was dagegen körperliche oder psychische Schmerzen bereitet, soll als schlecht gelten. »Hedonismus« heißt dieses moralische Denken. Anders als im umgangssprachlichen Gebrauch muss ein Hedonist also kein selbstsüchtiger Lüstling oder Prasser sein, sondern es kann sich dabei sehr wohl um einen höchst gewissenhaften Menschen handeln, dem nichts wichtiger ist als das stete Wohlergehen der Allgemeinheit. Ein weiteres Beispiel für den begrifflich manchmal recht tiefen Graben zwischen der Moral im Alltag und jener der Philosophen.

Gut und Böse

Bereits 1970 scheiterte ein Versuch, dreizehn damals führende Moralphilosophen zu einer gemeinsamen Definition menschlicher Moralität zu bewegen.[21] Und bis heute gibt es darüber kein einheitliches Verständnis unter Philosophen, Theologen und allen, die sich mit solchen Fragen professionell befassen.

Welche Probleme sich aufhalst, wer ein religiös oder sonstwie weltanschaulich geprägtes System zur Grundlage allgemeiner moralischer Überlegungen wählt, haben die Beispiele aus dem katholischen Katechismus beziehungsweise aus dem DDR-Lexikon anschaulich gemacht. Darum hat sich vor allem im angloamerikanischen Raum eine Herangehensweise an moralische Fragen herausgebildet, die jede weltanschauliche Vorbedingung – außer der Logik (auch die ist eine) – zu vermeiden sucht, oft unter dem Namen »analytische Ethik«.[22] Sogar auf einige Moraltheologen hat sie erheblichen Einfluss ausgeübt.[23] Und auch uns kann sie im Folgenden helfen. Denn wer wissen will, ob die Moral im Herzen oder im Kopf sitzt, und dort im Frontalhirn oder vielleicht eher in der Amygdala, muss zuerst einmal wissen, was mit Moral überhaupt gemeint ist, wenn Wissenschaftler davon sprechen. Und da können uns Philosophen wie die »analytischen Ethiker« bei der Orientierung ein gutes Stück helfen. Gehen wir Schritt für Schritt vor.

Im ganz allgemeinen Sinn bildet die Moral »ein System, das die Beziehungen der Individuen zueinander regelt«.[24] Damit ist natürlich noch nichts darüber ausgesagt, wie dieses gedankliche, normative System entsteht, wie seine Regeln gebildet und gegebenenfalls verändert werden. Auch die Frage, wie Menschen dazu gebracht werden können, solche Regeln zu befolgen, und ob sie nur in einer bestimmten Gemeinschaft oder vielleicht sogar universell gelten, ist noch offen. In jedem Fall aber ist die Moral nach dieser Definition ein soziales Instrument, das »der Gesellschaft als ganzer zur Lenkung des Einzelnen und kleinerer Gruppen« dient.[25]

Wir können an dieser Stelle festhalten, dass es bei der »Moral« um Werturteile über konkrete Handlungen, Personen und auch Motive geht. Verfolgen wir als außenstehende Beobachter über einen längeren Zeitraum, wie solche Urteile in einer bestimmten Gesellschaft gefällt werden, erkennen wir daraus deren Regelwerk und wissen dann, was *man* dort tut und was besser nicht.

Wir sind uns wahrscheinlich einig, dass es zum Beispiel »gut« ist, wenn Sportler, die gedopt haben, diesen Verstoß gegen die zuvor als allgemein verbindlich angenommenen Regeln zugeben und sich dafür bei denen entschuldigen, die sie betrogen haben. Ebenso »sittlich richtig« ist es – bei Moralphilosophen eine andere gängige Formulierung für »Gutes tun« –, einem gehbehinderten Menschen in der U-Bahn oder im Bus einen Sitzplatz anzubieten.

Eine »moralische Handlung« soll per definitionem künftig dagegen nicht von vornherein eine »gute« oder »sittlich richtige«, also offenbar positiv bewertete Handlung sein, sondern zunächst nur eine, die sich von einer »nichtmoralischen« oder »außermoralischen« unterscheidet. Ein solches reines Faktenurteil wäre zum Beispiel: »Berlin ist die deutsche Hauptstadt.«

Auch Handlungen können »nichtmoralisch« sein. Wenn ich mich allein in meinen vier Wänden am Handrücken kratze, weil es juckt, dürfte diese Handlung sittlich weitgehend wertfrei sein. Diese Klassifizierung kann sich allerdings ganz schnell ändern, wenn ich meinen Aufenthaltsort und die Stelle am Körper wechsle, an der ich mich kratze.

Schon wird es also wieder moralisch. Und bedenken wir es genau, gibt es, außer wenn wir schlafen, kaum einen Augenblick in unserem Leben, der nicht von einer mehr oder minder schweren moralischen Problematik geprägt ist und wenigstens eine gedankliche Entscheidung von uns fordert. Selbst so eine Lappalie wie der morgendliche Kaffee ist da keine Ausnahme, wenn ein Philosoph daneben sitzt: Ist die dritte oder vierte Tasse zum Beispiel auch dann noch sittlich erlaubt, wenn Magenprobleme und gelegentliche Herzrhythmusstörungen zur Vorsicht raten? Sollen die Kinder womöglich als Halbwaisen aufwachsen, nur weil ärztliche Empfehlungen in den Wind geschlagen werden? Und wie gerecht wurden die Kaffeebauern entlohnt, deren harte Arbeit uns den aromatischen Genuss überhaupt erst möglich macht? Die Moral lauert überall.

Sittliche Urteile richten sich nach Maßstäben oder Normen, die je nach Gesellschaft sehr unterschiedlich ausfallen können. Andere Länder haben eben oft andere Sitten, andere *mores*. Wir haben bereits gesehen, wie sehr diese Maßstäbe voneinander abweichen können, wenn wir es einerseits mit strengen Deontologen zu tun haben, wie es in religiös fundierten Systemen meistens der Fall ist, oder aber auf der anderen Seite mit nüchtern bilanzierenden Utilitaristen.

Letzteren liegt primär am Wohl der Allgemeinheit. Doch was dem dient, darüber gehen die Meinungen teils weit auseinander. Während etwa in den meisten Teilen Europas die Todesstrafe per Gesetz verboten ist und wohl auch vonseiten der Bevölkerung weitgehend abgelehnt wird, gilt sie in derzeit knapp siebzig anderen Ländern der Erde immer noch als moralisch gerechtfertigtes Mittel der Bestrafung für schwere Delikte. Zum Beispiel weil sie – ein utilitaristisches Argument – die Allgemeinheit durch Abschreckung schütze.[26] Dabei ist es noch einmal eine andere Frage, was in der jeweiligen Kultur als schwere Straftat empfunden wird. Das kann an einem Ort ein besonders brutaler, heimtückischer Mord sein, auch Drogenhandel vielleicht, an einem anderen reicht schon ein Seitensprung oder eine homosexuelle Orientierung, um die Todesstrafe zu rechtfertigen. Das Spektrum solcher Urteile ist sehr weit. Erschreckend weit. Und dieses Beispiel zeigt auch, dass konsequentes moralisches Handeln die Welt nicht automatisch zu einem angenehmeren Ort macht, wie man oberflächlich denken könnte.

Halten wir fest, dass sich moralische Urteile an Normen orientieren und dass es im nächsten Schritt eines außermoralischen Urteils bedarf, einer Einschätzung der Faktenlage also, um festzustellen, ob und inwieweit die betreffende Norm eingehalten worden ist. Der Kommissar ermittelt, und der Richter spricht das Urteil im Namen des (zum Beispiel über ein gewähltes Parlament normsetzenden) Volkes.

Es ist übrigens genau diese Unterscheidung zwischen moralischer Normsetzung und faktischer Normüberprüfung, die zum Beispiel von Richtern aus nationalsozialistischen oder DDR-Zeiten zur nachträglichen Rechtfertigung ihrer inzwischen als Unrecht gewerteten Urteile herangezogen wird. Sie glauben sich damit entschuldigen zu können, dass sie als Juristen nur die Einhaltung einer geltenden Norm geprüft, deren Existenz aber selbst nicht zu verantworten hätten, da das Sache der jeweiligen Regierungen oder Parlamente gewesen sei. Ähnlich argumentieren auch Militärs in vergleichbaren Situationen und verweisen dann auf einen »Befehlsnotstand«.

Der nächste Schritt: die Ethik

Die Ethik wird im wissenschaftlichen Sinn ein Stockwerk über der Moral betrieben. In ihr geht es nicht mehr um konkrete Urteile in ganz bestimmten Situationen, sondern um grundsätzlichere Fragen. Darum ist die Ethik so etwas wie die »Wissenschaft von der Moral«, auch wenn Ethik und Moral nicht nur umgangssprachlich immer wieder einmal synonym verwendet werden.[27] Der Erste, der die Ethik in der strengen Definition, um die es hier gehen soll, von anderen philosophischen Disziplinen abtrennte, war Aristoteles, also jener gelehrte Grieche, dem wir auch die Tabula-rasa-Sicht des menschlichen Wesens verdanken.

Bei der ersten Art ethischen Fragens wird einfach nur versucht, bestimmte moralische Phänomene zu beschreiben und zu erklären. Deswegen heißt sie deskriptiv. Dieses Merkmal könnte zum Beispiel für eine Studie gelten, die sich mit den sittlichen Normen von südamerikanischen Kopfjägern, den Menschen des christlichen Mittelalters oder durchschnittlichen Mitteleuropäern unserer Tage befasst. Entscheidend: Sie wertet nicht, was sie untersucht, sondern beschreibt es nur.

Die zweite Form der Ethik dagegen ist normativ und darum keineswegs neutral. In ihr werden konkrete Urteile gefällt, die richtungsweisend für moralisches Handeln sein können und sollen. Die normative Ethik, könnte man sagen, sucht unter den vielen denkbaren Ethiken die »richtige« und verwirft damit zugleich alle anderen. Doch mit welcher Begründung, welcher Berechtigung?

Vielleicht das prominenteste Beispiel einer normativen Ethik ist jene, die sich an der »goldenen Regel« orientiert, bei uns vermutlich am bekanntesten in der Formulierung der Bibel: »Alles, was ihr also von anderen erwartet, das tut auch ihnen!«,[28] oder so: »Du sollst deinen Nächsten lieben wie dich selbst!«[29] Oder auch in der gereimten Form, die Kinder manchmal noch lernen: »Was du nicht willst, dass man dir tu', das füg' auch keinem andern zu.«

Normative ethische Leitlinien können aber auch sehr viel kon-

61

kreter sein. Zum Beispiel:»Menschliches Leben ist immer und mit allen verfügbaren Mitteln zu erhalten.«Debatten über Sterbehilfe oder auch die Nutzung früher menschlicher Embryonen für eine »regenerative« Medizin oder das»therapeutische Klonen«sind häufig vom Für und Wider dieses Leitsatzes geprägt.

Auch gänzlich andere Wertesysteme sind natürlich denkbar, die aber alle auf einer bestimmten, letztlich frei wählbaren Überzeugung aufbauen. Von vornherein ist also das eine Wertesystem nicht moralischer als das andere.

So hat der australische, heute in Princeton in den USA lehrende Philosoph Peter Singer eine heftig umstrittene Haltung zum Verhältnis von Abtreibung und der bedingten Tötung von Kleinkindern, beispielsweise bei einer erst kurz nach der Geburt festgestellten oder eintretenden Schwerstbehinderung, vertreten. Wer das eine zulasse, sagt Singer, habe keinen vernünftigen Grund, das andere abzulehnen:

»Ich betrachte den Konflikt zwischen meiner Position und der weit verbreiteten Ansicht über die Heiligkeit des Kleinkindes nicht als Grund, meine Position aufzugeben. ... Der Gedanke, das Leben von Säuglingen habe einen besonderen Wert, weil Säuglinge klein und niedlich sind, steht auf einer Stufe mit dem Gedanken, dass ein Robbenbaby mit seinem weichen weißen Fell und großen runden Augen mehr Schutz verdiene als ein Wal, dem diese Eigenschaften abgehen.«[30]

Noch einmal: Nach welchen Kriterien auch immer entschieden wird, was moralisch oder sittlich»richtig«und was»falsch«ist, es geschieht im Rahmen einer bestimmten Ethik. Welche Kriterien allerdings am Ende gelten, ist Verhandlungssache.

Dabei setzt jedes dieser ethischen Systeme voraus, dass wir Menschen überhaupt moralische Urteile fällen können, und auch, dass diese Urteile sich auf charakteristische Weise von anderen Urteilen – wie»Das Leben auf der Erde ist knapp vier Milliarden Jahre alt«, oder:»Rot ist meine Lieblingsfarbe« – unterscheiden.

Aber wie? Und wie lässt sich herausfinden, auf welche Weise wir Urteile fällen?

Dritte Abteilung: Metaethik

Bildlich gesprochen stehen Metaethiker ein paar Schritte über oder auch neben den mit- und gegeneinander diskutierenden Ethikern, die einer dem anderen klarzumachen versuchen, warum ihre eigene Position richtig und die der anderen falsch ist. Metaethiker fragen nun, ob das alles einen Sinn ergibt. Sie befassen sich also mit den grundsätzlichen Voraussetzungen ethischen Denkens und moralischen Handelns.[31]

Zum Beispiel: Wie können die Begriffe »richtig« und »falsch«, »gut« und »schlecht« definiert werden? Wie verwendet? Was bedeuten zum Umfeld der Moral gehörende Begriffe wie »Gewissen« oder »freier Wille« oder »Verantwortlichkeit«? Wie lassen sich moralische Urteile begründen und rechtfertigen? Und münden sie immer in eine bestimmte Handlungsmotivation? Anders gefragt: Wenn ich nicht tue, was ich moralisch für richtig halte, halte ich es dann überhaupt für richtig?

So in etwa wird von den meisten Moralphilosophen das Arbeitsfeld der Metaethik umrissen. Allerdings gibt es auch noch Autoren – unter ihnen sogar Verfasser von Standardwerken, die zum Beispiel an theologischen Fakultäten verwendet werden[32] –, in deren Inhaltsverzeichnisse und Register die inzwischen etwa ein Jahrhundert alte Metaethik noch keinen Eingang gefunden hat und in deren Werken auch ihr Begründer, der britische Philosoph G.E. Moore,[33] keine Erwähnung findet. Metaethik erfreut sich nicht überall gleich großer Beliebtheit. Und wir werden direkt sehen, warum das so ist.

Moore hält zum Beispiel eine auch für andere nachvollziehbare, eindeutige Definition dessen, was als »gut« gelten soll, für grundsätzlich unmöglich. Denn dazu müsste ein moralisches Urteil – »gut« – nach außermoralischen Maßstäben gefällt werden und das Gute bereits *in sich* tragen.[34]

»Die Folgerung lautet: Die Ethik steht in keinem logischen Abhängigkeitsverhältnis zu irgendwelchen Tatsachen über den

Menschen oder die Welt, seien sie nun empirischer oder nicht-
empirischer, wissenschaftlicher oder theologischer Natur.«[35] Verständlich, dass gläubigen Menschen so eine Feststellung fern eines
»natürlichen Sittengesetzes« nicht leicht eingeht.

Lange vor G. E. Moore, 1739 nämlich, hatte der Schotte David
Hume Ähnliches formuliert und damit die gedankliche Grundlage für Generationen von Ethikern geschaffen: Das, was sein
»soll«, so Humes berühmte These, könne niemals aus dem abgeleitet werden, was »ist«. Wer diese »kleine Achtsamkeit« nicht ver-
nachlässige, werde sehen, »dass der Unterschied zwischen Tugend
und Laster weder allein auf den [außermoralischen] Beziehungen
der Objekte beruht, noch vom Verstand wahrgenommen werden
kann«.[36]

Ein Beispiel ist die These von Peter Singer. Wer die Tötung von
Kleinkindern grundsätzlich und für alle Fälle ablehnt, müsste etwa
so argumentieren: Der ausnahmslose Schutz von Säuglingen ist gut
oder richtig – »weil das Leben heilig ist« oder »weil menschliches
Leben heilig ist« oder »weil kleine Kinder unschuldig sind« oder
»weil kleine Kinder sich nicht wehren können« oder eine andere
Begründung dieser Art. Es sind etliche weitere denkbar.

Sie alle aber teilen einen Makel: Keine einzige dieser Rechtfer-
tigungen beruht auf einem außermoralischen Grund. Denn »heilig« oder »unschuldig« sind bereits moralische Begriffe, weil sie
eine Wertung enthalten. Und selbst die Begründung »weil kleine
Kinder sich nicht wehren können« trifft zwar faktisch zweifellos zu, wenn die angreifende Kraft ein gewisses Maß übersteigt.
Daraus aber ein absolut geltendes Schutzrecht abzuleiten, hieße,
wehr*loses* Leben über wehr*haftes* zu stellen. Und das ist eben auch
schon eine Wertung. Zudem wird ab einem bestimmten Maß jeder Mensch wehrlos in dem Sinne, in dem es hier für Kleinkinder
vorgebracht wird. Darum ist »wehrlos« für sich genommen kein
geeignetes, kein hinreichendes Kriterium, um Menschen in Bezug
auf ihre Schutzwürdigkeit zu unterscheiden.

Moore nennt solche sehr verbreiteten Argumentationsfiguren
einen »naturalistischen Fehlschluss«. Fehl gehen sie, wovor schon

David Hume gewarnt hatte, weil sie das Sollen mit dem Sein begründen. Unter dieselbe Kategorie fallen auch fadenscheinige Begründungen oder Normsetzungen folgender Art: Hätte Gott gewollt, dass der Mensch fliegt, hätte er ihm Flügel gegeben. Da er das aber nicht hat, wie jeder sehen kann, ist Fliegen gegen den göttlichen Willen und damit eine Sünde. Also: Du sollst nicht fliegen!

Vielleicht lässt sich das Vorgehen der Metaethik so beschreiben: Sie stellt all jene Selbstverständlichkeiten infrage, auf deren Basis sich unser alltägliches moralisches Handeln normalerweise unhinterfragt abspielt. Der Metaethik ist darum nichts von vornherein heilig. Und das macht sie bei Menschen mit klaren, oft für heilig gehaltenen Prinzipien nicht eben beliebt. So ist bei analytischer Betrachtung nicht selbstverständlich, dass wir aus freiem Willen heraus agieren. Es ist darum auch nicht selbstverständlich, dass wir einander für unsere Handlungen Verantwortung zuschreiben können, dass wir verurteilen und strafen. Und, wie am Beispiel der Singer'schen Ethik drastisch deutlich wird, es ist auch nicht selbstverständlich, Leben, menschliches inklusive, grundsätzlich für schützenswert zu halten.

Nichts, gar nichts, ist *in sich* gut oder schlecht, nur weil es uns angenehme Gefühle bereitet oder aber emotional abstößt, vielleicht gar anekelt. Wer in seinem Denken und Urteilen auf Logik Wert legt, wird sich dem kaum entziehen können.

Später werden wir allerdings sehen, dass es durchaus von Bedeutung ist und Folgen hat, was wir in moralisch heiklen oder auch nur unentschiedenen Situationen fühlen. Aber das ist eine Entdeckung der Neurowissenschaften, nicht der Philosophen, in deren Welt wir zunächst noch bleiben wollen.

Wie aus einer anderen Welt

Wenn es also nicht logische Schlüsse aus irgendwelchen außer-moralischen Tatsachenurteilen sein können, die ein bestimmtes moralisches Verhalten begründen – »Es ist gut, Frau XY über die Straße zu helfen, denn sie ist bereits im Rentenalter« –, was dann? Wir könnten uns durchaus auf die Position zurückziehen, dass auch ohne logische Argumentation klar ersichtlich ist, wie in einer bestimmten Situation gehandelt werden sollte. Bedarf es denn wirklich noch einer Begründung, dass man einem älteren Menschen, der vielleicht sogar offensichtlich Gehprobleme hat, helfen sollte – vorausgesetzt, er will das? Oder muss, um ein anderes Beispiel zu nennen, extra gerechtfertigt werden, dass es mir erlaubt ist, mich zu verteidigen, wenn ich angegriffen werde?

Die so genannten Intuitionisten unter den Moralphilosophen sagen, was »gut« und darum »geboten« ist, lasse sich nicht definieren, und es brauche auch gar nicht definiert zu werden. Solche Urteile erschlössen sich nämlich ohnehin nur aus sich selbst heraus, und so könnten wir sie auch lediglich intuitiv, nicht aber durch logisches Räsonieren erfassen.[37]

Eine heute von vielen als störend empfundene Folge dieser Haltung: Philosophen, die sie übernommen haben, verlieren leicht jegliches Interesse an den empirischen Wissenschaften. Denn was sollen die noch zur Klärung beitragen können, wenn moralische Urteile der außermoralischen Welt und deren Faktenurteilen grundsätzlich entzogen sind?[38]

Tatsächlich hielten sich die Moralphilosophen – bis auf wenige Ausnahmen – noch bis vor kurzem weitgehend von den neueren Entwicklungen in der Biologie, der Psychologie oder den Neurowissenschaften fern. Inzwischen hat sich daran jedoch einiges geändert, und vor allem amerikanische Philosophen wie Patricia und Paul Churchland von der University of California in San Diego, William D. Casebeer von der U.S. Air Force Academy, Walter Sinnott-Armstrong vom Dartmouth College in New Hampshire und Jesse J. Prinz von der University of North Carolina in Chapel Hill, aber auch der Mainzer Philosophieprofessor Thomas Metzinger fordern ihre Fachkollegen auf, aus der selbst gewählten Isolation herauszutreten und zur Kenntnis zu nehmen, was sich in empirischen Disziplinen tue und was davon für die Philosophie von Bedeutung sein könne.[39]

»Dies sind gute Tage für die empirisch ausgerichtete Philosophie«, schreibt zum Beispiel Jesse J. Prinz. »Es kommt jetzt verbreitet vor, dass Philosophen Laborstudien zitieren, um ihre Theorien zu stützen, und eine wachsende Zahl von Philosophen führt eigene psychologische Experimente durch. Aus der Froschperspektive sieht es ein bisschen so aus, als fände gerade eine methodologische Revolution statt. Vorbei die Tage, als Philosophen psychologische Zeitschriften hinter neutralen Umschlägen versteckt lesen mussten, um ihr perverses Interesse an den neuesten sexy Forschungsresultaten zu verbergen.«[40]

Schon durch diesen Sinneswandel haben es rein intuitionistische Erklärungsmodelle heute schwer. Das liegt aber vielleicht auch daran, dass wir es selbst im Alltag gewohnt sind, einigermaßen analytisch an unsere Probleme heranzugehen. Was sollen wir da mit Begriffen und Werten anfangen, von denen es heißt, sie seien prinzipiell undefinierbar und nicht analysierbar, letztlich also wie aus einer anderen Welt.

Objektiv und richtig

Ein Gegenmodell vertrat zum Beispiel der einflussreiche New Yorker Psychologe und Erziehungswissenschaftler Lawrence Kohlberg. »Kognitivisten« wie er sind der Überzeugung, moralische Urteile könnten genauso als richtig oder falsch gewertet werden wie beispielsweise eine Aussage über den mittleren Abstand zwischen Erde und Mond. Wer den mit 384 000 Kilometern angibt, hat ziemlich genau die richtige Antwort gegeben. Und wer 400 000 sagt, ist mit seinem Urteil immer noch besser als jemand, der sich für 200 000 entscheidet.[41]

Solche objektiven Maßstäbe für die Kategorien »richtig«, »falsch« oder »besser« auch auf moralische Urteile zu übertragen, mag aus theoretischer Sicht zunächst seltsam erscheinen, dieses Vorgehen entspricht aber im Großen und Ganzen unserer alltäglichen Erfahrung. Nehmen wir beispielsweise an, wir kommen an einem Teich vorbei, in den ein kleines Kind gefallen ist, das nun wild mit den Armen rudernd um sein Leben kämpft. Niemand sonst ist in der Nähe. Wird irgendjemand bestreiten, dass es moralisch »richtig« und »geboten« ist, sofort in den Teich zu springen und das Kind zu retten?

Allerdings kommt es bei der Beurteilung derart eindeutiger Situationen naturgemäß nur selten zum Dissens. Anders sieht das aus, wenn tatsächlich mehrere Alternativen jeweils mit nachvollziehbaren Gründen gerechtfertigt werden können.

Ein solches heftig umstrittenes Thema ist beispielsweise die medizinische Nutzung embryonaler Stammzellen. Dabei handelt es sich um die etwa hundert noch vollständig undifferenzierten Zellen einer Blastozyste. So nennen Fachleute einen gut einwöchigen menschlichen Embryo, der sich zu einem blasenförmigen Gebilde entwickelt hat, in dem sich jener kostbare Zellhaufen befindet, auf den es inzwischen viele Mediziner abgesehen haben.

Stammzellen sind deshalb so begehrt, weil man hofft, aus ihnen lasse sich aufgrund ihrer Totipotenz jeder beliebige Zelltyp entwickeln und bei einer Transplantation oder auch als Ausgangsmaterial für die Gewebezüchtung, das *tissue engineering*, nutzen. Mit dem Wort »nutzen« bricht bereits der moralisch-ethische Damm: Denn darf menschliches Leben, in welcher Form auch immer, jemals »genutzt« und damit »verzweckt« werden, ganz gleich, was der Grund dafür sein und wem das nutzen könnte?

»Nein«, sagen Deontologen, denen das Leben zum Beispiel aufgrund ihres christlichen Glaubens gottgegeben, heilig und darum grundsätzlich unantastbar ist. Auch ein klassischer Regeldeontologe wie Immanuel Kant muss so etwas aufgrund seiner Prinzipien, vor allem des kategorischen Imperativs, ablehnen: »Handle so, dass du die Menschheit sowohl in deiner Person, als in der Person eines jeden anderen jederzeit zugleich als Zweck, niemals bloß als Mittel brauchst.«[42]

»Es kommt doch aber darauf an, wofür«, werden dagegen Teleologen zu bedenken geben, die erst den Zweck prüfen müssen, um beurteilen zu können, ob zum Beispiel eine solche »verbrauchende Embryonenforschung« für sie moralisch zu rechtfertigen ist oder nicht.

Wer das für alle unübersehbare Leid Schwerstkranker gegen die zunächst ja nur postulierte Würde eines etwa hundertzelligen Embryos stellt, muss sich wohl nicht den Vorwurf gefallen lassen, leichtfertig mit diesem in der Tat schwierigen Problem umzugehen. Doch selbst bei uneingeschränktem gegenseitigem Respekt der Kontrahenten können ihre Positionen am Ende vollkommen gegensätzlich bleiben. Und bislang sind sie es tatsächlich, wenn man das andauernde Hin und Her der Argumente nicht nur in Deutschland verfolgt.

Das Stammzellen-Beispiel macht deutlich, dass es zumindest nicht immer einfach ist, klare moralische Grenzen zu ziehen und zu einem eindeutigen Urteil zu gelangen. Es kommt im wirklichen Leben eben vor, dass zwei oder gar noch mehr Sicht- oder Handlungsweisen vertretbar sind, ohne dass eine von ihnen zwingende moralische Vorteile gegenüber den anderen böte.

Das war auch ein entscheidender Kritikpunkt, der schließlich gegen Lawrence Kohlberg und die Vertreter des Kognitivismus vorgebracht wurde. Unter ihren Gegnern nahm ab den 1970er Jahren die feministische Ethikerin Carol Gilligan – damals an der Harvard-Universität in Cambridge, Massachusetts, heute an der Universität von Cambridge diesseits des Atlantiks – eine herausragende Rolle ein. Keineswegs, so Gilligan, sei das Reich der Moral eindeutig abgegrenzt und homogen in seinem Inneren, wie die Kognitivisten meinten. Denn neben einer – eher männlich ausgerichteten – Ethik der Gerechtigkeit, wie Kohlberg sie vertrete, sei sehr wohl eine – eher weiblich orientierte – Ethik der Sorge und

Fürsorge denkbar. Und war es Frauen in früheren Zeiten manchmal als moralisches Defizit vorgeworfen worden, dass sie nicht immer bereit waren, Gerechtigkeit um jeden Preis durchzusetzen, und darum auch einmal Gnade vor Recht ergehen ließen, so erhob Carol Gilligan dies zum alternativen und dem Gerechtigkeitsdenken völlig gleichwertigen, bald weitgehend akzeptierten ethischen Konzept.[43]

Eine Wahrheit oder viele

Kann es die eine, einzige moralische Wahrheit also überhaupt geben?

Wer ein lupenrein *monistisches* Fundament der Moral sucht, findet es im katholischen Katechismus formuliert und da im Artikel über »das sittliche Gesetz«.[44] Dieses, so heißt es dort, sei »im Herzen jedes Menschen zugegen und durch die Vernunft festgesetzt. Es ist in seinen Vorschriften allgemein gültig und seine Autorität erstreckt sich auf alle Menschen.«

Klarer kann man moralischen Monismus kaum audrücken.[45] Jede Vielfalt moralischer Bewertung wird hier prinzipiell ausgeschlossen. Wenn es dem angeblich geoffenbarten Willen Gottes also entspricht, die Gewinnung von Stammzellen zum Beispiel aus überschüssigen Embryonen in Reproduktionskliniken zu verbieten, dann gilt das eben nicht nur für *katholische* Krankenhäuser und solche Forscher, die den Papst als Stellvertreter Christi auf Erden anerkennen, sondern generell und dazu für alle Zeiten.

Es ist der uneingeschränkte Geltungsanspruch über Raum und Zeit und über alle, die darin mit Vernunft ausgestattet leben, der einen ethischen Monismus wie den eben dargestellten kennzeichnet. Er entsteht in seiner Absolutheit aus der Annahme, dass es nur *ein* Prinzip gibt, aus dem sich ein moralisches Urteil speisen kann, die Gerechtigkeit zum Beispiel, wie viele mit Kohlberg und Co. glauben.

Ist es denn aber wirklich nur die Gerechtigkeit, aus der moralische Normen erwachsen?

Der in Chicago lehrende Anthropologe und Psychologe Richard Shweder hat aufgrund ethnologischer Untersuchungen Ende der 1990er Jahre zusammen mit einigen Kollegen die Hypothese aufgestellt, dass es über alle politischen und kulturellen Grenzen hinweg drei große Themenbereiche gibt, die in moralischer Hinsicht von Bedeutung sind.

Zuerst ist da alles, was im weitesten Sinne mit unserer Autonomie zusammenhängt. Dazu zählt die individuelle Freiheit, unsere zum Beispiel staatlich gewährleistete, faire Ausstattung mit Rechten und unsere körperliche und geistige Unversehrtheit.

In dem zweiten relevanten Bereich geht es nicht mehr um den Einzelnen, sondern vorrangig um die Gemeinschaft. Entsprechend sind hier zum Beispiel Pflichten von Bedeutung, deren Erfüllung eine Gemeinschaft von ihren Mitgliedern einfordert. Zudem spielt die Kooperation eine große Rolle, also die Art, wie gemeinschaftliche Projekte in einer Gesellschaft verwirklicht werden.

Bei dem dritten moralisch relevanten Bereich schließlich handelt es sich um die spirituelle Dimension unseres Lebens, um das Göttliche in uns und um uns herum, um alles, was mit Reinheit, Heiligkeit und dem Wesen unserer – im Glauben vorausgesetzten – geistlichen Natur zu tun hat.

Mit den Anfangsbuchstaben der englischen Bezeichnungen für die drei Themenkomplexe wurde daraus kurz und griffig die CAD-Hypothese (*Community-Autonomy-Divinity*). Empirische Forschungen in verschiedenen Teilen der Erde ließen später den Schluss zu, dass diese Felder besonderer moralischer Sensibilität tatsächlich überall gelten, dass sie aber sehr unterschiedlich gewichtet werden können.[46]

Wer zum Beispiel mit einer Nationalfahne die Toilette reinigt – genau dieser Fall wurde auf der Grenzlinie zwischen Konvention und Moral untersucht –, schädigt damit zumindest im engeren Sinne niemanden. Deshalb werden viele das zwar als einen Verstoß gegen die Konventionen ansehen und für geschmacklos halten, nicht aber als moralisch verwerflichen Akt – dies wieder unter der Prämisse, dass es wenigstens eines potenziellen Opfers bedarf, damit man von einer *moralisch* relevanten Situation sprechen kann.

Doch nicht alle Menschen reagierten auf die Fahne im Toilettenbecken gelassen.[47] Wie aber kommen einige dazu, da einen moralischen Konflikt zu entdecken, wo andere vielleicht nur mit den Achseln zucken? Liegt dem ein Hume'sches Gefühl zugrunde, ein Impuls aus dem Bauch heraus? Oder aber bringt sie eine Kantianische Verstandesentscheidung zu ihrem Urteil? Der 2002 verstorbene amerikanische Philosoph und Soziologe John Rawls hat einen dritten Weg beschrieben, zu einem moralischen Urteil zu gelangen. Dieses soll auf einem »reflektierten Gleichgewicht«[48] beruhen, das durch Abwägen aller infrage kommenden ethischen Prinzipien erreicht wird.

Dabei werden diese Prinzipien – Gerechtigkeit und Fürsorge etwa, wie sie uns bei Kohlberg und Gilligan begegnet sind – nicht als vollkommen starr angesehen, sondern sie können und sollen den jeweiligen Verhältnissen und Bedürfnissen auf vernünftige und faire Weise so weit angepasst werden, bis sie konfliktfrei und ausgewogen nebeneinander gelten können und so zum gemeinsamen Fundament moralischer Urteile werden. Rawls war davon überzeugt, dass Menschen einem angeborenen Sinn für Fairness vertrauen können, um ein Gleichgewicht der Werte zu finden.

Rawls' Theorie beschreibt einen sehr pragmatischen, ruhigen und vernünftigen Weg der moralischen Urteilsfindung, für den auf den ersten Blick vieles spricht und der darum auch etliche Anhänger gefunden hat.[49] Fragt sich nur, ob wir so tatsächlich auch zu unseren moralischen Urteilen kommen oder ob nicht doch ganz andere Kräfte als die Vernunft und ein vermeintlich angeborener Gerechtigkeitssinn in uns entscheiden oder zumindest den Ausschlag geben.

Darum soll es in den folgenden Kapiteln gehen: Mit welcher »moralischen Ausstattung« kommen wir eigentlich zur Welt? Und wie befähigt sie uns, nachdem wir die »anderen« entdeckt haben und unser Ich-Bewusstsein erwacht ist, Tag für Tag zu moralischen Urteilen zu gelangen?

In dem philosophischen Terrain, das wir abgesteckt haben, sind das Fragen der Metaethik. Es geht also um Grundsätzliches. Nachdem wir die zentralen Begriffe bestimmt und die wichtigsten, bis heute umkämpften philosophischen Fronten in Augenschein genommen haben, werden es von nun an aber vor allem die Mittel der Naturwissenschaften sein, die uns den Weg zum *Homo moralis* weisen.

Zusammenfassende Thesen:

1. Jeder Gedanke, jedes Urteil, jede Handlung hat auch eine moralische Dimension, wenn andere dadurch geschädigt werden können. Darum stehen wir nahezu ständig vor moralischen Problemen.

2. Nichts ist »in sich« gut. Erst durch soziale Vereinbarung wird das »Gute« vom »Bösen« und das moralisch »Richtige« vom »Falschen« getrennt.

3. Entsprechend gibt es keine universellen Werte, keine für alle verpflichtende Ethik. Auch wenn manche Religion oder weltliche Ideologie absolute Geltung beansprucht, sind deren »Wahrheiten« eine Frage des Glaubens und darum nicht für alle verbindlich.

Ich, wir und die anderen

Der Mensch, ein soziales Wesen
von Anfang an

> Dem Bedürfnis nach Einsamkeit genügt es nicht,
> dass man an einem Tisch allein sitzt.
> Es müssen auch leere Sessel herumstehen.
> Wenn mir der Kellner so einen Sessel wegzieht,
> auf dem kein Mensch sitzt, verspüre ich eine Leere,
> und es erwacht meine gesellige Natur.
> Ich kann ohne freie Sessel nicht leben.
>
> *Karl Kraus*[1]

Wir sind nie wirklich allein, und sei es, dass wir die anderen in unseren Gedanken mit in eine vorübergehende äußere Einsamkeit nehmen.

Von Schimpansen sagen Primatologen manchmal, einzeln seien sie eigentlich gar keine Schimpansen. So sehr ist das Leben unserer evolutionären Cousinen und Cousins auf ein Miteinander – und auch Gegeneinander – angewiesen.

Ohne Einschränkung gilt das auch für uns: Wir sind durch und durch soziale Wesen, »social animals«.[2] Und darum ist in diesem Sinne auch ein einzelner Mensch eigentlich gar kein Mensch. Wir leben in und aus unseren wechselseitigen Bezügen und Beziehungen. Und es ist dieser üppige, von »nature« und »nurture«, den erblichen Voraussetzungen und den späteren Erfahrungen, gemeinsam und untrennbar gedüngte Boden, auf dem auch die Moral wächst und sich entwickelt.

Nun ist die dabei vorausgesetzte Unterscheidung zwischen »mir« und den »anderen« aber keine Banalität. Denn Neugeborenen ist noch gar nicht bewusst, was »ich« überhaupt bedeutet. Jedenfalls nicht in dem Sinn, der ihnen etwa eineinhalb bis zwei Jahre später aufgeht, wenn sie erstmals in der Lage sind, den »Spiegeltest« zu bestehen. Wenn sie dabei das eigene Abbild betrachten, für das Experiment zum Beispiel mit einem Farbklecks auf der Nase oder Stirn markiert, und diesen Fleck dann bei sich abzuwischen versuchen, verbinden sie das Spiegelbild erstmals mit der eigenen Identität, dem jetzt erwachten »Ich« oder »Selbst«, und nicht mit einem anderen Menschen.[3] Trotzdem können sie auch vorher schon unübersehbar, und oft auch unüberhörbar, interagieren.

Wie aber kommt die Unterscheidung zwischen »mir« und »dir« und zwischen »uns« und »euch« oder »denen« zustande? Nach welchen Kriterien richtet sie sich? Und wie verändert sie das Verhalten?

Wenn Moral vor allem damit zu tun hat, wie wir uns *anderen* gegenüber verhalten, sind solche Fragen nach der Bestimmung der anderen und auch des Andersseins von zentraler Bedeutung.

First Contact[4]

Woher wissen wir also zunächst einmal, dass wir nicht allein sind? Wir müssen uns doch nur umschauen, ließe sich entgegnen. Aber wie *begreifen* wir dann, was wir sehen, wenn wir als Neugeborene mangels Erfahrung noch gar keine Ahnung haben können, was die Welt ist und wer sie bevölkert?[5]

Zwei Möglichkeiten gibt es logischerweise nur, von der Existenz der anderen zu erfahren: durch Sinneswahrnehmung, also von außen, oder durch angeborenes Wissen, also gleichsam von innen.

Über unsere Sinnesorgane können wir die anderen Menschen sehen, hören oder auch fühlen, sogar riechen oder schmecken – das alles aber mit der gravierenden Einschränkung, dass *wahrnehmen* noch nicht zwangsläufig *verstehen* heißt. Unsere Welt entsteht im Gehirn, nicht im Auge oder Innenohr.

Das zeigt schon ein simples Beispiel: Wer als Europäer im Flug-

75

zeug eine Unterhaltung auf Mandarin-Chinesisch mitbekommt, wird sie, mit Ausnahme von ein paar besonders Sprachkundigen, zwar hören, aber trotzdem keine Silbe verstehen. Es braucht also deutlich mehr als Sinnesreize, um die lebendige Welt um uns herum wirklich zu begreifen und uns als Teil von ihr zu erfassen.

Nun lässt sich Chinesisch bei hinreichender Begabung natürlich lernen und so irgendwann dem Hören das Verstehen zugesellen. Aber nicht alles, was wir wissen, können wir so oder so ähnlich gelernt haben. Dafür haben Neugeborene noch gar nicht genug Zeit auf der Welt verbracht. Und doch ist ihr Geist selbst ganz am Anfang nicht blank wie eine Tabula rasa.

Es bleibt also nur noch die zweite Möglichkeit, und demnach wüssten wir von Beginn an, dass wir nicht allein sind, weil uns solches Wissen *angeboren* ist.

In einer bahnbrechenden Studie gelang Andrew Meltzoff und Keith Moore 1977 der Nachweis, dass Kinder schon wenige Tage, ja manchmal nur Stunden nach ihrer Geburt in der Lage sind, Gesichtsausdrücke von Erwachsenen zu erkennen und zu imitieren.[6] Zunge raus, Mund auf, Kussmündchen – all das ist offenbar schon im zartesten Alter möglich, wenn es nur jemand ordentlich vormacht. In einem Fall gelang das kleine Kunststück sogar schon innerhalb der allerersten Stunde.[7]

Wir haben den Kontakt zu anderen dringend nötig, wie es scheint, sonst würden wir kaum so früh und wie unvermeidlich damit beginnen, ihn aufzubauen. Von den Großen können wir als Baby schließlich alles lernen, um wie sie zu werden. Und das ist schon allein deshalb sinnvoll, weil die Großen auf ihre Art und Weise *überlebt* haben. Und um nichts weniger geht es ja in dieser dramatischen ersten Zeit völliger Abhängigkeit. Kommt der »First Contact« gar nicht erst zustande oder misslingt die Eingliederung in die menschliche Gemeinschaft, in die das Kind hineingeboren wurde, auf Dauer, bedeutet das für das Neugeborene in aller Regel den Tod.

Aufbau und Rückbau

Bewusst wird von dieser ersten Kontaktaufnahme aufseiten des Kindes zumindest noch nicht sehr viel wahrgenommen, auch wenn wissenschaftlich kein Konsens darüber herrscht, was Bewusstsein eigentlich genau ist und wie viel davon in welchem Alter bereits in uns existiert. Sicher aber ist ein voll entwickeltes Bewusstsein, ein ausgeprägtes Wissen um die eigene Identität, bei Kleinkindern nicht vorhanden. Dazu fehlt es im Kopf noch ein wenig an Substanz und vor allem an Struktur.

Die meisten der rund hundert Milliarden Neuronen, die einmal das reife Gehirn bilden werden, sind bei der Geburt schon vorhanden. Sie zusammenzubekommen ist eine schwindelerregende Aktion:[8] Durchschnittlich zweihundertfünfzigtausend neue Nervenzellen müssen während des Heranwachsens im Bauch der Mutter *pro Minute* gebildet werden, um am Ende der neunmonatigen Schwangerschaft das erforderliche Ausgangspotenzial für die geistige Entwicklung des neuen Menschen komplett zu haben.

Nach der Geburt liegen diese Neuronen zunächst noch ziemlich ungenutzt nebeneinander, wie Legosteine, aus denen später ein Haus oder eine Giraffe werden kann. Erst der Zusammenbau und die Vernetzung lassen geistige Funken sprühen. Und darum wird nun – und in den kommenden Monaten – im Akkord verbunden, was nur verbunden werden kann: Das macht 1,8 Millionen neue neuronale Kontakte, so genannte Synapsen, pro Sekunde. Bis ins zweite Lebensjahr dauert diese rasante Aufbauphase, bei der es nicht darauf anzukommen scheint, ob jede Leitung auch wirklich gebraucht wird. »Masse statt Klasse« lautet offenbar die Devise der ersten Monate. Zunächst wird das Gehirn nur in einer »Rohfassung« zusammengeschaltet, wie Gary Marcus von der New York University sagt, der Psychologie, Linguistik und Molekularbiologie zusammenbringt, um solche frühen Hirn- und Geistesentwicklungen zu verstehen.[9]

In der folgenden Phase, die etliche Jahre dauert und bis weit über die Pubertät hinausreicht, heißt es dagegen »use it or lose it«. Was nicht gebraucht wird vom neuronalen Netzwerk, geht unter. Und das gilt auch für den Rest des Lebens.

Solchen Verfall kennen alle, die in der Schule eine ungeliebte Fremdsprache gelernt, danach aber nie wieder benutzt haben. Latein vielleicht. Egal, wie gut die Noten einmal waren, was im Kopf vom Erlernten bleibt, von Catull und Cicero, ist nach ein paar Jahren nur noch eine Ahnung, ein Schatten einstiger Größe wie die verwitterten Ruinen Roms.

»Pruning« ist der Fachbegriff für diesen Rückbau: Der anfängliche synaptische Wildwuchs im Kopf wird beschnitten. Dabei geht es, obwohl das Wort aus der Gärtnersprache kommt, nicht nach Schönheit oder Symmetrie, sondern allein nach Nützlichkeit. Leitungen, die Verwendung finden, bleiben erhalten oder werden gar verstärkt, der Rest wird zurechtgestutzt.

So entsteht die Kommunikationszentrale für das neue Menschenkind. Nach und nach wird sie um- und ausgebaut und dabei verfeinert. Sie wird auch dringend gebraucht. Denn von nun an geht es vor allem darum: »Indem wir die Handlungen der anderen verstehen, lernen wir ihre Seelen kennen.«[10] Aus den kausalen Zusammenhängen einer Handlung werden die Absichten des Handelnden ersichtlich, heißt das, und aus den Absichten wiederum, wes Geistes Kind er ist.

Aber woher wissen wir als unerfahrenes, ungebildetes Baby überhaupt, was *Handlungen* sind?

Universell oder modular

Ohne eine Grundausstattung mit kognitiven Werkzeugen und einem Startkapital an vorgefertigtem Wissen könnte der Mensch kaum existieren. Auch wenn wir mit dieser Aussage philosophisch heikles Terrain betreten und zwischen die Fronten von Rationalisten und rein auf die Erfahrung setzenden Empiristen geraten, besteht kein Grund, an dieser Stelle zum Tabula-rasa-Konzept des menschlichen Geistes zurückzukehren, das wir aus guten naturwissenschaftlichen Gründen im ersten Kapitel verworfen haben.[11] Irgendetwas muss vor jeder Vernunft und Erfahrung schon da sein, sonst könnten wir nicht lernen, uns nicht entwickeln, denn wir verstünden ja gar nicht, was unsere Sinnesorgane an Informationen ins Gehirn liefern.[12] Diese Minimalausstattung gestehen im Übrigen auch die allermeisten Empiristen ein. Nur wenige Philosophen aus dieser Schule sind Puristen und bestehen darauf, dass uns ganz allein die Erfahrungen prägen.

Wir kommen also nicht »blank« zur Welt. Aber was genau bekommen wir mit fürs Leben? Natürlich zuallererst die Fähigkeit zu lernen selbst. Informationen können von uns aufgenommen und gedeutet werden. Wir können reagieren, uns auf das Gelernte einstellen, uns anpassen. Damit ist aber noch nicht erklärt, wie dieser Übertragungs- und Verarbeitungsprozess vor sich geht.

Zwei entgegengesetzte Modelle beherrschten lange Zeit die neurowissenschaftlichen Vorstellungen von der prinzipiellen Architektur des menschlichen Geistes.[13] Das erste geht davon aus, Menschen seien mit einer Art universeller Lernmaschine im Kopf ausgestattet. Einem flexiblen Alleskönner, der es uns ermögliche, auf unterschiedlichste Situationen im Leben zu reagieren, uns zu »adaptieren« – ganz gleich, ob es darum gehe, eine Mathematikprüfung in der Schule zu bestehen, zu entscheiden, an welcher Stelle das Kreuz bei der nächsten Bundestagswahl gemacht werden sollte, oder ob das geplante Date mit Bärbel oder Bernd wirklich eine so gute Idee ist, wie es uns gestern noch schien. Nach dieser Theorie verfügen wir also über ein höchst flexibles neuronales Netzwerk für alle Lebenslagen.

Im zweiten Modell ist der menschliche Geist nicht wie beim ersten als Ganzes zu allem fähig, sondern – zumindest in der Extremfassung dieser Position – in eine Vielzahl von spezialisierten und miteinander verschalteten und vernetzten Modulen aufgegliedert.[14] Jedes dieser Elemente hat demzufolge eine ganz eigene Aufgabe und ist im Laufe der Evolutionsgeschichte immer wieder ein bisschen verändert worden, damit die entsprechende Funktion so gut wie möglich ausgeführt werden kann – zum Beispiel am ersten Tag des Lebens die Zunge herauszustrecken, wenn es jemand vormacht.

Nach dieser Theorie arbeitet das Gehirn wie ein Team koordinierter Spezialisten, das den Auftrag hat, unsere Gedanken und unser Verhalten kollektiv zu leiten und uns entlang eines möglichst ebenen Weges durch das Gewirr von Menschen, Beziehungen, Motiven, Wechselwirkungen, Gefühlen und Absichten zu führen, aus dem unsere soziale Welt besteht.[15]

So nützlich die Vorstellung von Modulen, die manchmal auch »geistige Organe« genannt werden, zumindest in der Theorie sein mag, bringt sie in der Praxis doch etliche Probleme mit sich. Vor allem scheint wieder einmal nicht ganz klar zu sein, ob alle, die darüber reden, auch dasselbe meinen.[16] Sicher sind Module keine spezialisierten »Programme« des menschlichen Geistes, die sich wie Computersoftware auf der Festplatte unterscheiden lassen: eins für Textverarbeitung, eins für Kommunikation, ein weiteres vielleicht für Archivierungen.

Zwar verfügt das Gehirn zweifellos über spezialisierte Areale, etwa für das Erkennen von Gesichtern,[17] aber diese sind in der Regel nicht eindeutig begrenzt. Sie können mit anderen Regionen überlappen und sich auch – zum Beispiel infolge einer Verletzung des Hirngewebes durch einen Schlaganfall – verlagern. Solche Eigenschaften werden heute üblicherweise unter dem Begriff »Plastizität« zusammengefasst. Zudem deutet sich in der neueren Forschung an, dass sehr einfache Operationen zwar recht genau umrissenen Gebieten des Gehirns zugeordnet werden können, komplexe Funktionen dagegen das synchrone und koordinierte Vorgehen weit verzweigter Netzwerke in unseren Köpfen erfordern.[18]

Wie es derzeit also aussieht, liegt die Wahrheit über die grundsätzliche Funktionsweise unseres Gehirns – Problemlösungen entweder global, also unter Einbeziehung aller grauen Zellen, oder aber aufgeteilt auf ein Sammelsurium von Modulen mit genau umrissenen Einzelaufgaben – irgendwo zwischen diesen extremen Positionen. Es gibt demnach zu Beginn zwar spezialisierte »Systeme«[19] unseres Geistes, aber nicht gleich Hunderte oder sogar Tausende, sondern vermutlich nur einige wenige. Genug jedenfalls, um uns eine solide Grundausstattung für den Start ins Leben zu bieten.

»Kernwissen« nennt die Harvard-Psychologin Elizabeth Spelke diese, dank etlicher Millionen Jahre evolutionärer Anpassung ziemlich stabile, wenn auch, wie wir sehen werden, nicht beliebig belastbare Basis, auf der wir lernen und Schritt für Schritt alle weiteren Fähigkeiten und auch Überzeugungen unseres Lebens entwickeln können. Und so entsteht offenbar auch das Fundament unseres *moralischen* Verhaltens, die Grundlage unserer sittlichen Urteile über »Gut« und »Böse«, »Richtig« und »Falsch«.[20]

Aber gehen wir der Reihe nach vor.

Orientierung als Erbe

Die ersten beiden von vornherein in unserem Gehirn angelegten Wissenssysteme erlauben uns, die belebte von der unbelebten Welt um uns herum zu trennen und beide in ihren jeweiligen Eigenarten wahrzunehmen.

Der kleine rote Ball zum Beispiel, der vor der Nase des Babys vorbeirollt, hat rundherum eine Begrenzung und dadurch auch eine bestimmte Form, die ihn von einem Bauklotz oder einem Tisch unterscheidet. Dazu zeigt der Ball noch eine kontinuierliche Bewegung, die ihn entlang eines ununterbrochenen Weges über den – ihn tragenden! – Boden führt, bis er etwa gegen einen ebenfalls gegenüber dem Umfeld begrenzten Bauklotz prallt, noch ein wenig zurückrollt und dann liegen bleibt.

Bei dieser umständlichen, verglichen mit dem tatsächlichen physikalischen Vorgang aber immer noch viel zu groben Beschreibung wird bereits klar, welche Meisterleistung das Gehirn vollbringen muss, um eine so simple Bewegung nicht nur zu sehen, sondern auch zu begreifen und einzuordnen. Nicht nur einmal übrigens, sondern die ganze Zeit über, jeden einzelnen Augenblick aufs Neue. Denn wie im Kino läuft der Film in unserem Kopf genau genommen nicht als Kontinuum ab, sondern besteht aus Einzelbildern, die aufgrund ihrer schnellen Folge aber nicht mehr getrennt wahrgenommen werden können. Das Baby hat dabei übrigens auch »verstanden«,[21] dass der Ball nicht von allein gerollt ist, sondern jemand ihn angestoßen hat, wie entsprechende Experimente gezeigt haben.

So primitiv dieses erste Kernwissenssystem uns älteren, routinierten Ballbeobachtern auch erscheinen mag, es ermöglicht uns immerhin, ein zumindest auf den zweiten Blick hochkomplexes Geschehen zu erfassen.

Das zweite mentale Basiswerkzeug bezieht sich auf Handelnde und Handlungen. Und genau wie bei der Wahrnehmung unbelebter Materie gibt es auch hier wieder einen Satz weniger Grundeinsichten, die das Verständnis der Welt erleichtern und dem Kind damit überhaupt erst ermöglichen, ein Teil von ihr zu werden.

Bevor wir das jemals selbst erfahren haben, so zeigen die Experimente mit Kleinkindern, wissen wir schon: Handelnde haben immer ein bestimmtes Ziel, das sie mit wirkungsvollen Mitteln zu erreichen versuchen.[22] Handlungen oder allgemeine Ereignisse können aber auch zufällig passieren, wenn etwa ein an die Wand gelehnter Tretroller plötzlich wegrutscht und umfällt. Und wechselseitige, kommunikative Handlungen gibt es ebenfalls – die herausgestreckte Zunge, die sogar schon von Neugeborenen imitiert werden kann, ist ein Beispiel dafür. Später ist es dann vielleicht eher ein Tischtennismatch oder eine Partie Schach unter Freunden.

Besonders spannend wird es für ein Baby, wenn Gesichter ins Spiel kommen. Sehen sie Augen, Nase, Mund, verfolgen selbst kleinste Menschenkinder die Blickrichtung ihres Gegenübers, offenbar um daraus auf eine womöglich beabsichtigte Handlung und eben auch auf deren Ziel schließen zu können.[23]

Zwei weitere Kernwissenssysteme stärken unsere vom Anfang

des Lebens an verfügbare Fähigkeit, uns in Raum, Zeit und in der Gegenwart anderer zu orientieren. So verfügen wir offenbar auch über ein angeborenes abstraktes Zahlenverständnis. Drei ist drei, heißt das also zum Beispiel, auch wenn einmal die brutzelnden Eier in der Pfanne und ein anderes Mal schrille Huptöne im Straßenlärm, der durch das Fenster dringt, gezählt werden. Die Zählbarkeit ist das entscheidende Kriterium, nicht der Zahlenwert selbst. Auch das ist den Kleinen schon klar: Zahlen – oder die zählbaren Elemente einer Menge – können addiert und subtrahiert werden. Das bedeutet natürlich nicht, Neugeborene könnten 4 + 8 oder 9 − 5 rechnen oder auch nur 1 + 1. Sehr wohl aber wissen sie, dass zum Beispiel *mehr* Äpfel in der Schale sind, wenn ich zu denen, die zuvor schon drin waren, noch eine Handvoll dazulege, und *weniger*, wenn ich welche herausnehme.

Auch solche Einsichten in das Gehirn eines Wesens, das sich (noch) nicht sprachlich mitteilen kann, gewinnt man über Aufmerksamkeitstests, bei denen das Blickverhalten der kleinen Probanden – oder auch von nichtmenschlichen Primaten – genau protokolliert wird. Dabei wird vorausgesetzt, dass etwas Unerwartetes größere Aufmerksamkeit auf sich zieht als ein erwartbares Ereignis. Hat also zum Beispiel ein Experimentator eine zuvor sichtbare Schale mit vier Äpfeln mit einem Vorhang verdeckt und legt dann – gut sichtbar – vier weitere Äpfel hinter den Vorhang, ist die normale Erwartung von Probanden mit einem Sinn für das Zählbare: Hinter dem Vorhang liegen jetzt nicht vier, sondern acht Äpfel in der Schale. Wird das Experiment aber so angelegt, dass nach dem Hochziehen des Vorhangs wieder nur vier Äpfel oder gar noch weniger in der Schale liegen, zieht dieses überraschende Ereignis schon bei Kleinkindern und sogar bei Tamarin-Äffchen mehr Aufmerksamkeit auf sich als der zu erwartende Ausgang der Aktion mit acht Äpfeln. Es gibt also ein angeborenes Wissen der Vergleichbarkeit zählbarer Größen.[24]

Das vierte angeborene Wissenssystem erschließt uns den Raum um uns herum – Entfernungen, Winkel, Richtungen und alles

Geometrische. Wir haben also einen einfachen Plan im Kopf, um uns räumlich orientieren zu können. Bewegt sich die Umgebung allerdings, zum Beispiel beim Blick von einem Karussell, kann es kleinen Kindern – und auch Affen – ziemlich leicht passieren, dass sie buchstäblich keinen Plan mehr haben. Es sind also zwar durchweg lebenswichtige Grundkenntnisse, die uns im Erbgut mitgegeben werden, aber eben auch nur die nötigsten. Alles andere wäre Ballast und kann später gelernt werden. Wichtig ist nur, dass wir die Welt grundsätzlich einteilen und unseren Platz in ihr einigermaßen sicher finden können.

Da unsere Umwelt aber schon in der Babyphase nicht nur aus Bällen und Bauklötzen besteht, sondern ebenso aus anderen Menschen, ist auch in dieser Hinsicht für eine Basisorientierung gesorgt.

»In« und »out«

Die Erfahrungen eines normalen Lebens reichen aus, um zu begreifen, dass wir Menschen wie geschaffen dafür sind, miteinander Koalitionen zu bilden oder uns schon bestehenden Zweck- und Interessengemeinschaften anzuschließen. Solches »Networking« ist so alt wie die Menschheit – und reicht sogar weit über unsere Spezies hinaus.[25] Auf jedem Schulhof, in jeder Firma und in jedem Affengehege lässt sich dieses Phänomen eingehend studieren.

Gruppenbildung bedeutet allerdings in jedem Fall auch Unterscheidung:»Wir« sind »in«,»die da« hingegen »out«. Und das ist durchaus wertend gemeint.[26] Jede noch so kleine Gruppe, die durch Nationalität, Rasse, Religion oder sonst ein beinahe beliebiges, aber von allen geteiltes Kriterium zusammengehalten – und entsprechend von allen anderen unterschieden – wird, bildet sofort eine mehr oder weniger ausgeprägte Bevorzugung aus, die »uns« nicht nur neben, sondern über »die da« stellt. Spätestens wenn nach den Spielen der Bundesliga Hupen und triumphierende Gesänge den Sieg »unserer« Mannschaft verkünden, wird deutlich, was gemeint ist.

Nun wird Fußball noch nicht so sehr lange gespielt. Gruppenbildung gab es aber schon immer und kann darum nicht von Vereinsfarben abhängen. Hautfarben sind da eher geeignet. Ein Unterscheidungskriterium, das offenbar besonders tief in uns sitzt, ist tatsächlich die Rasse, oder, wie es heute wohl besser heißen müsste, die Haplogruppe.[27] Aber, so lehren entsprechende Studien, es ist nötig, sehr genau hinzusehen.

Andrew Baron und Mahzarin Banaji von der Harvard-Universität untersuchten zum Beispiel die Einstellung amerikanischer Erwachsener und auch von Kindern im Alter von etwa sechs und zehn Jahren zu »Weißen« und »Schwarzen«. Alle neunundsiebzig Befragten waren selbst weiß.[28] In einem Assoziationsverfahren sollte das Bild eines Menschen mit schwarzer oder weißer Hautfarbe jeweils mit einem emotional positiv oder negativ aufgeladenen Begriff wie »Liebe«, »Bombe«, »Freund« oder »Erbrochenes« verbunden werden.

War es dabei erlaubt, eine Weile über die Wahl nachzudenken, so zeigte sich: Je jünger die Probanden waren, desto klarer bevorzugten sie die eigene Rasse und ordneten ihr entsprechend vor allem positiv besetzte Begriffe zu, nämlich vierundachtzig Prozent der Sechsjährigen und immer noch achtundsechzig Prozent der etwa Zehnjährigen. Die Erwachsenen wichen hingegen deutlich von den Kindern ab. Offenbar gestatteten sich die Älteren – aus welchen Gründen auch immer – keine bessere Bewertung von Menschen der eigenen Hautfarbe und in der Folge eine Abwertung der anderen: »Weiß« wurde nur noch in sechsundvierzig Prozent der Fälle gewählt. Damit lag die Quote sogar leicht unter der einer völlig gleichberechtigten Beurteilung. Wie aber empfanden die Probanden wirklich?

Um das herauszufinden, zielte ein weiterer Durchgang auf die *implizite*, die innere und darum vielleicht echte Haltung zu den beiden Rassen. Die Harvard-Forscher ließen ihren Versuchsteilnehmern diesmal keine Zeit zum Nachdenken, während sie in rascher Folge einem positiv oder negativ besetzten Begriff jeweils das Bild eines weißen oder schwarzen Menschen zuordnen mussten. Bei diesem Resultat gab es, anders als im ersten Durchgang, keinen Unterschied zwischen den verschiedenen Altersstufen mehr. Alle drei Gruppen waren vollkommen gleich eingestellt – nämlich für die eigene und gegen die andere Rasse.

Baron und Banaji schließen daraus – und etliche andere Studien deuten inzwischen in die gleiche Richtung –, dass sich in uns schon früh eine Bevorzugung der eigenen Rasse ausbildet und dass die im Laufe des Lebens auch weitgehend stabil bleibt. Daran ändert nichts, dass sich die bewusst zum Ausdruck gebrachte, »offizielle« Haltung mit dem Erwachsenwerden eher zu einer Gleichbewertung der Rassen hin wandelt.

Die Macht der Erfahrung

Dass wir überhaupt eine Präferenz unter verschiedenen Menschen ausbilden und Gruppen einteilen, scheint weitgehend genetisch veranlagt zu sein. Doch wie diese »Kategorisierung« genau geschieht und nach welchen Kriterien, hängt stark von der jeweiligen sozialen und kulturellen Umgebung ab, in der wir leben. Und dabei gehen wir in unserem Urteil offenbar gern mit der Mehrheit.

Eine Studie mit israelischen Kleinkindern unter Leitung des Psychologen Yair Bar-Haim von der Tel Aviv University ergab, dass zum Beispiel Kinder, die aus nach Israel eingewanderten äthiopischen Familien stammten und selbst eine dunkle Hautfarbe hatten, in der neuen, mehrheitlich von Weißen bewohnten Heimat keine besondere Bevorzugung bestimmter Gesichter zeigten und darum durchschnittlich gleich lange auf Porträtfotos schauten, egal, ob Weiße oder Schwarze abgebildet waren. Wiederholte man diese Versuche dagegen mit Altersgenossen, die weiter in Äthiopien lebten, kam es zu einer Bevorzugung der schwarzen, dort mehrheitlich vorkommenden Hautfarbe.[29]

Sind wir also alle im Grunde unseres Herzens Rassisten, die ihre Haltung aber nur dann offen zeigen, wenn sie sich unter dem Schutz einer gleichgesinnten Mehrheit wissen? Tatsächlich dient uns nicht nur die Rasse als frühes Unterscheidungskriterium. Das Geschlecht und das Alter des Gegenübers spielen eine vergleichbare Rolle. Zusammen bilden diese drei Eigenschaften so etwas wie die Stammdaten jener Menschen, die wir herausgehoben aus der Masse wahrnehmen. Über einen neuen Nachbarn auf der anderen Straßenseite zum Beispiel werden wir kaum etwas sagen können. Ob er oder sie allerdings schwarz, braun oder weiß und eher älter oder aber jünger ist, werden wir schon nach einem flüchtigen ersten Blick verinnerlicht haben.

Nehmen wir an, es müsse gute evolutionäre Gründe dafür gegeben haben, dass wir andere Menschen zuerst nach diesen drei Kriterien beurteilen. Wie sinnvoll ist dann tatsächlich die Hautfarbe als Merkmal? Wir können sicher davon ausgehen, dass unsere frühen Vorfahren in Afrika und auch noch später auf dem Zug nach Norden im Wesentlichen unter sich geblieben sind. Nicht wegen einer bewussten Bevorzugung, sondern weil es gar keine andershäutigen Menschen gab, denen sie begegnet wären. Folglich hätten wir also mit »schwarz oder weiß« ein Kriterium ohne jeden praktischen Nutzen gelernt.[30]

Auch die Unterscheidung nach Geschlechtern oder Alter wirkt nicht sehr überzeugend. Denn selbstverständlich haben praktisch alle natürlichen menschlichen Gemeinschaften aus Männern *und* Frauen bestanden, ebenso aus Alten *und* Jungen.

Rasse, Alter und Geschlecht sind also keine besonders aussagekräftigen Merkmale, um eine soziale Gruppe von einer anderen abzuheben. Wenn es aber keinen triftigen evolutionären Grund gibt, Menschen nach der Hautfarbe zu unterscheiden, warum tun wir es dann wie selbstverständlich?

Ein Ausweg aus diesem theoretischen Dilemma zeichnet sich immerhin ab: Neuere Untersuchungen zeigen, dass die soziale Kategorisierung nach der Rasse vermutlich als ein Nebenprodukt unter anderen entstanden ist, während unsere Vorfahren das innere Radar zum Aufspüren von Allianzen entwickelten. Mehrere Filter scheinen bei der Allianzbildung am Werk zu sein und die infrage Kommenden zu sortieren. Alle, die schon visuell deutlich aus der Norm fallen und daher nicht »wie ich« sind, wecken offenbar wenig Hoffnungen auf die Bildung einer effektiven, verlässlichen Allianz.[31] Bei solchen Vorurteilen – oder besser *Erst*urteilen – steht offenbar das Ziel im Vordergrund, über Gemeinsamkeiten eine Gemeinschaft zu bilden. Echter Rassismus dagegen scheint kaum eine Rolle zu spielen.

Dieses vor dem Hintergrund nicht abreißender Berichte über die Diskriminierung Andersfarbiger überall auf der Welt sehr überraschende Ergebnis brachten Studien von Robert Kurzban,[32] John Tooby und Leda Cosmides am Zentrum für evolutionäre Psychologie der University of California in Santa Barbara zutage.[33] Den Versuchsteilnehmern wurden Fotos von acht jungen Männern gezeigt – vier davon weiß, vier schwarz –, zu deren Einblendung auf einem Monitor dann gesprochene Sätze wie »Ihr habt den Streit angefangen!« eingespielt wurden, was auf Krach zwischen zwei rivalisierenden Basketball-Teams schließen ließ. Alle abgebildeten Männer trugen im ersten Teil des Tests Trikots derselben Farbe.

Nach welchem Kriterium also würden die Versuchsteilnehmer Gruppen einteilen? Gemessen wurde das nach einem international üblichen Verfahren, bei dem den Probanden die Sätze in einem zweiten Durchgang ohne die Fotos in gleicher Reihenfolge wie zuvor erneut vorgespielt werden. Die Zuordnung »Wer hat welchen Satz gesprochen?« muss aus dem Gedächtnis erfolgen. Erfahrungsgemäß werden dabei besonders leicht Sprecher verwechselt, die zur gleichen Gruppe gehörig angenommen werden. So lässt sich ablesen, wie die »innere« Kategorisierung bei den Probanden aussieht.

Tatsächlich war es im ersten Durchgang die Rassenzugehörigkeit der Sprecher, die bei der Gruppeneinteilung doppelt so stark durchschlug wie in den eingespielten Sätzen enthaltene Hinweise auf bestehende Koalitionen.

Im zweiten Teil war das Design des Tests fast gleich. Jetzt aber trugen die abgebildeten jungen Männer farblich verschiedene Trikots, die sie – je zwei Weiße und zwei Schwarze – als Mitglieder gegnerischer Teams auswiesen. Wieder wurden dann zu den Bildern Sätze wie aus einem Streit eingespielt. Gut drei Minuten dauerte es, bis alle Fotos gezeigt und die dazugehörigen Sätze vorgespielt waren. Dann wurde noch eine einminütige Pause vor der eigentlichen Aufgabe eingehalten. Und mehr als diese insgesamt etwa vier Minuten brauchte es nicht, bis eine Gruppe vor allem hellhäutiger Studenten soziale Allianzen nicht mehr nach dem Kriterium der Rasse einteilte, sondern entsprechend der durch ein paar farbige Trikots verstärkten verbalen Hinweise auf Zusammengehörigkeit. Die Hautfarbe spielte so gut wie keine Rolle mehr.

Vier Minuten – mehr Zeit also war nicht erforderlich, um ein inneres Rassenkonzept kollabieren zu lassen, das die Studenten ihr ganzes bisheriges Leben als Orientierungsmaßstab mit sich herumgetragen hatten. Durch ein paar farbige Trikots als Wahrnehmungsverstärker war plötzlich alles anders: Die Probanden passten sich an, orientierten sich um, wie es ihren inneren Vorgaben, ihrem sozialen Kernwissen, entsprach. Denn wer selbst Allianzen sucht, muss halt wissen, welches die wahren Unterscheidungsmerkmale sind.

Gemeinsam sind wir stark, in jedem Fall stärker als allein. Schon deshalb suchen wir Gesellschaft, Unterstützer, Freunde. Und solange wir keinen anderen Anhaltspunkt haben, leitet uns dabei ein einziges Kriterium: Ähnlichkeit.

Von gleicher Zunge

Was menschliche Gruppen allerdings primär verbindet, ist ihre Sprache, nicht die Hautfarbe oder sonst eine Äußerlichkeit. Inzwischen gibt es eine ganze Reihe von Studien, die belegen, wie wichtig verbale Kommunikation für die soziale Entwicklung von

Kleinkindern ist, selbst in einem Alter, in dem sie noch nicht den Sinn auch nur eines einzigen Wortes ausmachen können und selbst keines herausbringen.

Schon vier Monate alte Säuglinge sind beim Anblick eines Sprechers auf einem stumm geschalteten Monitor in der Lage, zu beurteilen, wann von der eigenen, noch nicht erworbenen Sprache in eine andere, fremde gewechselt wird.[34] Mit acht Monaten ist diese Fähigkeit bereits wieder erloschen, wie kanadische, britische und spanische Forscher mit den in solchen Fällen üblichen Aufmerksamkeitstests zeigen konnten. Das Erkennen der Muttersprache aber bleibt, was beweist, wie wichtig die Entdeckung der im ursprünglichen sozialen Umfeld gesprochenen Sprache ist, um die zur eigenen Gruppe gehörenden Menschen von denen zu unterscheiden, die ihrer Sprache wegen nicht dazugehören. Was ich höre, entscheidet also offenbar auch darüber, wie ich mich verwandten oder fremden Sprechern gegenüber verhalte.

Versuchsreihen mit bis zu einjährigen Kindern bestätigen die enorme Bedeutung der Sprache schon für das frühe soziale Verhalten, für Zuwendung und Ablehnung. Wer »wie wir« spricht, verdient offenbar mehr Vertrauen als jemand mit einem Akzent oder gar einer ganz anderen Sprache.

In einer Harvard-Studie mit sechs Monate alten Kindern wurden die kleinen Probanden per Video mit zwei Frauen konfrontiert, die beide bilingual mit Englisch und Spanisch als Muttersprachen aufgewachsen waren. Eine der Frauen redete zu den Kindern in Englisch, die andere in Spanisch. Damit nicht etwa die eine ihres Aussehens wegen oder aus einem anderen sekundären Grund bevorzugt werden konnte, wurde die Kindergruppe geteilt, und die Rollen der beiden Sprecherinnen wechselten jeweils von einer Gruppe zur anderen. Eine Verfälschung der Ergebnisse durch Störfaktoren war damit weitgehend ausgeschlossen.

Nach den beiden Sprechproben wurden allen Kindern die lächelnden, aber diesmal stummen Gesichter der beiden Frauen gezeigt. Die Frau, die Englisch gesprochen hatte – die Muttersprache der Babys – wurde eindeutig längerer Blicke gewürdigt als die Fremde.[35]

Nun muss ein längerer Blick nicht unbedingt von größerer Sympathie zeugen. Ein ganz ähnlich konstruierter Versuch, diesmal mit einjährigen Kindern aus Boston, sollte auch diese Frage klären. Wieder wurden die Kinder mit verschiedenen Sprechern konfrontiert. Jetzt aber aßen diese auch noch einen gut sichtbaren Snack. Für jede der beiden Sprachen, Englisch und Französisch, gab es einen bestimmten Typ Snack, der von beiden Sprechern gegessen wurde, wenn sie diese Sprache gebrauchten. Im späteren Vergleich zeigte sich dann, dass die aus einem Englisch sprechenden Umfeld stammenden Kinder den Typ von Süßigkeiten bevorzugten, den sie ihren Beobachtungen entsprechend mit der englischen, also ihrer eigenen Sprache verbanden. Da ist wohl kein Zweifel mehr möglich. Wir haben es wirklich mit einer Vorliebe zu tun, die sich an der Ähnlichkeit der Sprache orientiert.[36]

Elizabeth Spelke und ihr Team sind aufgrund dieser Untersuchungen inzwischen so gut wie sicher, dass neben einem angeborenen Kernwissen über Objekte, Handlungen, Zahlen und räumliche Verhältnisse noch ein fünftes, ein *soziales* Grundsystem in uns angelegt ist, das uns befähigt, »die da« von den »unsrigen« zu unterscheiden.

Die Erkenntnis, dass wir von Natur aus die Welt gliedern, kategorisieren und folglich erst einmal alle Menschen, denen wir begegnen, in bestimmte geistige Schubladen stecken, ist für unsere Suche nach den Ursprüngen der Moral ein bedeutender Hinweis. Denn aus dieser Eigenschaft könnten Kriterien erwachsen, wie wir mit anderen umgehen und wen wir womöglich bevorzugen. Zwar sind wir alle von derselben Art, deswegen sind wir aber noch lange nicht gleich.

Von anderen lernen

Das Fundament, auf dem unser gesamtes soziales Wissen, Lernen und Leben ruht, so Andrew Meltzoff, ist dennoch die Wahrnehmung, dass die anderen ihrer Natur nach »wie ich« sind, Menschen eben.[37] Diese Sichtweise, von der inzwischen die meisten Entwicklungspsychologen ausgehen und die durch immer neue experimentelle Befunde gestützt wird, unterscheidet sich radikal von der, die noch vor relativ kurzer Zeit das wissenschaftliche Verständnis des Kleinkindalters geprägt hat.

Der zugrunde liegende Ansatz ging vor allem auf den Schweizer Psychologen Jean Piaget zurück, der seine Ideen und Modelle während der ersten Hälfte des 20. Jahrhunderts ausarbeitete. Nach Piaget und vielen, die ihm weltweit nachgefolgt sind, ist jedes Kind bei der Geburt, und auch noch während der ersten Zeit danach, völlig in sich selbst gefangen. Durch diesen »Egozentrismus«, so die Theorie, wird jedes Kind sich selbst zu einem eigenen, ganz und gar in sich geschlossenen Kosmos. Folglich kann es auch nur reflexhaft reagieren – es saugt, wenn es die Brustwarze der Mutter spürt oder zu spüren meint, es schließt das Händchen, wenn es an der Innenseite gestreichelt wird.[38]

Andrew Meltzoff, Elizabeth Spelke und etliche andere haben diese Sicht inzwischen vollständig widerlegen können. Auch am Anfang unseres Lebens sind wir schon ganz und gar »social animals« und keinesfalls autistisch auf uns selbst beschränkt. Natürlich sehen wir unser soziales Gefüge – und alles andere auch – noch wie durch eine dicke Milchglasscheibe, verschwommen und vage. Aber für die Ausbildung der Feinheiten bleibt in den folgenden Wochen, Monaten und Jahren noch genügend Zeit – vorausgesetzt, der erste Kontakt ist hergestellt und stabil.[39]

Wie groß die Bedeutung eines aktiven Gegenübers tatsächlich schon zu Beginn unseres Lebens ist, zeigen auch die neueren Arbeiten der Psychologin Patricia Kuhl, Andrew Meltzoffs Ehefrau, und ihres Teams von der Washington University in Seattle. Die dabei gewonnene Einsicht lag gar nicht so nah, wie es im Nachhinein scheinen mag. Zunächst nämlich belegten Kuhls Untersuchungen in den 1990er Jahren, dass jedes gesunde Baby in der Lage ist, jede beliebige Sprache zu lernen. Während der ersten ungefähr sechs Monate sind demnach alle Babys Kosmopoliten.[40] Ob Kinder Englisch sprechender Eltern Chinesisch oder solche aus dem chinesischen Raum Englisch lernen sollten, machte im Ergebnis keinen Unterschied. Jedenfalls solange nur bestimmte sprachtypische Phoneme eingeübt wurden, die Unterscheidung zwischen »l« und »r« etwa, die erwachsenen Chinesen zumindest schwerfällt, wenn nicht gar unmöglich ist. Ihre Kinder allerdings haben damit noch kein Problem. Erst wenn sich das zeitliche Fenster des ursprünglichen Weltbürgerdaseins schließt, ist es damit auch bei ihnen vorbei. Dann prägt vor allem die Muttersprache die weitere Entwicklung und erlaubt die vollständige Sozialisierung des Kindes.

Beim näheren Hinsehen entdeckte Kuhls Forschungsgruppe allerdings noch etwas anderes: Wurden die Sprachtests aus der ziemlich sterilen Laborsituation herausgenommen und in eine eher natürliche Sprachumgebung überführt, bei der ein Kind sofort die gesamte Phonempalette einer Sprache zu hören bekam und nicht nur einzelne herausgenommene Elemente wie »l« oder »r« oder auch »ra« oder »la«, änderte sich das Lernverhalten dramatisch.[41] Diesmal hing das Ergebnis davon ab, ob da jemand war, der eine Lehrer- oder Mentorenrolle einnahm. Fehlte dem Kind dieser kommunizierende Gegenpart, blieb jeglicher Lernerfolg aus – auch bei chinesischen Kindern, die Chinesisch, und amerikanischen Kindern, die Englisch lernen sollten. Welche Sprache auch immer es sein sollte, die der Eltern oder eine andere, ohne sozialen Austausch konnten die Kinder sie sich nicht aneignen.

Vorerst ist die Notwendigkeit eines »sozialen Agenten« als Türöffner für den Spracherwerb noch eine Hypothese. Aber es deutet bereits viel in diese Richtung: Ohne eine mitmenschliche Einbettung ist es zumindest für Kleinkinder praktisch unmöglich, eine Sprache zu lernen. Erst durch die anderen wird die »Lernmaschine« im Kopf, der »Sprachcomputer«, gestartet. Ob es die bei menschlicher Vermittlung bessere Qualität der angebotenen Sprachinformationen ist, die das Lernen der Kleinen erleichtert, oder ob es einfach nur motivierender, anspornender ist, mit dem schwierigen Stoff nicht allein zu sein, muss noch weiter untersucht werden. Wie auch immer, Lernen ohne Lehrer scheint zumindest ganz am Anfang unmöglich zu sein.

Vielleicht erstaunt diese Einsicht ja auch nur Wissenschaftler und ist für Eltern nicht mehr als eine Binsenweisheit. Ist es denn nicht klar, dass ein Kind praktisch immer von anderen lernt?

Wir haben andererseits gesehen, dass es ein angeborenes Kernwissen gibt, das eben nicht gelernt wird, sondern das wir als genetisches Gepäck mit auf die Welt bringen. Doch das dient nur dem Zweck, uns in die Lage zu versetzen, so schnell wie möglich *lernen* zu können. Das angeborene Wissen ist darum eigentlich nur die Initialzündung für den folgenden Wissenserwerb, der ohne »soziale Agenten«, ohne einen menschlichen Vermittler also, unmöglich ist. Soziales Wissen stellt da sicher keine Ausnahme dar. Wie sollten denn Babys und auch ältere Kinder verstehen, wie Menschen miteinander umgehen, wenn sie nicht unter Menschen wären? Wie sollten sie geltende Regeln lernen, wenn sie nicht beobachten könnten, wie andere sie befolgen oder dagegen verstoßen und welche Folgen das jeweils hat?

Die Unterschiede der Wertesysteme weltweit und gar erst über die Geschichte hinweg sind einfach zu groß, um dahinter ein angeborenes, universelles moralisches Wissen vermuten zu können. Jedenfalls eines, das konkrete Normen beinhaltet. Sogar beim Lebensrecht ist das so: Menschen einen vorzeitigen Tod zu ersparen gehörte nie und gehört auch heute noch nicht zu den weltweit geltenden sittlichen Selbstverständlichkeiten. Selbst das scheinbar so klare »Du sollst nicht töten!« der Bibel muss bei genauerer Übersetzung des Originaltextes lauten:»Du sollst nicht aus einem ungerechtfertigten Grund töten!« – womit also reichlich Spielraum für demnach gerechtfertigte Tötungen gewährt ist, einschließlich einer Lehre vom »gerechten Krieg«.[42]

Eine ganz andere Frage ist die nach womöglich in uns angelegten universellen *Haltungen*.[43] So könnten wir beispielsweise über einen angeborenen Gerechtigkeitssinn verfügen, wie etwa Kohlberg und Rawls angenommen haben. Das aber, was *man tut* in unserem jeweiligen Lebensraum, müssen wir von anderen lernen, die ihn mit uns teilen. Wenn nicht durch direkte Unterweisung, dann eben dadurch, dass wir es ihnen gleichtun.

Der innere Spiegel

Schauen wir noch einmal auf die erste Kontaktaufnahme eines Menschen mit der Umwelt, in die er hineingeboren wird. Woher weiß ein nur wenige Stunden altes Kind eigentlich, dass seine eigene kleine Zunge dem entspricht, was ein Erwachsener ihm herausfordernd entgegenstreckt? Zumal es sich um einen Teil seines Körpers handelt, den das Baby noch gar nicht gesehen haben kann.[44] Denkbar wäre, dass diese Fähigkeit auf ein angeborenes Kernwissen zurückgeht. Das Baby wüsste eben einfach, was eine Zunge ist und wie man sie herausstreckt. Allerdings müsste das dann auch für den ganzen kleinen Körper, soweit er schon für kontrollierte Bewegungen zugänglich ist, gelten. In dem Fall hätten wir es mit einem viel detaillierteren Kernwissen zu tun, als wir es bisher kennengelernt haben. Zudem wären wir bei der Frage, warum das Baby beispielsweise die beobachtete Grimasse imitieren kann, noch nicht viel weiter.

Eine Zufallsentdeckung verhalf einer Forschergruppe der italienischen Universität Parma zu einer Antwort auf dieses Rätsel.[45] Anfang der 1990er Jahre wurde in den dortigen Labors untersucht, wie sich bestimmte Kommandos – »Nimm die Rosine!«, »Schau auf die Pinzette!« – im Gehirn von Schweinsaffen niederschlugen. In einem Areal mit der Bezeichnung »F5«, mit dem die Bewegung von Mund und Händen in Verbindung gebracht wird,

feuerten die Nervenzellen bei diesen Aktionen erwartungsgemäß.
Dann die Überraschung: Mehr nebenbei beobachteten die Forscher, dass Neuronen in dieser Hirnregion auch dann aktiv wurden, wenn die Makaken selbst gar nichts taten, sondern nur beobachteten, wie einer der Experimentatoren zum Beispiel nach
einem Stück Apfel griff. Nachdem alle möglichen Fehlerquellen
ausgeschlossen waren und feststand, dass sich in dieser Hirnaktivität der Versuchsaffen nicht etwa nur die Vorfreude auf ein Stück
Obst zeigte, war klar: Die Neuronen im Gebiet »F5« feuerten bei
einer bestimmten, zielgerichteten Handlung. Und dabei spielte es
keine Rolle, ob diese von den Tieren selbst vollbracht oder aber
nur beobachtet wurde. Es war schließlich für die Aktivität der betreffenden Zellen sogar egal, ob die Handlung vollständig oder
nur teilweise beobachtbar war, solange nur genug Informationen
zur Verfügung standen, um sich die Aktion komplett wenigstens
»vorstellen« zu können.[46]

Dieser neu entdeckte Typ Nervenzellen heißt seit diesen ersten
Versuchen »Spiegelneuronen« und steht bis heute im Zentrum eines sehr lebendigen Forschungsgebietes. Was die Zellen vor allem
so außerordentlich interessant macht, ist ihre direkte Brücken-
funktion zwischen »drinnen« und »draußen«, zwischen »mir«
und »dir«.

Spiegelnde Neuronen wurden inzwischen auch im menschlichen Gehirn nachgewiesen, und sie übernehmen dort offenbar
dieselbe Funktion wie bei den Makaken. Mit aller gebotenen Vorsicht: Das Tor vom »Ich« zum »Du« ist damit höchstwahrschein-
lich gefunden.

Gedankenlesen

Vorsicht ist bei einer so verlockenden Aussage schon deshalb geboten, weil es vom simulierten Griff nach einer Rosine oder Ap-
felscheibe bis zum Widerspiegeln komplexer Gedanken oder auch

Gefühle im Gehirn anderer ein sehr weiter Weg ist. Andererseits sind die Spiegelneuronen der bislang mit Abstand vielversprechendste Ansatz zum Verständnis der Basis unseres Miteinanders. Der Anfang einer Antwort auf die Frage, wie wir überhaupt dazu kommen, andere in ihrem Denken und Fühlen zu begreifen, ist mit der Entdeckung dieses besonderen Neuronentyps jedenfalls gemacht. Und inzwischen ist auch klar, dass dieses System differenziert und feinfühlig genug ist, um zumindest unter Schweinsaffen sozial bedeutend werden zu können.[47] »Theory of Mind« nennen Forscher das tragende Konzept, das von feuernden Spiegelneuronen hin zum komplexen und hochdynamischen sozialen Gefüge führt, das Makaken und auch uns zusammenhält.[48]

Nehmen wir an, eines frostigen Wintertages beobachten wir folgende Situation: Eine Frau geht mit zwei Kindern an der Hand spazieren. Plötzlich stürzt das eine Kind zu Boden. Die Mutter hilft ihm liebevoll auf, greift dann in die Tasche und gibt ihm ein Bonbon. Kurz darauf liegt auch das zweite Kind am Boden und schreit. Diesmal aber hilft die Mutter ihm nicht auf, sondern weist es scharf zurecht.

Wir müssen nicht lange überlegen, was wahrscheinlich passiert ist: Das erste Kind ist auf dem eisigen Boden ausgerutscht, hat sich dabei wahrscheinlich das Knie gestoßen und wird von der Mutter deshalb getröstet. Daraufhin fühlt sich das zweite Kind zurückgesetzt, weil es kein Bonbon bekommen hat, und wirft sich trotzig zu Boden. So könnte es jedenfalls gewesen sein.

Es fällt uns nicht schwer, eine Fassung des Geschehens zu entwerfen, die zumindest uns plausibel erscheint – und die uns zudem erlaubt, die nächsten Szenen dieses vom Leben geschriebenen Dramas vorauszuahnen. Und es ist wichtig für uns, dass wir das können. Denn nur wer die Vergangenheit versteht, kann gezielt und wirkungsvoll Einfluss auf die Zukunft nehmen und sie zu gestalten versuchen.

Wir sind dazu in der Lage, weil wir uns zusammenreimen können, was zum Beispiel im Kopf dieser durch den Wintertag spazierenden Frau vor sich geht – wir haben eine »Theory of Mind«.

Natürlich auch für ihre Kinder und überhaupt für alle Menschen, denen wir begegnen. Dabei ist es wieder die Annahme der grundsätzlichen Ähnlichkeit, ja Gleichheit zwischen »dir« und »mir«, von der aus die »Theory of Mind« entsteht.

Weil wir wie selbstverständlich davon ausgehen, dass wir alle mehr oder minder gleich »ticken«, können wir einander so leicht verstehen und oft genug sogar miteinander fühlen. Das Konzept von der »Theory of Mind« klingt in dieser knappen Zusammenfassung allerdings einfacher und schlüssiger, als es tatsächlich ist. Im Detail quälen sich die Experten noch damit, und es bleiben bislang noch etliche Fragen offen. Zum Beispiel: Wissen wir, was in jemandem vorgeht, weil wir tatsächlich eine Theorie im Hinterkopf haben, die uns das ermöglicht (»Theorie-Theorie«)? Oder aber können wir uns das nur vorstellen, weil wir uns zunächst buchstäblich in die Lage des anderen hineinversetzen und dann im inneren Selbstversuch herausfinden müssen, wie es uns in dieser Lage ergeht (»Simulations-Theorie«)?

Jedenfalls gibt es offenbar einen neuronalen »Spiegel« in unseren Gehirnen, durch den wir uns in andere hineindenken und mit ihnen fühlen können. Das ist die Basis unseres gesamten sozialen Lebens und damit auch der Ausgangspunkt unseres moralischen Verständnisses. Nur so, in unablässigen wechselseitigen Spiegelungen und den daraus wachsenden Beziehungen, können wir urteilen und handeln, können wir leben.

Wir hier unten und »Er« dort oben

Unser soziales Koordinatensystem ist damit aber noch nicht vollständig. Schon als Babys wissen wir, dass »Unbelebtes« anders ist als »Belebtes«, weil alles, was lebt, selbst aktiv werden kann. Entsprechend früh unterscheiden wir Handlungen, Ziele und Absichten und nutzen das Verständnis von Handlungen als Schlüssel zur »Seele« der anderen. Indem wir so durch Erfahrung und immer neuen Abgleich mit der »Theory of Mind« besser darin werden, Aktionen nicht nur zu verstehen, sondern auch vorherzusagen und – möglichst samt der jeweiligen Akteure – zu kontrollieren oder wenigstens zu beeinflussen, wächst auch unsere soziale Kompetenz.[49]

Aber offenbar geschieht dabei noch etwas bemerkenswert anderes. Wir erschließen uns nämlich nicht nur die »Seele« der anderen, wir stoßen dabei gleichzeitig die Tore zu einer anderen Welt auf. Und so sehen wir »noch Größeres« und »den Himmel geöffnet«.[50] Jean Piaget mag die Fähigkeit von Kleinkindern unterschätzt haben, mit anderen zu kommunizieren und sie zu imitieren. Mit einer Annahme zumindest, so zeigen neuere Studien, lag er offenbar richtig: Kinder haben einen natürlichen Hang zum Übernatürlichen. Das galt auch schon in der Zeit vor Harry Potter.

An zwei Merkmalen vor allem ist das festzumachen. Einmal vermuten Kinder hinter allem und jedem eine lebendige Absicht und einen Sinn. Nichts geschieht einfach nur so, aus Versehen, durch Zufall. Wolken sind am Himmel, *damit* es regnen kann.[51] Felsen in den Bergen sind spitz, *damit* sich Tiere daran kratzen können, wenn es sie juckt. Denken wir zurück an die Kernwissenssysteme, die Elizabeth Spelke in uns erblich angelegt sieht, lässt sich dies als Vermischung des – eigentlich unvereinbaren – Outputs von mindestens zwei solchen Systemen verstehen.[52] So werden tote Objekte plötzlich zu Lebenden und Handelnden oder bekommen zumindest einen tieferen Sinn, als die meisten Erwachsenen ihnen zubilligen wollen.

Warum das so ist, lässt sich pauschal nicht oder noch nicht sagen. Es fällt jedenfalls auf, dass Kinder, deren Verstand noch nicht ausgereift ist und noch keine nennenswerte Kontrolle über andere mentale Funktionen – Emotionen etwa – übernehmen kann, besonders anfällig für solche übernatürlichen Deutungen ihrer Wahrnehmungen sind.

Das muss aber nicht heißen, nur Kinder oder rational wenig kontrollierte Menschen glaubten an irgendwelche Übermächte.

Wir könnten es hier genauso gut mit einer Wiederholung des Befundes zu tun haben, der uns schon bei der Bewertung von Rassen begegnet ist: Kinder wären demnach einfach ehrlicher als viele Erwachsene, die nur zensiert herauslassen, was sich in ihrem Inneren als intuitive Haltung kaum von kindlichen Vorstellungen unterscheidet.[53]

Und noch etwas war bei den Untersuchungen zur Bedeutung der Hautfarbe als sozialem Unterscheidungsmerkmal zutage getreten: Wie ich mich selber in einem konkreten Fall äußere, hängt wesentlich davon ab, wie die Masse um mich herum eingestellt ist. Sind die Zeiten also günstig für Spirituelles oder auch Spiritistisches, wird es mir leichter fallen, mich zu solchen Überzeugungen zu bekennen, als in einer eher nüchternen, rational geprägten Umgebung.

Mit Übernatürlichem ist beim Menschen also zu rechnen. Auch wenn die Vernunft vehement widerspricht und kein noch so kläglicher Beweis vorgebracht werden kann, der üblichen wissenschaftlichen Prüfkriterien standhält. Unbestreitbar kann Menschen die Drohung, ihre Seele werde dereinst in der Hölle schmoren, das Mark erzittern lassen. Andere wieder sind unter der Verheißung ewiger Freuden im himmlischen Paradies zum Äußersten bereit.

Kein noch so trainierter Verstand scheint dagegen viel ausrichten zu können. Denn die Ahnung getrennter, unabhängiger Wirklichkeiten für das Körperliche und das Geistige steckt uns tief in den Knochen. Und nicht wenige Menschen, die allermeisten, um genau zu sein, orientieren ihr Leben nach einem Koordinatenkreuz, von dem eine Achse in die Ewigkeit ragt. Das werden wir berücksichtigen müssen, wenn wir fragen, warum und wie wir Gut und Böse unterscheiden können.

Inzwischen haben wir eine ganze Reihe von offenbar angeborenen Wissenssystemen und mentalen Werkzeugen kennengelernt. Könnte es darunter nicht auch eins für die Moral geben? Ist es denkbar, dass wir nicht nur als soziale Wesen auf die Welt kommen, sondern auch schon mit einer moralischen Grundausstattung? Werden wir womöglich gar als *gute* Menschen geboren?

Zusammenfassende Thesen:

1. Wir Menschen sind von Natur aus ganz und gar soziale Wesen.

2. Um lebensfähig zu sein und uns in der Welt zurechtzufinden, sind wir mit mentalen Werkzeugen oder »Kernwissenssystemen« ausgestattet, ohne die wir keine Beziehungen eingehen könnten.

3. Das System so genannter Spiegelneuronen macht es uns möglich, uns in andere »theoretisch« hineinzuversetzen.

4. Die »Theory of Mind« in unseren Köpfen sagt uns, dass sich die anderen Menschen grundsätzlich »wie ich« verhalten. So wird es möglich, Aktionen und Reaktionen im sozialen Miteinander abzuschätzen und eigenes Verhalten zu planen.

5. Wir leben immer im »wir«. Beim Suchen und Bilden von Gruppen und Allianzen ziehen wir aber stets eine klare Grenze zwischen denen in unserer Gruppe und denen, die draußen sind.

Von Natur aus gut?

Über Empathie und Eigennutz

> Die folgende Annahme scheint mir
> in hohem Maße wahrscheinlich –,
> nämlich dass jedes beliebige Tier,
> ausgestattet mit gut ausgebildeten sozialen Instinkten,
> unvermeidlich einen moralischen Sinn
> oder ein Gewissen erwerben würde,
> sobald seine intellektuellen Fähigkeiten
> ebenso oder annähernd so gut
> entwickelt wären wie die des Menschen.
>
> *Charles Darwin[1]*

Wer die Nachrichten verfolgt, wird sich angesichts tagtäglicher Schreckensmeldungen vielleicht wundern, warum wir uns hier überhaupt der Frage zuwenden, ob Menschen womöglich von Natur aus gut sind.[2] Dabei ergibt sich diese Frage direkt aus der Beobachtung, dass wir vom ersten Moment unseres Lebens an einander zugewandt sind, uns gegenseitig wahrnehmen und in einer geradezu »wir-zentrischen« Welt leben, wie es Vittorio Gallese von der Universität Parma, einer der Entdecker der Spiegelneuronen, ausdrückt.[3] Denn wenn wir dermaßen aufeinander bezogen und unentrinnbar aufeinander angewiesen sind, sollten wir da nicht schon deshalb gut sein, weil wir anderenfalls uns selbst schaden würden? Uns könnte es nicht wirklich gut gehen, wenn wir zuließen, dass es jenen, mit denen wir zusammenleben und von denen wir als soziale Wesen abhängen, schlecht geht. Demnach wäre es schon aus purem Eigeninteresse nötig, auch an die anderen und ihre Bedürfnisse zu denken, und wir müssten nicht einmal »gut« geboren werden, um sogar das Teilen zu erwägen.

Ähnliche Überlegungen werden manchmal angestellt, wenn es

darum geht, Geld für Entwicklungsprojekte in den ärmeren Ländern locker zu machen. Oft steckt dahinter unausgesprochen eine Drohung der Art: Wenn es den Menschen in Afrika zu schlecht geht, werden sie sich irgendwann am geografisch nahe liegenden europäischen Überfluss bedienen, ohne um Erlaubnis zu bitten. Gebt also lieber freiwillig etwas von eurem Reichtum, bevor lukrative Absatzmärkte kollabieren und er euch gewaltsam genommen wird. Aber hat solches Denken, solche Berechnung irgendetwas mit Güte zu tun?

Obwohl es, wie wir gesehen haben, keine allgemeingültige Definition des Guten, ganz gleich ob angeboren oder erworben, geben kann, haben wir zum Beispiel als Bewohner eines durch Christentum und Aufklärung geprägten Kulturraums eine ziemlich konkrete Vorstellung davon, was es bedeutet, Gutes zu tun. Vor allem wohl das: mit anderen Menschen zu teilen. Doch nur weil wir dieses Ideal im Kopf haben, wird es nicht schon Realität.

Wenn wir allerdings tatsächlich von anderen so stark abhängen, wie die Forschung nahelegt und uns eigene Erfahrung lehrt, wäre es doch ein vernünftiger Gedanke, nicht nur alles daranzusetzen, selbst möglichst schnell satt und zufrieden zu werden, sondern auch, die Wünsche und Erwartungen der anderen einzubeziehen. Es bräuchte also vermutlich gar keinen ideologisch-religiösen Überbau samt Androhung ewiger Strafen oder Verheißung himmlischen Lohnes, um uns auf den Gedanken zu bringen, dass Teilen – und vielleicht sogar,»den Nächsten zu lieben wie uns selbst« – sinnvoll sein könnte. Zweifellos aber kann solch ein transzendenter Wink die Bereitschaft, zugunsten anderer auf eigenen Besitz zu verzichten, deutlich verstärken. Selbst dann übrigens, wenn es gar nicht darum geht, Bedürftigen zu helfen, sondern den Bau einer prächtigen Kirche zu finanzieren, wie das Beispiel der Ablassbriefe für den Neubau der römischen Peterskirche ab 1506 zeigt.[4]

Hauptsache mehr

Die amerikanische Philosophin Christine M. Korsgaard hat die ganz weltliche und allgemeine Einsicht in die Vernunft des Teilens anschaulich beschrieben. Es sei nur zu verständlich, so Korsgaard, wenn ein Mädchen zum Beispiel die beste Ballerina der Welt sein möchte, ein Star, umjubelt und gefeiert. Unsinnig aber wäre es, wenn sie den Wunsch hätte, zugleich auch die einzige Ballerina auf der Welt zu sein. Denn erst der Vergleich mit anderen, auch der Wettstreit, verliehen der eigenen Leistung den Wert, der uns stolz machen könne und glücklich.

Dumm wäre es darum auch, alles Geld der Welt besitzen zu wollen, ein Traum der ja schon manchen verfolgt haben soll. Ließe sich dieser Wunsch tatsächlich erfüllen, verlöre das Geld – als Tauschmittel und Vergleichsgröße für Besitz – im selben Augenblick seinen Wert.[5]

So geht es mit allem. Wir können gar nicht ohne die anderen leben, wir können uns ohne sie genau genommen nicht einmal definieren, weil das erfordert, zu wissen, wie wir von ihnen gesehen werden, uns mit ihnen zu vergleichen, uns einzuordnen in Klassen und Kategorien. Ob Deutschland den Superstar sucht oder eine Jury von Wirtschaftsjournalisten den Unternehmer des Jahres, es geht immer um das Gleiche: eine Rangordnung zu bilden, auf dass alle Welt wisse, wer oben steht und wer unten.[6]

Eine Studie der Universität Bonn hat die Bedeutung des sozialen Vergleichs in unserem Zusammenleben vor kurzem eindrucksvoll belegen können.[7] Zu Paaren eingeteilt, mussten Versuchsteilnehmer die Zahl farbiger Punkte schätzen, die auf einem Monitor eingeblendet wurden. Lagen die Probanden richtig, wurden sie mit einigen Euro belohnt. Aber, und das war der Trick, nicht unbedingt in gleicher Höhe. Selbst dann nicht, wenn sie beide im selben Durchgang genau richtig geschätzt hatten.

Ein Blick ins Gehirn per Kernspintomograf offenbarte die Sehnsucht, besser dazustehen als andere. Ein tief im Inneren der vorderen Großhirnrinde liegender Teil des Belohnungssystems – das ventrale Striatum – war in den Aufnahmen gut durchblutet und strahlte »voller Zufriedenheit«, wenn der Vergleich der eingeheimsten Summen zum eigenen Vorteil ausfiel. Ob es dabei gerecht zuging, spielte keine Rolle. Offenbar war auch egal, wie hoch der Betrag ausfiel. Wichtig war allein, mehr zu haben als der Mitspieler. Je höher die Differenz, desto besser.

Nicht nur Heilige tun Gutes

Angesichts dieser Forschungsergebnisse fällt es schwer, noch von einem angeborenen Gerechtigkeitssinn, gar von ererbter Güte auszugehen. Wer in seinem moralischen Urteilen zum Deontologischen neigt, mag sich sorgen angesichts solcher Resultate. Sie sprechen wirklich nicht für eine selbstlose Gesinnung des Menschen. Andererseits wird dem anderen ja nicht automatisch etwas Schlechtes gewünscht, auch wenn es offenbar jeder genießt, das größte Stück von der Torte auf den Teller zu bekommen. Aus philosophischer Sicht bietet sich zudem ein sehr pragmatischer Ausweg, der den Vorteil hat, dass wir nicht gleich an der eigenen Art verzweifeln müssen. Entscheidend ist doch, dass am Ende alle genug haben. Darum ist es ratsam, mehr auf die Folgen unseres Handelns zu achten als auf die Gesinnung, die dahintersteht.

Selbst wenn hinter so mancher augenscheinlichen Großzügigkeit viel Eigennutz steckt, schmälert das ja tatsächlich nicht das positive Ergebnis für die, denen gegeben wird. Eine großzügige Spende bleibt hilfreich in der Not, auch wenn sie vielleicht nur fließt, damit sich der Spender dem Himmel ein Stück näher wähnen darf. Oder er will in den Medien großspurig als Wohltäter auftreten, um den Verkauf seiner Produkte anzukurbeln oder einfach nur das eigene Ego zu streicheln.

Wellen des Mitgefühls mit den Armen und der Sorge um die Umwelt, die neuerdings ganze Scharen von Hollywood-Schauspielern erfassen oder Bands und Solisten zu Benefizkonzerten in Stadien rund um den Globus vereinen, könnten den einen oder anderen vermuten lassen, solche Hilfe geschehe womöglich nicht ganz ohne Hintergedanken. Trotzdem aber können vom gespendeten Geld Hungernde gerettet, Kranke geheilt und Unwissende unterrichtet werden. Kein schlechter Deal, wenn es als Gegenleistung für Millionen Dollar oder Euro nicht mehr als einen Orden oder einen beklatschten internationalen Fernsehauftritt zur Primetime braucht.

Diese nüchterne, vielleicht auch ernüchternde Einsicht entspringt allein der Logik, und sie erspart uns die überflüssige Verklärung moralischen Verhaltens. Das schließt gar nicht aus, dass es wirklich Menschen gibt, die heiligmäßig leben und sich für die anderen verzehren. Aber es braucht eben nicht unbedingt Heilige, damit Gutes, weil Bedürftigen *gut Tuendes*, geschieht auf Erden.

Diese Erkenntnis sollten wir im Folgenden mitbedenken. Was wir zu entdecken versuchen, sind nicht hehre Gesinnungen und auch nicht naive Träume von einer Welt ohne Leid, sondern die unmittelbaren Gründe für unser moralisches Handeln. Vielleicht reicht es ja schon für eine wohnliche Welt, wenn wir dabei nur einen angeborenen Sinn für »Kooperation« entdecken und nicht gleich genetisch veranlagte »Liebe«.

Wölfe im Schafspelz

Unsere Erfahrungen, ob persönlich oder beim Blick in die Nachrichten, stimmen uns vermutlich wenig hoffnungsvoll. Selten dürften wir, aufs Ganze gesehen, den Eindruck gewinnen, die Bereitschaft zur Kooperation überwiege bereits die zur rücksichtslosen Durchsetzung eigener Interessen. Nicht menschlich – human – erscheint solches Verhalten, sondern animalisch, instinktiv.

So kann sich die Frage stellen – und sie wurde in der Geistesgeschichte schon oft gestellt –, ob es uns Menschen je gelingen wird, die sich immer wieder offenbarende »bestialische« Natur mit genügend Kultur zu überziehen, damit wenigstens künftige Generationen einigermaßen friedlich leben können und nicht alles, was sonst noch die Erde bevölkert, in seiner Existenz bedroht wird.

»Veneer theory«, also »Lack«- oder »Tünch«-Theorie, hat der aus den Niederlanden stammende und in den USA lebende Primatologe Frans de Waal von der Emory University in Atlanta den Grundgedanken hinter diesem oft verwendeten Bild von der gezähmten Bestie oder auch vom Wolf im Schafspelz genannt.[8]

Seit der englische Biologe Thomas H. Huxley 1893 seine berühmt gewordene »Romanes Lecture« vor großem Publikum in Oxford hielt,[9] ist sein damals gefälltes Urteil über den Menschen überaus populär geblieben: Sollten unsere animalischen Instinkte und niederen natürlichen Triebe nicht mit uns durchgehen, müssten wir uns selbst und möglichst auch noch gegenseitig am kulturellen, will heißen geistigen Riemen reißen.

Zumindest an der grundsätzlichen Notwendigkeit einer solchen kulturellen Reifung des Menschen, die ihn über sein offenbar eher beängstigendes als beeindruckendes biologisches Erbe hinausführen soll, bestand auch an den Universitäten über lange Zeit wenig Zweifel. Moral, menschliches Verhalten und auch unsere Psyche könnten nur verstanden werden, schrieb beispielsweise vor zwanzig Jahren der Zoologe Richard D. Alexander, »wenn Gesellschaften als Ansammlungen von Individuen gesehen werden, die ihren Eigeninteressen folgen«. Eine Welt von Ellenbogen-Egoisten. Es sei anderes gelehrt worden, gesteht Alexander zunächst ein, und wohl glaubten auch immer noch die allermeisten Menschen, anderen zu helfen sei ein Teil der menschlichen Natur. Doch dann schwingt er die große Keule:»Es gibt nicht den Fetzen eines Beweises, der diese Sicht der Güte stützt.«[10] Und wieder galt es, die »ungehobelte« menschliche Natur zu überwinden.

Manch anderem Biologen hingegen schien schon damals die verbreitete Vorstellung vom Menschen, der durch seinen überragenden Geist und seine feine Kultur die Güte überhaupt erst in die Welt gebracht habe, ein anmaßendes Vorurteil zu sein. Nichts spreche doch dagegen, fand Stephen Jay Gould von der Harvard University, auch unsere noblen Seiten auf ein tierisches Erbe zurückzuführen: »Warum sollte unsere Widerwärtigkeit das Gepäck einer äffischen Vergangenheit sein, unsere Freundlichkeit aber ausschließlich menschlich?«[11]

Eine wichtige Voraussetzung dafür, auf andere zuzugehen und ihnen Gutes – oder auch Schlechtes – antun zu können, haben wir zumindest mit den anderen höheren Primaten gemein: Wir können uns in unser Gegenüber hineinversetzen und bekommen so wenigstens eine Ahnung, was in ihm vorgeht.

Sich freuen mit den Fröhlichen, weinen mit den Weinenden[12]

Weil wir also eine »Theory of Mind« in unseren Köpfen haben, können wir wie Schachspieler, die ein und demselben Regelwerk folgen, unser Verhalten gegenseitig analysieren und uns sogar vorausschauend darauf einrichten, vorausgesetzt, die Grundannahme »Du ›tickst‹ wie ich« gilt.

Nun wäre eine solche Einschätzung prinzipiell auch im Hinblick auf einen Automotor oder einen Computer möglich. Zwar gilt in diesen Fällen nicht die Voraussetzung »wie ich«, trotzdem stecken feste Regeln den Rahmen der Verhaltensalternativen ab: Läuft kein Sprit in die Brennkammer, kann es dort funken, solange es will, der Motor wird nicht anspringen. Und hat der Computer nicht den passenden Satz so genannter »Treiber«-Programme zur Verfügung, wird er noch beim zärtlichsten Zureden nicht in der Lage sein, den neu angeschlossenen Drucker zehn Zentimeter neben sich als Kooperationspartner zu erkennen. Wer das weiß, kennt die Regeln und wird sich darum weder am Steuer noch vor dem Computermonitor wundern müssen.

Menschliches Befinden aber lässt sich nicht auf solche glatten

Funktionsbeschreibungen reduzieren. Steht uns jemand an der Fußgängerampel gegenüber, können wir annehmen, dass er oder sie sich auf uns zu in Bewegung setzen wird, sobald die Ampel auf Grün schaltet. Was aber, wenn wir beim zweiten Blick feststellen, dass unserem Gegenüber Tränen über die Wangen laufen? Plötzlich muss das »normale«, nüchterne Verhaltensrepertoire für die Einschätzung der zu erwartenden Handlung nicht mehr gelten. Die Frau oder der Mann gegenüber »funktioniert« womöglich nun anders, denn starke Emotionen können alle rein rationalen Motivationen überlagern. Die Welt des Alltags ist aus den Angeln, weil etwas sie Erschütterndes geschehen ist. Und was geschieht dabei in uns, den Beobachtern?

Gefühle sind unser Leben.[13] Es gibt keinen Augenblick, den wir nur vernünftig durchlebten. Deswegen wirken ja auch Sätze wie »Nun bleib doch mal sachlich, Schatz!« in den meisten Fällen wie ein brennendes Streichholz an der Lunte.

Noch bevor wir nach der Geburt einen ersten klaren Gedanken fassen können, fühlen wir bereits mit aller Intensität und tun das auch kund. Babys schwimmen geradezu in Emotionen. Und auch Alzheimer-Kranke, deren einst funktionstüchtiger kognitiver Apparat vom Neuronen- und Synapsensterben verwüstet wird, können durchaus noch empfinden – Angst zum Beispiel und dazu eine tiefe Trauer über das unaufhaltsame Verblassen der eigenen Fähigkeiten.

Darum ist die »Theory of Mind« nach gängiger neurowissenschaftlicher Auffassung nur der erste Schlüssel, der uns Zugang zu anderen Menschen verschafft – und zwar nicht weiter als bis in den Vorhof rationalen Denkens. Durch die Seelenpforte gelangen wir erst mit einem zweiten Schlüssel, der »Empathie«. Sie ist es, die uns, außer in die Gedanken eines anderen Menschen, auch Einblick in seine Gefühle gewährt.[14]

Und wie schon zuvor, als es um die Definition zentraler Begriffe im Umfeld der Moral ging, stehen wir auch hier wieder vor der Schwierigkeit, dass die Experten noch darüber streiten, was unter Empathie genau zu verstehen ist. Klar ist das nämlich nur dem unbedarften Laien, dem Empathie, Sympathie, Mitleid, Mitgefühl und Einfühlungsvermögen in etwa ein und dasselbe bedeuten. Doch das folgende Beispiel zeigt, wie komplex ein augenscheinlich recht einfacher Vorgang –»Ich weiß oder fühle, was du fühlst« – sein kann. Denken wir zurück an den 30. Dezember 2006.

Überlappende Netzwerke

Was ging in den Menschen vor, die an diesem Tag den gestürzten und zum Tode verurteilten irakischen Diktator Saddam Hussein die Stufen zum Schafott hinaufsteigen sahen? Durch ein heimlich oder auch mit stillschweigender Billigung der Wachen aufgenommenes Handy-Video konnte im Fernsehen oder im Internet kurz darauf weltweit jeder verfolgen, wie dem einst in seinem Land so mächtigen Mann die dicke Hanfschlinge um den Hals gelegt wurde. Fühlten wir damals wie der Delinquent? Waren wir ängstlich? Oder eher wütend? Durchströmte uns einfach nur Abscheu? Oder gar Genugtuung? Saddams Hinrichtung ist, wie jede Tötung eines Menschen, ein drastisches Beispiel, doch es verdeutlicht die Komplexität empathischer Reaktionen. Denn durch emotional »geladene« Beobachtungen kann in uns eine Vielzahl von Gefühlen, unterschiedlich intensiv, geweckt werden. Und da die Erforschung der Empathie als Zweig der Neurowissenschaften noch sehr jung ist, fehlen bislang noch etliche Einsichten in die exakten Abläufe, Bedingungen und Variablen solcher Prozesse. Immerhin zeichnet sich schon ab, wie wichtig die Empathie für unsere Handlungsmotivation ist. Warum wir mit einem Menschen in einer bestimmten Situation so und nicht anders umgehen, hat entscheidend mit unseren empathischen Reaktionen auf ihn zu tun, wie wir sehen werden.

Aber beginnen wir mit einem einfachen Beispiel. Wenn wir eine simple, emotional neutrale Handlung beobachten – »Hand greift Ball« –, wird in unserem Gehirn das System der Spiegelneuronen aktiviert, die einem uns beobachtenden Hirnexperten den Eindruck vermitteln können, wir selbst führten diese Handlung aus, nicht jemand anders. Denn die betreffenden Regionen des Gehirns unterscheiden nicht zwischen verschiedenen Akteuren. Nur die Handlung selbst wird abgebildet. Bei der Imitation im Kopf wird die tatsächliche Ausführung der beobachteten Bewegung allerdings unterdrückt. Wäre das nicht so, würden wir, gelinde gesagt, ein seltsames Bild abgeben, wenn wir einander zum Beispiel auf der Straße ständig unkontrolliert imitierten. Vermutlich würde es uns früher oder später umbringen.

Neben den Spiegelneuronen, die sich mit Aktionen befassen, gibt es ein weiteres kognitives System in unseren Köpfen, das damit beschäftigt ist, Akteure zu identifizieren und auseinanderzuhalten.[15] Dieses System ist offenbar daran beteiligt, uns vor unkontrollierter Imitation zu bewahren. Weil wir – trotz aktivierter Spiegelneuronen – unterscheiden können, wer eine Handlung ausführt, machen wir sie normalerweise auch nicht gleich nach, wenn es nicht unsere Absicht ist.

In den vergangenen Jahren haben Experimente zutage gebracht, dass neuronale Spiegelungen nicht nur für einfache Handlungen gelten, sondern auch für Gefühlsregungen, die wir bei anderen wahrnehmen. Beides hängt allerdings eng zusammen, denn Gefühle werden »verkörpert«. Das heißt, an unserer Mimik zum Beispiel lässt sich ablesen, wie es uns geht. Weit aufgerissene Augen zeugen von Angst, zusammengezogene Brauen von Misstrauen, hochgezogene Mundwinkel verraten Freude. Auch die Körperhaltung vermittelt unsere innere Verfasstheit. Wer sich gut fühlt, strafft die Muskeln und drückt das Rückgrat durch. Entsprechend sackt zusammen, wer niedergeschlagen ist.[16]

Ob wir selbst trauern oder aber die typischen körperlichen Merkmale von Trauer bei einem anderen Menschen wahrnehmen, lässt in unserem Kopf – automatisch – Nervennetzwerke feuern, die sich in beiden Fällen überlappen.[17] Diese neuronalen Aktivitätsmuster sind andererseits aber nicht völlig identisch. Wie bei der Spiegelung einfacher Handlungen macht unser Gehirn bei genauerem Hinsehen durchaus feine Unterschiede zwischen eigener Betroffenheit und bloßer Wahrnehmung. Sogar unsere Beziehung zum Verursacher unserer empathischen Reaktionen lässt sich am Muster feuernder Nervenzellen ablesen.

Geteiltes Leid ist (manchmal) doppeltes Leid

Um den Einfluss der emotionalen Bindung auf unsere Mitleidsfähigkeit zu untersuchen, baten die Neurowissenschaftlerin Tania Singer und ihr Team im Jahr 2004 gemischtgeschlechtliche Liebespaare in einen unromantischen Scannerraum des University College London.[18] Die Frau lag bei der Studie jeweils im Hirnscanner, ihr Partner saß daneben, wobei eine seiner Hände, durch eine Spiegelkonstruktion für die Frau in der Röhre sichtbar, neben ihrer eigenen lag.

Mittels Elektroden konnte dann auf beiden Handrücken ein Reiz erzeugt werden, der stark genug war, um im Gehirn die »Schmerzmatrix« zu aktivieren. So nennen Forscher ein aus zwei Teilen bestehendes Muster aktiver Neuronen. Einmal gehören dazu Hirnareale, die der detaillierten Wahrnehmung des eigenen Körpers dienen und die in besagtem Experiment darum auch direkt auf die jeweils angelegte Spannung – am eigenen Handrücken – reagierten. Wurde die Voltzahl erhöht, stieg auch die Erregung in diesem Teil der Großhirnrinde. Sie verhielt sich also wie ein analoges Messgerät.

Das zweite Gebiet der Schmerzmatrix arbeitet dagegen nicht objektiv, sondern zeigt die subjektive Bewertung des wahrgenommenen Schmerzes. Bei gleich starkem äußeren Schmerzreiz kann die Reaktion sehr unterschiedlich ausfallen, je nachdem, in welcher Verfassung wir sind. Lenkt uns angenehme Musik ab oder haben wir uns in eine Meditationsübung versenkt, empfinden wir den Schmerz möglicherweise weit weniger störend, als wenn wir ihn schon ängstlich erwartet haben. Die Aktivierung dieses Hirnteils sagt also etwas darüber aus, wie ein Schmerz bewusst gefühlt wird, nicht, wie stark er tatsächlich ist.

Bei den Versuchspaaren in London wurde der Elektroschock mal an der Hand der Frau, mal an der ihres Partner erzeugt, was der Probandin im Scanner jeweils durch farbig markierte Pfeile zuvor angezeigt wurde. Ganz gleich, ob es sie selbst traf oder nicht, durchweg konnte von den Forschern eine Aktivierung der Schmerzmatrix im Gehirn der Frau beobachtet werden. Doch nur, wenn die Elektrode auf ihrem eigenen Handrücken gezündet wurde, reagierte im Scanner auch der objektive Teil der Schmerzmatrix. Das Gehirn der Probandinnen wusste die beiden Situationen also sehr wohl zu unterscheiden. Dennoch empfanden die Frauen beide Stromstöße gleichermaßen schmerzhaft, oder genauer gesagt: Sie *bewerteten* beide Ereignisse als gleichermaßen unangenehm. Andere Untersuchungen lassen vermuten, dass die Ergebnisse ähnlich ausgefallen wären, hätten Männer und Frauen die Rollen in dem Experiment getauscht.

Und auch das zeigte sich bei den Versuchen: Die mitfühlende Reaktion war spontan, »automatisch«, wie Hirnforscher solche zumindest anfangs unbewussten und unwillkürlichen Prozesse in unseren Köpfen nennen. Schlägt also mein Herz für einen anderen Menschen, empfindet mein Gehirn dessen Ungemach wie mein eigenes – ob ich will oder nicht.[19] Daraus ergibt sich eine spannende Frage: Wie ändert sich unser empathisches Empfinden, wenn wir den Menschen, den wir beobachten, gar nicht kennen oder – wie vermutlich im Fall Saddam Husseins – nicht mögen, womöglich gar hassen? Wie viel Sympathie also braucht die Empathie? Zunächst wollen wir uns jedoch anschauen, was in uns vorgeht, wenn wir inmitten einer Menschenmasse stecken und gar nicht wissen, wo wir mit unserem Mitgefühl beginnen sollen.

113

Ein Zerrspiegel der Gefühle

Nach einer gängigen, sehr allgemeinen Definition ist Empathie ein Prozess in unserem Kopf, der uns bei der Wahrnehmung eines anderen Menschen unwillkürlich in einen inneren Zustand versetzt, der mehr der Verfassung dieses Menschen entspricht als unserer eigenen.[20] Wir nehmen also buchstäblich Anteil am Befinden eines anderen. Das kann so weit gehen, dass wir Empathie mit Vertretern einer anderen Spezies entwickeln. Alle Katzen- und Hundebesitzer werden das vermutlich gern bestätigen.

So sehr sind wir darauf aus, uns mit anderen emotional auszutauschen, dass wir manchmal selbst mit unbelebten Objekten eine empathische Beziehung aufbauen möchten. Dass Autos oder Computer eigene Namen erhalten und damit zumindest ein bisschen »wie ich« sind, erleichtert den imaginären Prozess. Wir fühlen mit unseren gefühllosen Partnern, in der Hoffnung, wir könnten sie so davon überzeugen, genau das zu tun, was wir uns von ihnen wünschen. Natürlich parkt deshalb kein Auto von allein ein, und kein Computer verliert seine Neigung zu gelegentlichen Systemabstürzen. Aber der selbstsuggerierte Glaube, es mit einem fühlenden Wesen zu tun zu haben, hebt wenigstens für eine Weile unsere Stimmung und schenkt uns am Steuer oder vor der Tastatur ein spielerisches Gefühl von Nähe. Und wenn uns dieses Phänomen an den Teleologismus der ganz Kleinen erinnert – »Felsen sind spitz, damit sich die Tiere daran kratzen können« –, liegen wir gar nicht so falsch, denn offenbar vermag manch einer eine gute Portion kindlichen Gemüts in sein Erwachsenenleben hinüberzuretten. Dafür braucht man sich nicht zu schämen, und das kann auch unterhaltsam sein, vorausgesetzt, wir glauben nicht wirklich, dass unser Auto oder unser Computer beseelt ist und eigenen Motiven folgt.

Ständig ist unser Gehirn also auf der Suche nach »Seelennähe«. Und wie Wissenschaftler des Wellcome Department of Imaging Neuroscience in London zeigen konnten, gelingt es ihm dabei, normalerweise auch noch im wildesten Gewusel um uns herum, auseinanderzuhalten, was für uns wichtig ist und was nicht.[21]

In dem Londoner Experiment beobachteten die Probanden auf einem Monitor einfache, von Schauspielern ausgeführte Handbewegungen, die aus unterschiedlichen Kameraperspektiven aufgenommen worden waren. Während der Vorführung dieser Filmsequenzen wurden die Hirnströme der Versuchsteilnehmer gemessen, wobei sich ein spannender Zusammenhang zeigte. Schaute der Akteur auf dem Monitor die Beobachter nämlich an oder war auch nur sein Gesicht, ohne direkten Blickkontakt, zu erkennen, führten seine Handbewegungen zu sehr viel stärkeren Reaktionen im System der Spiegelneuronen als in Fällen, bei denen den Probanden nur der Rücken oder die kalte Schulter gezeigt wurde.

Unwillkürlich filtern wir also unsere Wahrnehmungen und ordnen dabei unsere Umgebung in bedeutsame und weniger wichtige Anteile. Wer uns ansieht, hat dabei sofort einen höheren Stellenwert als jemand, der sich mit einem anderen unterhält oder sich an einer Tasche zu schaffen macht. Im Gedränge auf dem Bahnsteig oder im Supermarkt reagieren unsere Neuronen nur auf den Menschen aus einer Gruppe, der uns – unbewusst – für unsere eigenen Geschicke in diesem speziellen Augenblick am bedeutendsten zu sein scheint. Und schaut uns jemand direkt an, sind die Chancen sehr hoch, dass sich diesem Gegenüber automatisch auch unsere Spiegelneuronen zuwenden.

Mit der Zeit kann es sogar passieren, dass wir uns dem Verhalten unserer Umgebung in Mimik und Gestik anpassen. Je einfühlsamer jemand ist – da gibt es ebenso große Unterschiede wie beim Temperament –, desto schneller und auffälliger zeigt sich dieser »Chamäleon-Effekt«, der etwa zur selben Zeit wie die Spiegelneuronen entdeckt wurde.[22] So werden Menschen, die einander sympathisch sind und sich allein und entspannt in einem Raum unterhalten, nach einiger Zeit vermutlich die gleiche Körperhaltung einnehmen. Hat sich der eine erst gemütlich zurückgelehnt und die Hände hinter dem Kopf verschränkt, dauert es zumeist nicht lange, bis sein Gesprächspartner das unbewusst imitiert und genau dieselbe Haltung einnimmt. Und nicht nur die Motorik kommt ins soziale Spiel. Natürlich läuft bei solchen Wahrnehmungsprozessen auch unser emotionales Sensoren- und Reaktionssystem auf Hochtouren. Denn so, wie wir selbst nie ohne Gefühle sind, werden auch andere, von denen wir ja automatisch annehmen, sie seien im Prinzip wie wir selbst, nie nur rational geleitet. Also »müssen« wir auch herausfinden, was sie gerade bewegt, indem wir uns in sie – ganz automatisch – hineinfühlen. Anderenfalls wären wir nie in der Lage, das Verhalten unserer Mitmenschen abzuschätzen und daraus auf künftige Aktionen zu schließen. Die Empathie erlaubt uns auch eine – mehr oder minder zutreffende – Vorhersage darüber, wie unsere eigenen Handlungen auf der Gegenseite ankommen und welchen Mix aus Gedanken und Gefühlen sie dort bewirken werden.

Bei aller Einfühlung wissen wir jedoch jederzeit, welche unsere eigenen Gefühle und welche die der anderen sind. Filtersysteme, auf die wir ebenfalls keinen bewussten Einfluss haben, regulieren, wie sehr uns etwas aufs Gemüt schlägt und wessen Schicksal uns rührt. Wie gut wir mit jemandem bekannt sind und wie nah wir ihm stehen, geht in diese automatischen Sortierprozesse der Empathie ebenso als Kriterium ein wie die Art der wahrgenommenen Emotion, ihre Stärke und Komplexität. Es spielt auch eine Rolle, ob wir solche Regungen selber schon einmal erfahren haben, und schließlich, für wie berechtigt wir die bei einem anderen Menschen erspürten Gefühle in dieser konkreten Situation halten. All das läuft in unseren Köpfen vollkommen unbewusst ab.[23]

Empathie ist also von vielen Faktoren abhängig. Wir können Gefühle sogar wie »offline« wahrnehmen, uns innerlich verschließen und zum Beispiel Angst oder Wut in den Augen des verurteilten Saddam Hussein entdecken, ohne diese Empfindungen in irgendeiner Weise zu teilen. Zwar wissen wir vermutlich aus eigener Erfahrung, was Angst ist, nehmen sie auch wahr, dennoch wird sie in diesem Augenblick nicht die unsrige, denn die innere

Ablehnung dieses Menschen schiebt der Empathie einen Riegel vor. Es kann sogar passieren, dass unsere eigenen Gefühle sich in einer konkreten Situation völlig konträr zu denen entwickeln, die wir bei anderen beobachten.

Gerechter Schmerz

Wenn Forscher unser Sozialverhalten testen wollen, nutzen sie gern Spiele. Deren Vorteil gegenüber dem wirklichen Leben besteht darin, dass die Bedingungen experimentell exakt kontrolliert werden können. Es kann also jeweils eine maßgeschneiderte Situation konstruiert werden, in der sich das Verhalten der Probanden studieren und zum Vergleich auch unter veränderten Bedingungen wiederholen lässt.

Ein Klassiker unter diesen Spielen ist das »Gefangenen-Dilemma«.[24] Gut fünfzig Jahre ist es inzwischen alt, aber immer noch so flexibel, dass Jahr für Jahr neue Varianten entwickelt und ausprobiert werden.

Die Grundidee ist folgende: Zwei Gefangene, die ein gemeinsam begangenes Verbrechen auf dem Kerbholz haben sollen, werden bei der Vernehmung aufgefordert, den Hauptschuldigen zu benennen. Belasten sie den Komplizen, geht der für fünf Jahre hinter Gitter, sie selber aber kommen über eine Art Kronzeugenregelung frei. Schweigen beide, reichen die Indizien immerhin für je zwei Jahre Haft. Gestehen beide ihre eigene Schuld, wird jeder zu vier Jahren Gefängnis verurteilt.

Diese Situation kann man drehen, wie man will, am besten kommt derjenige weg, der den Komplizen verrät. Und so geht es bei allen Spielen, die auf diesem Prinzip beruhen: Wer den anderen übers Ohr haut, holt für sich den größten Gewinn heraus. Darum lässt sich am Verhalten in solchen Spielen gut ablesen, welche Gesinnung jemand hat und wie weit die Liebe oder auch nur die Kooperationsbereitschaft geht.

Das eigentliche Gefangenen-Dilemma kann nur einmal gespielt werden, es sind aber Abwandlungen möglich, die beliebig viele Durchgänge zulassen. Interessant an diesen Varianten ist, dass sie es Spielern erlauben, im Laufe der Zeit eine innere Entwicklung durchzumachen. Wenn jemand zum Beispiel fair und gerecht beginnt, ist er am Ende vielleicht nur noch auf den eigenen Vorteil bedacht, weil sein Gegenüber das von Anfang an war und Pflicht, Vertrauen oder Treue sich nicht ausgezahlt haben. Natürlich kann diese Entwicklung auch in der anderen Richtung erfolgen, also von unfair zu fair, oder sie kann auch ganz und gar ausbleiben, wenn ein Spieler bewusst einem starren Konzept folgt.

Auf der Basis dieses Gefangenen-Dilemmas entwarf die Neurowissenschaftlerin Tania Singer mit ihren Kollegen vom University College London eine Versuchsanordnung, bei der die Abhängigkeit empathischen Verhaltens von der Sympathie zum Gegenüber getestet werden sollte.[25] Bei dem Experiment saßen zwei Freiwillige in getrennten Zimmern und mussten am Computer entscheiden, wie viele von zehn Punkten Startkapital sie dem anderen zukommen lassen wollten. Jeder überwiesene Punkt wurde beim Empfänger von einer imaginären Bank verdreifacht. Anschließend musste der Empfänger entscheiden, wie viele Punkte (wieder von null bis zehn) er zurückschicken wollte. Auch die wurden dann bei der Gegenseite verdreifacht – falls überhaupt etwas ankam. Nach etlichen Durchläufen zeigte sich, dass es unter den Probanden faire Spieler gab und solche, die ihren eigenen Gewinn mit allen Mitteln maximieren wollten. Damit aber endete das Experiment nicht. Vielmehr folgte jetzt erst der spannende Teil.

In der nächsten Phase sollte getestet werden, ob die Erfahrung, es mit einem fairen oder einem unfairen Partner zu tun gehabt zu haben, einen Einfluss auf das Mitgefühl mit demjenigen hatte. Dazu wurde die Hirnaktivität der Probanden gemessen, während sie beobachten konnten, wie ihre jeweiligen Mitspieler aus der ersten Phase schmerzhafte Stromschläge auf dem Handrücken erdulden mussten.

Wie erwartet wurde eine empathische Reaktion beobachtet,

entsprechend den Ergebnissen aus den Versuchen mit den Liebespaaren. Leid überträgt sich eben von Gehirn zu Gehirn. Dabei spielte es zunächst keine große Rolle, ob die Gepeinigten zuvor fair oder unfair gespielt hatten. Das Mitgefühl mit den unfairen Spielern war zwar etwas reduziert, aber durchaus vorhanden. Solange es Frauen waren, die getestet wurden.

Bei den ebenfalls untersuchten Männern hingegen war die Empathie nicht nur reduziert, sie brach vielmehr vollständig zusammen, wenn es sich bei dem Bestraften um einen unfairen Spieler handelte. Und noch etwas anderes tat sich in den Gehirnen der männlichen Beobachter: In den Scans strahlte das Belohnungssystem auf. Es tat den Männern – und nur den Männern – ohne Zweifel gut, einen Übeltäter bestraft zu sehen, auch wenn sie selbst diese Strafe weder aussprechen noch vollstrecken konnten. Es reichte, die Gerechtigkeit siegen zu sehen.

Die Autoren der Studie wollen dieses Ergebnis vorsichtshalber noch nicht verallgemeinern und damit schon jetzt einen klaren Unterschied der Geschlechter bei der Empathie für bewiesen halten. Dennoch sind die Resultate bemerkenswert. Sollte sich dieses geschlechterspezifische Verhalten auch in künftigen Untersuchungen zeigen, wäre das womöglich ein erster neurowissenschaftlicher Beleg für die nebeneinander existierenden ethischen Systeme der (männlichen) Gerechtigkeit und der (weiblichen) Fürsorge und damit für die wissenschaftliche Position, die Carol Gilligan gegen Lawrence Kohlberg vertreten hatte.

Unabhängig davon ist aber aus den dargestellten Experimenten Tania Singers bereits deutlich geworden: Wie sehr wir jemanden mögen oder auch emotional ablehnen, kann unbewusst und automatisch einen erheblichen Effekt auf unsere Fähigkeit haben, die Gefühle desjenigen zu teilen.

»Theory of Mind« und Empathie, das sind, wie wir gesehen haben, die beiden mentalen Prozesse, die uns in die Lage versetzen, die Stimmungen und auch die Bedürfnisse anderer zu erkennen und mit ihnen zu empfinden. Wenn das aber nun offenbar davon abhängt, wie stark unser emotionales Band zu diesen anderen ist, springen wir dann vielleicht nur denen helfend zur Seite, die wir zumindest ein bisschen sympathisch finden? Oder sind wir grundsätzlich nur zu den Guten gut? Das folgende Experiment jedenfalls weckt Zweifel an einer derartigen Beschränkung.

Helfende Hände

Wie tief die Hilfsbereitschaft im Menschen verankert ist, sollte in einer Studie mit achtzehn Monate alten Kindern am Max-Planck-Institut für Evolutionäre Anthropologie in Leipzig untersucht werden.[26] Der Verhaltenspsychologe Felix Warneken und seine Mitarbeiter hatten in den Versuchsraum einen Schreibtisch und zwei Stühle gestellt, dazu gab es in einer Ecke ein einfaches Spiel, bei dem ein Würfel durch eine Öffnung geschoben werden musste und dann durch ein System transparenter Röhren rutschte. Landete der Würfel schließlich in einer Kiste, ertönte eine Klingel. Voruntersuchungen hatten gezeigt, dass alle Kinder das Spiel spannend fanden, besonders dann, wenn sie den Würfel nach erfolgreichem Rutsch durch die Röhren behalten durften.

Mit dieser Anordnung waren die immer einzeln in den Raum geführten Kinder beschäftigt, wenn der eigentliche Versuch begann: Ein Mitglied des Forschungsteams saß an dem Tisch und schrieb eifrig und gut sichtbar auf ein Blatt Papier. Kurz darauf kam ein zweiter Experimentator in den Raum, nahm dem ersten den Stift aus der Hand, schrieb ebenfalls etwas auf, gab den Stift aber nicht zurück, sondern legte ihn – außer Reichweite des Kollegen – auf den Stuhl, der vor dem Schreibtisch stand, und verließ dann den Raum.

In einem Teil der Versuche bemühte sich der erste Experimentator nun noch wortlos, den Stift zu erreichen, indem er sich über den Tisch beugte. Das reichte den meisten Kindern (sechzehn von achtzehn), um von ihrem Spiel abzulassen, zu dem Stuhl zu laufen, den Stift zu nehmen und seinem ursprünglichen Besitzer zurückzugeben. Weder wurden die Kinder dazu aufgefordert, noch gab es für diese gute Tat eine Belohnung. Trotzdem brachten etliche Wiederholungen des Experiments immer das gleiche Ergebnis. Die spontane Hilfsbereitschaft der Kleinen war ungebrochen. Und das sogar dann, wenn auf dem Weg zwischen Spiel und Stuhl Hindernisse aufgebaut waren, um den Ablauf zu erschweren. Doch die kleinen Helfer kletterten selbst über Hürden, damit der Experimentator am Schreibtisch wieder an seinen Stift kam. Die Hilfe hatte in diesem Augenblick ganz offensichtlich Vorrang vor eigenen Interessen.

»Altruismus« nennen Wissenschaftler dieses Verhalten.[27] Und es bedeutet, wir versuchen sogar dann zu helfen, wenn uns das selbst etwas kostet, und seien es auch nur ein paar Kalorien beim Überwinden von hölzernen Klötzen und Stangen.

Damit waren die Leipziger Experimente aber noch nicht beendet. Teil zwei der Studie fand allerdings nicht in Sachsen statt, sondern auf Ngamba Island in Uganda. Auf dieser Insel im Victoriasee leben in einem Reservat derzeit etwa vierzig Schimpansen in weitgehender Freiheit. Achtzehn von ihnen sollten antreten, um sich mit ihren evolutionären Verwandten vom Typ Homo sapiens zu messen. Der Versuchsaufbau wurde gegenüber dem Leipziger Original etwas modifiziert und den neuen Teilnehmern angepasst, war im Prinzip aber genau gleich.

Wieder saß ein (menschlicher) Experimentator am Schreibtisch, wieder wurde ihm der Stift weggenommen. Zwölf der Schimpansen konnten das nicht tatenlos mit ansehen und schritten spontan zur Hilfe. Der einzige Unterschied, der den Wissenschaftlern auffiel, bezog sich auf die benötigte Zeit. Die Schimpansen brauchten durchschnittlich länger als die Menschenkinder, um den Stift an den Tisch zu bringen. Doch das bedeute keineswegs, so die Forscher, die Affen hätten die Situation nicht genauso schnell wie die kleinen Menschen begriffen. Vielmehr hätten sie oft längere Wege zurücklegen müssen, da sie zu Beginn des Experiments manchmal irgendwo hoch oben in dem vergitterten Käfig herumkletterten.

Veränderte Versuchsbedingungen mit anderen Aufgaben, mal mit, mal ohne Belohnung, bestätigten das erste Ergebnis: Die Bereitschaft, einander zu helfen, und das auch dann zu tun, wenn es einem selbst keinen sofort ersichtlichen Vorteil bringt, ist nicht erst mit den Menschen auf die Welt gekommen. Die Schimpansen von Ngamba Island haben das eindrucksvoll bewiesen.

Altruismus ist also wohl keine ur*menschliche* Eigenschaft, und das Nette in uns hat demnach, wie Stephen Jay Gould und lange vor ihm Charles Darwin und der Zoologe Edward Westermarck[28] vermuteten, ebenso eine »äffische Vergangenheit« wie das Wilde und Rücksichtslose.

Wie du mir, so ich dir

Tatsächlich lässt sich das Gespür für die Bedürfnisse der eigenen Artgenossen entlang des evolutionären Stammbaums weit zurückverfolgen. Dass soziale Nähe positiv empfunden wird, zeigt sich schon bei evolutionär sehr frühen Vorfahren. Bestimmte Mäusearten wissen es zum Beispiel sehr zu schätzen, nicht allein sein zu müssen. Geselligkeit tut ihnen einfach gut, wie Untersuchungen jüngst zeigten, und das, obwohl die Jungtiere in der Zeit vor ihrer Geschlechtsreife keinen direkten Vorteil davon haben, unter anderen zu sein. Doch lässt man ihnen die Wahl, ist es die spielerische Geselligkeit, die sie suchen.[29]

Da sind wir Menschen zumeist nicht viel anders. Doch mögen wir auch noch so gesellig sein, es gibt ein Problem mit dem Altruismus. Es dürfte ihn nämlich gar nicht geben, hält man sich an all jene, die mit Richard Dawkins an »egoistische Gene« oder mit Herbert Spencer an das »Überleben der Fittesten« glauben. Spencer war es, der Darwins Evolutionstheorie schon Ende des 19. Jahrhunderts auch auf moralische und soziale Phänomene anwendete und zum Beispiel anregte, Regierungen sollten sich aus dem Kampf der Schwächeren mit den Stärkeren heraushalten, um der Art nicht zu schaden. Vorstellungen wie diese werden gewöhnlich unter dem Begriff »Sozialdarwinismus« zusammengefasst.[30] Nicht erst seit den Leipziger Versuchen zum »spontanen Altruismus« sind solche Positionen nicht mehr zu halten. Wenn es tatsächlich nur darum ginge, sich im Daseinskampf durchzusetzen, dürfte gar kein Platz sein für irgendeine Form von Selbstlosigkeit oder auch nur Rücksicht auf andere. »Ich will alles, und das sofort« müsste die Devise unseres Lebens mit den Worten der Sängerin Gitte Haenning lauten, wäre die Natur tatsächlich so einfach gestrickt, wie manche Theoretiker uns das auch heute noch glauben machen wollen. Aber so egoistisch verhalten sich nicht einmal Fledermäuse.[31] Die gemeine Vampirfledermaus Mittel- und Südamerikas hat eine Eigenschaft, die sie trotz finsterer Legenden, die sie umranken, beinahe sympathisch macht und auf jeden Fall zu einem gern erwähnten Beispiel in der Fachliteratur: Sie teilt Nahrung mit bedürftigen Artgenossen.

Kommt eine dieser Fledermäuse drei Tage lang nicht an das Blut von Säugetieren, stirbt sie. Doch nicht immer ist die nächtliche Jagd von Erfolg gekrönt. Dann kehrt sie hungrig in ihre Kolonie zurück und leckt sich bittend die Lippen, wenn glücklichere Artgenossen heimkehren. Ob sie erhört wird, hängt davon ab, wie nahe sich die beiden Tiere stehen, sei es durch Verwandtschaft oder durch gemeinsame Zeit in einer Brutkolonie. Nur wer mit einem potenziellen Geber mindestens sechzig Prozent der Zeit in derselben Kolonie verbracht hat, darf sich Chancen auf eine Blutspende ausrechnen.

Das Risiko für freigebige Vampire ist dabei nicht gering. Denn zuvor frisch gesättigt, verlieren sie schneller Gewicht als ein eben noch hungernder Empfänger. Der trägt darum in der Bilanz einen Lebenszeitgewinn davon. Ein echter Fall von Altruismus also.

Würden die Wohltaten nicht erwidert, so haben theoretische Abschätzungen ergeben, bedeutete das pro Jahr den Tod von achtzig Prozent der Fledermäuse einer Kolonie. Doch wurden schon wild lebende Weibchen beobachtet, die fünfzehn Jahre alt waren. Das Prinzip »Wie du mir, so ich dir« verspricht also zumindest im Zusammenleben von Vampiren hinreichenden Erfolg.

Problematischer Altruismus

Es gibt zwar nicht sehr viele derartige Beispiele aus den unteren Rängen des Baumes der Evolution, aber doch einige. Soziales Miteinander, das Rücksicht auf die Bedürfnisse anderer Artgenossen nimmt, ist vor allem von Insekten wie Ameisen, Bienen und Termiten bekannt, die in »Völkern« leben, aber auch von den Nacktmullen, blinden afrikanischen Nagetieren, die unterirdische Kolonien bilden.

Für die meisten von uns wohl am eindrucksvollsten ist aber das komplexe soziale Gefüge bei unseren nächsten Verwandten, den Schimpansen und den etwas kleineren Bonobos. Primatologen wie Frans de Waal oder Jane Goodall faszinieren uns seit Jahrzehnten mit immer neuen Erzählungen aus den Familien und Gruppen, die sie betreuen oder auch in Freiheit beobachten konnten.[32]

Oft erschütternd sind Beispiele altruistischen Verhaltens, wenn durch den Einsatz für einen Artgenossen die eigene Existenz in Gefahr gerät oder gar geopfert wird. Das gilt auch für den höchsten der Primaten: den Menschen. So haben mindestens fünf US-Soldaten seit Beginn des Irak-Krieges ihren Kameraden das Leben gerettet, indem sie sich selbst auf einen Sprengsatz warfen und sich damit dem sicheren Tod preisgaben.

Ross McGinnis etwa war neunzehn, als bei einer Patrouillenfahrt durch Bagdad eine scharfe Granate in dem gepanzerten Fahrzeug landete, mit dem er gemeinsam mit vier weiteren Soldaten unterwegs war. McGinnis hätte rechtzeitig ins Freie gelangen können. Stattdessen legte er sich über die Granate und ließ sich bei der Explosion töten. Die vier anderen im Fahrzeug überlebten.[33]

Aus allen Kriegen und auch aus friedlichen Zeiten sind solche

Taten bekannt, Heldentaten, wie sie dann zumeist genannt werden, weil sie so weit über das hinausgehen, was von einem Menschen vernünftigerweise verlangt werden kann. Mit dem simplen Selektionsprinzip der Evolution ist solches Verhalten nicht zu erklären. Danach sollte sich der pure Egoismus durchsetzen, bei dem die Starken durchkommen und die Schwachen vergehen. Doch zumindest unter den höheren Primaten, den beiden Schimpansenarten und uns, gibt es Handlungsweisen, die dazu nicht passen. Schwache oder Kranke werden gepflegt, Arme unterstützt.

Dieses manchmal so genannte Altruismus-Problem, bei dem Realität und Theorie so offensichtlich im Gegensatz zueinander stehen, beschäftigt Evolutionsbiologen schon seit einigen Jahrzehnten.[34] Und natürlich wurden in dieser Zeit Antworten entwickelt, die helfen sollten, das Problem zu lösen. »Verwandtschaft« lautete zunächst die Zauberformel, die Mitte der 1960er Jahre entwickelt wurde. Der egoistische Zirkel schloss danach nicht mehr nur ein Individuum ein, sondern alle, die eine bestimmte genetische Ähnlichkeit aufwiesen. Familien teilten demnach nicht nur ihr Erbgut bis zu einem gewissen Grade, sondern auch Güter und Zuwendung.

Damit konnte nun auch erklärt werden, warum zum Beispiel Mütter sich liebevoll um ihren Nachwuchs kümmern, auch wenn der – nennen wir es einmal so – ein Schmarotzerleben führt und zumindest in jungen Jahren nichts für den Unterhalt der Sippe tut, andererseits aber jede Zuwendung dankbar annimmt, um mit einiger Wahrscheinlichkeit kurz darauf noch mehr zu fordern. Hier prallt der geballte Egoismus auf einen ebenso ausgeprägten Altruismus aufseiten der sorgenden Eltern. Die Erklärung schien auf der Hand zu liegen: Mit der Bevorzugung der eigenen Verwandtschaft – »Blut ist dicker als Wasser« – wird unbewusst der eigene Genpool gepflegt und damit für den Existenzkampf gewappnet.

Mit dieser Form von Altruismus konnte sogar ein sonst eher düster über den Menschen urteilender Biologe wie Richard D. Alexander etwas anfangen. Das genetische Eigeninteresse lasse sich womöglich nur durch »Ausnutzung der Gruppe oder Gruppenkooperation« befriedigen, und, wie Alexander hinzufügt, »geschichtlich gesehen kann das Eigeninteresse eines Individuums nur durch Reproduktion verwirklicht werden, durch die Zeugung von Nachfahren und die Hilfe für Verwandte«.[35]

Tatsächlich ist es aber doch so, dass auch Menschen einander helfen, die nicht einmal entfernt miteinander verwandt sind, die nicht die gleiche Hautfarbe haben oder auch nur vom selben Kontinent stammen. Das Merkmal Verwandtschaft kann also nicht allein ausschlaggebend sein.

Wundern muss uns altruistisches Verhalten doch eigentlich nur, wenn wir eine klassische genetozentrische Sicht vertreten, die im Gen so etwas wie den Gral des Lebens und Hort der kostbaren eigenen Art sieht. Doch wir haben anhand einer Fülle von aktuellen Forschungsresultaten aus der Genetik bereits gesehen, dass diese Position von gestern ist. Wenn Gene also nur ein Teil unserer menschlichen Natur sind und in untrennbarer Wechselwirkung mit dem stehen, was wir erfahren und was uns widerfährt, gibt es keinen Grund, warum so etwas wie genetischer Egoismus unser Verhalten leiten sollte.

Es tut so gut, gut zu sein

Ist uns Güte, wenn bestimmt auch nicht Heiligkeit, womöglich also doch in die Wiege gelegt worden?

Niemand wird bezweifeln, dass wir zu Gutem, zum Teilen und zur Rücksicht auf andere fähig sind. Jeden Tag an jedem Ort auf der Erde, der von Menschen bewohnt wird, lässt sich das eindrucksvoll beobachten. Und keinesfalls beschränkt sich Hilfsbereitschaft auf unsere Verwandten und die, die uns nahe sind. Kommen nicht oft Millionen und Abermillionen zusammen, wenn es darum geht, für ein Katastrophengebiet zu spenden? Hilfsorganisationen sitzen heute noch auf bislang ungenutzten Geldern, die in den Tagen nach dem fürchterlichen Tsunami vom 26. Dezember 2004 in Süd- und Südostasien aus aller Welt eingegangen sind. Warum also tun wir so etwas für völlig Fremde, deren Dank uns vermutlich nie erreichen wird? Was haben wir davon, wenn wir auch nicht erwarten können, dass diese Menschen, für die wir gespendet haben, uns eines Tages aus der Not helfen werden? Eine mögliche Antwort auf diese Frage fand ein amerikanisches Forscherteam um William T. Harbaugh von der University of Oregon in Eugene.[36] Die Psychologen und Wirtschaftswissenschaftler interessierte vor allem die Frage, ob im subjektiven Erleben ein Unterschied besteht zwischen dem pflichtgemäßen Zahlen von Steuern und dem freiwilligen Spenden für einen guten Zweck. Für die meisten Ökonomen müsste ein solcher Verzicht aus freien Stücken ein Rätsel sein, verbringen sie ihr berufliches Leben doch weitgehend mit Gedanken darüber, wie das eigene Geld, das der Firma oder auch des Staates zusammengehalten oder besser noch vemehrt werden kann. Weggeben ist da sicher keine vorrangige Option.

Harbaugh und seine Kollegen entwarfen also ein Spiel für die Studie, ein so genanntes »Diktator-Spiel«, bei dem ein Proband wie ein Diktator alle Ressourcen zur Verfügung hat. Die Probanden bekamen in diesem Fall hundert Dollar Startkapital und mussten entscheiden, wie viel sie davon für eine lokale Suppenküche geben wollten. Die wurde allerdings auch noch über einen bestimmten Steuersatz unterstützt, der von den Freiwilligen ebenfalls zu entrichten war. Letztlich entschieden sie also darüber, um wie viel sie den Pflichtteil freiwillig aufstocken wollten. Die Untersuchung der Probanden im so genannten funktionellen Magnetresonanztomografen, der Verarbeitungsprozesse im Gehirn sichtbar macht, brachte sehr interessante Ergebnisse.

Wieder richtet sich unser Blick auf das ventrale Striatum, jenen Teil des Belohnungssystems im Gehirn also, der uns schon in der Bonner Studie zur Bedeutung des sozialen Vergleichs begegnet ist. Je größer der eigene Vorteil, desto angenehmer die Gefühle, war dabei das ernüchternde Resultat.

Die ersten Ergebnisse im Labor in Oregon deuteten darauf hin, dass des Menschen Ruf vielleicht doch noch zu retten ist. Denn sowohl die Entrichtung von Steuern als auch die freiwillige Gabe machten den Zahlenden gute Gefühle, und das ventrale Striatum leuchtete entsprechend.

Der zweite Teil der Ergebnisse weckt allerdings schon wieder Zweifel am naturgegebenen Altruismus. Denn vor die Wahl gestellt – Steuern oder Spende –, zeigte sich, dass die Belohnungsgefühle im Gehirn dann besonders stark ausfielen, wenn das Weggeben aus freien Stücken erfolgte. Offenbar gefallen wir uns in der Rolle des Wohltäters.

Vergleichsuntersuchungen haben darüber hinaus gezeigt, dass die Belohnung im ventralen Striatum beim Spenden sogar genauso imposant ausfällt, als hätten wir selbst Geld erhalten. Wir fühlen uns durch das Teilen also tatsächlich selbst belohnt. Die Forschung kennt dafür inzwischen einen eigenen Begriff: »warm glow«, das unsere Seele wärmende Glühen der Selbstzufriedenheit.

Immerhin begrüßt unser Gehirn auch, weniger begeistert allerdings, dass eine Einrichtung wie die imaginäre Armenspeisung in dem Experiment überhaupt finanzielle Zuwendungen erhält, ganz gleich aus welcher Quelle, ob nun Steuern oder Spenden. Doch am liebsten wäre es uns wohl, wenn am Eingang der Suppenküche ein Messingschild prangte, das uns mit geschwungenen Lettern als großzügigen Gönner auswiese.

Zusammenfassende Thesen:

1. Empathie erlaubt uns, die Gefühle anderer wie unsere eigenen zu begreifen und so ihre Bedürfnisse zu entdecken. Doch es gibt Unterschiede: Wer uns nahesteht, dessen Regungen gehen uns auch besonders nahe.
2. Der eigene Vorteil, aber auch ein Mindestmaß allgemeinen

Wohlergehens stimmen uns glücklich. Den Reaktionen im Belohnungssystem unseres Gehirns nach zu urteilen, sind wir nicht selbstlos genug, um als »von Natur aus gut« gelten zu können.

3. Trotzdem geben wir uns zuweilen altruistisch, denn es tut uns gut, uns selbst als gut zu erleben.

Böse Triebe

Von Psychopathen und ganz normalen Übeltätern

Das Böse ist ein Resultat,
es ist nicht transzendent,
das Gute auch nicht.

Jonathan Littell[1]

So wenig wie das Gute lässt sich das Böse klar definieren – erst recht nicht so, dass alle Menschen diese Definition nachvollziehen und für sich übernehmen könnten. Zumindest aus einer bestimmten philosophischen Sicht gilt auch für das Böse: Es hat keine absolute, für alle Gesellschaften, Kulturen und Zeiten gleichermaßen gültige Bedeutung. Oder wie G. E. Moore gesagt hat: So wie ich niemandem erklären kann, was »gelb« ist, der »gelb« nicht kennt, kann ich ihm auch nicht schlüssig erklären, was »gut« ist. Oder eben »böse«.[2]

Nach eigener Einschätzung haben wir vermutlich jedoch ein ziemlich sicheres Gefühl dafür, wann wir mit dem Bösen konfrontiert sind, auch wenn wir es nicht präzise beschreiben können. Zumindest in seiner alltäglichen begrifflichen Verwendung ist das Böse von einer düsteren Aura umgeben, die es schlimmer, furchtbarer macht, als einfach nur »schlecht« zu sein und damit das Gegenteil von »gut«.

Mit dem Bösen ist üblicherweise ein Maß des Nicht-Guten gemeint, das sich jeglichem moralischen Vergleich entzieht. Das Beispiel des Holocausts macht das deutlich: Wer in diesem schrecklichen Sinne böse ist, kann nicht »böser« sein als ein anderer, auch wenn bestimmte Taten sicher unterschiedlich schwere Schuld nach sich ziehen. »Böse« meint hier eine innere Haltung, die einen ganzen Menschen kennzeichnet, nicht nur einzelne seiner Taten. In diesem Sinne zwischen »böse« und »böser« zu unterscheiden wäre so, als wollte man »tot« noch steigern.

Genau diese Vorstellung vom Unvergleichlichen scheint durch, wenn in der katholischen Morallehre früher die »lässliche Sünde« von der »Todsünde« unterschieden wurde.[3] Der alltägliche Sünder hatte falsch gehandelt, weil er die göttlichen Gebote missachtete. Deshalb war er schwach, verführbar, vielleicht sogar ein schlechter Mensch, aber sicher nicht gleich böse. Starb er, musste er um einen Platz im Himmel grundsätzlich nicht fürchten. Allerdings konnte er den erst nach einer angemessenen Buße und einer Zeit der Reinigung im Fegefeuer einnehmen. Sein am Ende zusammengekommenes Sündenmaß blieb jedoch bestimmbar, vergleichbar und vor allem *tilgbar*.[4]

Erst wer die vollständige Abwendung vom Guten vollzog und damit Gott bewusst den Rücken kehrte, brachte sich ganz und gar um den Himmel. Unumkehrbar, unheilbar. Es geht bei einer Todsünde also weit mehr um eine innere Haltung als um ganz bestimmte Missetaten und deren Aufrechnung. Papst Benedikt XVI. hat diesen Gedanken in seiner zweiten Enzyklika »Spe salvi« ausgeführt: »Es kann Menschen geben, die in sich den Willen zur Wahrheit und die Bereitschaft zur Liebe völlig zerstört haben. Menschen, in denen alles Lüge geworden ist; Menschen, die dem Hass gelebt und die Liebe in sich zertreten haben. Dies ist ein furchtbarer Gedanke, aber manche Gestalten gerade unserer Geschichte lassen in erschreckender Weise solche Profile erkennen. Nichts mehr wäre zu heilen an solchen Menschen, die Zerstörung des Guten unwiderruflich: Das ist es, was mit dem Wort *Hölle* bezeichnet wird.«[5]

Ein Grundzug dieses Denkens ist häufig auch noch in Gesellschaften festzustellen, denen, wie der unsrigen, der christliche Glaube als Fundament weitgehend fehlt. Und damit wären wir bei einer weiteren Besonderheit des Bösen: Durch seine Abspaltung vom nur Falschen oder Schlechten werden für uns auch die Täter, die Bösen, zu ganz besonderen Menschen, die mit uns, den Normalsterblichen, wesensmäßig nur noch bedingt etwas gemein haben. Was in Auschwitz passiert ist, sei unmenschlich, heißt es darum oft. Irren dagegen ist menschlich, und das Fleisch ist schwach. Damit kann sich jeder identifizieren. Das geben wir mit einem Augenzwinkern auch zu. Ob es um einen Seitensprung geht oder ein paar falsche Zahlen in der Steuererklärung. So ist der Mensch halt, sagen wir und gewähren uns gegenseitig schmunzelnd Absolution.

Aber wo verläuft die Grenze zwischen lässlicher, menschlicher Verfehlung und unmenschlichem Bösen? Wie passt die Ausgrenzung des Bösen zum Beispiel zu den freundlichen, flirtenden, durchaus menschlich wirkenden Mördern, wie sie in einem kürzlich wiederentdeckten Fotoalbum zu sehen sind, das dem United States Holocaust Memorial Museum in Washington übergeben wurde?[6] SS-Obersturmführer Karl Höcker hat es um 1944 herum zusammengestellt, und es zeigt ihn und seine Kameraden vom Führungsstab des Konzentrationslagers Auschwitz auf vielen Schnappschüssen so »normal«, dass man fast vergessen könnte, welches unbeschreibliche Elend die Kamera nur wenige Meter entfernt vom niedlichen Spiel mit den Hunden oder der entspannten Runde beim Wein hätte einfangen können.

Ist die Bestie denn aber nicht immer Bestie? Ist der »Unmensch« nicht grundsätzlich und für jedermann deutlich erkennbar anders als wir?

Wir sollten uns an dieser Stelle ein weitverbreitetes psychologisches Phänomen vergegenwärtigen, das unsere Wahrnehmung prägt: Bei der Suche nach den Ursachen negativer Ereignisse neigen wir nämlich alle zu »Attributionsfehlern«, wie Fachleute diese kognitive Mangelleistung nennen.[7] Dabei werden die äußeren Besonderheiten der Situation, in der eine bestimmte Handlung geschehen ist, *unter*schätzt und die als im Handelnden angelegt vermuteten Voraussetzungen *über*schätzt. Geht zum Beispiel der entscheidende Strafstoß in einem Fußballspiel hoch ins Blaue statt ins gegnerische Tor, dürfte die überwiegende Mehrheit der Zuschauer im Stadion den Grund dafür beim Spieler suchen, der den Elfmeter getreten hat, nicht aber bei der tief stehenden Sonne, die ihm direkt in die Augen schien, oder sonst einem hinderlichen Umstand. War er denn nicht schon immer ein nervöses Hemd, wenn es darauf ankam? Im Allgemeinen suchen wir also Schuldige, nicht Ursachen. Zumindest dann, wenn es nicht um unsere eigenen Fehler oder Missetaten geht.

Eine gravierende Folge dieser Fehleinschätzung ist die Vorstellung, nur böse Menschen oder eben Unmenschen seien fähig, Böses zu tun. In Auschwitz zum Beispiel. Deswegen können wir so sehr erschrecken, wenn wir entdecken, dass die Mörder geliebt, gelacht und außerhalb ihres furchtbaren »Dienstes« wie ganz normale Menschen gelebt haben. Wie wir selbst. In einem solchen Fall einen tiefen Graben zwischen »denen« und »uns« zu entdecken kann sich als Vorurteil im eigenen Interesse, als »selbstwertdienliche Attribution« herausstellen, wie Psychologen sagen. Gemeint ist damit, wir verteufeln die anderen, um uns in der Eigenwahrnehmung weiter als mehr oder minder strahlende Engel betrachten zu können, die zu solchen Taten unter keinen Umständen und in keiner Situation fähig wären. Schon deshalb wäre es uns nur zu lieb, wenn wir Mörder nicht als Menschen ansehen müssten. Fotos wie die vor kurzem entdeckten aber zeigen ein gänzlich anderes Bild.

Vorsicht ist also geboten, denn wer auf der Spur des Bösen nach Monstren sucht, muss damit rechnen, auf Menschen zu treffen. Dabei muss es nicht gleich um Mord gehen. Auch bei weniger schlimmem Verhalten – dem, was üblicherweise als »antisozial« bezeichnet wird – besteht die Gefahr, dass wir die Ursachen an der falschen Stelle suchen oder Beobachtungen falsch interpretieren. Nehmen wir das folgende Beispiel als Ausgangspunkt.

Enttäuschte Erwartungen

Als Bill zum Psychiater gebracht wird, ist er elf Jahre alt.[8] Sein familiäres Umfeld scheint nicht eben förderlich für ihn zu sein: Der Vater sitzt wegen bewaffneten Raubüberfalls im Gefängnis, die Mutter wegen Drogengeschichten. So kümmert sich seine ältere Schwester um ihn. Keine leichte Aufgabe, denn der kleine Bruder ist überaus bockig, hält sich nicht an Regeln und Vereinbarungen und stiehlt gelegentlich. Auch vor Gewalt schreckt er nicht zurück. Er prügelt sich oft mit Klassenkameraden und hat dabei schon nach einem Ziegelstein gegriffen, um sich durchzusetzen.

Doch dann kommen wieder Momente, in denen ihm das alles leidtut. Der Junge entschuldigt sich und zeigt seiner Schwester, dass er sie wirklich lieb hat. Er mag es auch, wenn seine Zuneigung erwidert wird. In solchen Augenblicken scheint sich sein aufgewühltes Inneres zu beruhigen. Bald aber kommt es zu neuen, heftigen Gefühlsausbrüchen, derer er sich nicht zu erwehren weiß.

Die Diagnose für den Elfjährigen lautet:»Störung des Sozialverhaltens«, ganz gleich, ob dabei die international üblichen Kriterien des amerikanischen Handbuchs für Diagnostik und Statistik (DSM-IV) angelegt werden oder die sehr ähnlichen der»Internationalen Klassifikation der Krankheiten« (ICD-10).[9] Da ein»sich wiederholendes und anhaltendes Muster« aggressiven und aufsässigen Verhaltens festzustellen ist, gilt der Junge als pathologischer Fall, der gewöhnlich mit einem Kürzel aus der ICD-10-Gruppe »F90« bis»F98« versehen wird:»Verhaltens- und emotionale Störungen mit Beginn in der Kindheit und Jugend«.

Dass diese Diagnose überhaupt gestellt und dass damit bei dem Jungen eine Krankheit ausgemacht wird, hat seine Ursache in einem grundlegenden Konflikt zwischen ihm und seinen Mitmenschen: Das Verhalten des Elfjährigen widerspricht – anhaltend und nicht nur ausnahmsweise –»mit seinen gröberen

Verletzungen« den »altersentsprechenden sozialen Erwartungen«. So besagt es die geltende medizinische Definition. Was dem Alter entspricht, ist allerdings eine Frage, die von Wissenschaftlern heute ganz anders beantwortet wird als noch vor kurzer Zeit.

Lange Reifung

In den 1990er Jahren war die Lehrmeinung verbreitet, dass die Entwicklung des menschlichen Gehirns etwa im Alter von vier Jahren abgeschlossen sei. Entsprechend wurde der ersten Lebensphase eines Kindes eine überragende, im Grunde alles Weitere prägende Rolle zugesprochen. Ging später etwas schief, lernte also das Kind in der Schule schlecht oder wurde widerspenstig, war seine Persönlichkeit offenbar schon in den ersten Jahren vermasselt worden. So plagte nicht wenige Eltern bald ein schlechtes Gewissen angesichts des vermeintlich ein für alle Mal verzogenen Nachwuchses an ihren Esstischen. Dutzende von Ratgebern, die mittlerweile in den Buchhandlungen zu kaufen waren, halfen da auch nicht viel weiter. Denn mit Ablauf der verklärten ersten drei Lebensjahre schien jede Mühe vergeblich, am Wesen eines Kindes noch etwas ändern zu wollen.

Neuere Forschungsergebnisse haben den Blick auf das heranwachsende Gehirn völlig verändert. Inzwischen mehren sich nämlich die Hinweise darauf, dass die Reifung im Kopf bis weit in unsere Zwanziger hinein andauert und damit in eine Phase, von der bis dato wie selbstverständlich angenommen wird, wir seien dann bereits »fertige« Erwachsene und müssten darum auch in der Lage sein, unser Leben eigenverantwortlich zu führen. Mit achtzehn sind wir jedenfalls vollwertige Staatsbürger, Autofahrer, Soldaten vielleicht, Eltern womöglich. Zugleich aber befinden wir uns in diesem Alter in einem gewaltigen Umbruch. Denn da erst vollendet unser Gehirn den Aufbau in einem der

Areale, die für das Verhalten besonders wichtig sind: im Stirnlappen der Großhirnrinde, zum Beispiel im dorsolateralen präfrontalen Kortex.[10]

Dass es für die Forschung noch etliche offene Fragen zur Adoleszenz gab, legte zum Beispiel folgende Beobachtung nahe: In einer Lebensphase, in der ihr Körper ausreift und zu vollen Kräften gelangt, steigt die Sterblichkeitsrate unter Jugendlichen in westlichen Industriegesellschaften erstaunlicherweise auch bei bester Pflege und Ernährung um zweihundert Prozent gegenüber der von Kindern. Männliche Jugendliche übertreffen dabei weibliche Altersgenossen, je nach Statistik, um das Drei- bis Zehnfache. Doch keine gewöhnlichen Krankheiten raffen vor allem die Jungen dahin, wie der Psychiater Ronald E. Dahl vom University of Pittsburgh Medical Center feststellt. Der Grund sind vielmehr Unfälle, Selbstmorde, Morde, Depressionen, Alkohol- und Drogenmissbrauch, Gewalt, Leichtsinn, Essstörungen und riskantes Sexualverhalten.[11] Aber warum ist das so?

Untersucht man Jugendliche und vergleicht ihre geistige Leistungsfähigkeit mit der von Kindern, zeigt sich, welchen Fortschritt die Älteren bereits gemacht haben. Im Hinblick auf ihren Verstand sind sie ungefähr schon da, wo auch ihre Eltern intellektuell angekommen sind. Doch was die emotionale Entwicklung angeht, unterscheiden sie sich deutlich: Heranwachsende neigen zu gelegentlich sprunghaftem Verhalten, das nicht so sehr auf verstandesmäßige, sondern auf emotionale Fehlleistungen zurückgeführt werden kann.

Dahl schildert ein Beispiel: Auf einer Party sieht ein junger Mann ein Mädchen von ausnehmender Schönheit, in das er sich sofort verliebt. Er nähert sich ihr, überhäuft sie mit Komplimenten, und schnell entwickeln beide eine tiefe Zuneigung füreinander, die ausreicht, um ihrer beider Leben auf den Kopf zu stellen. Sie können nur noch aneinander denken, treffen sich heimlich und handeln von da an, als sei ihre Liebe sogar wichtiger als ihr Leben.

Das ist die Geschichte von Romeo und Julia, eine Schilderung, die bei einem Psychiater ohne Verständnis für jugendliche Leidenschaften den Verdacht wecken könnte, dass eine schwere Geistesstörung vorliegt. Denn wer sein »normales« Leben nicht mehr organisiert bekommt, gilt klinisch als nicht normal. Die meisten Menschen aber lässt das tragische Schicksal des jungen Paares, das schließlich beide in den Tod führt, nicht ungerührt. Denn jeder weiß aus eigener Erfahrung, welche intensiven Gefühlswallungen einen in diesen komplizierten Jahren zwischen geschlechtlicher Reife und der Übernahme der Rolle und Verantwortung eines Erwachsenen heimsuchen können. So ist es Mitleid, das uns empathisch erfasst, wenn wir diese Geschichte aus dem alten Verona hören, nicht Unverständnis oder gar Ablehnung. Romeo und Julia erfüllen »die altersentsprechenden sozialen Erwartungen«. Und doch ist ihr Verhalten, verglichen mit dem reifer Erwachsener, alles andere als normal.

Auf der Grenze zwischen Hell und Dunkel

Drei verschiedene Arten von Hirnveränderungen lassen sich bei Pubertierenden feststellen: Die erste löst die typischen Hormonschübe in dieser Entwicklungsphase aus, eine zweite ist die Folge dieser biochemischen Überflutungen, und eine dritte schließlich vollzieht sich unabhängig von den hormonellen Prozessen.

Aus diesen drei gleichzeitig ablaufenden Entwicklungen erwächst nun aber die Gefahr, dass das jugendliche Gehirn seine Harmonie verliert und »dissonant« wird. In etwa ist das so, wie wenn Kurierdienste damit zurechtkommen müssen, dass im Zentrum einer Großstadt zur selben Zeit an drei Hauptverkehrsadern gebaut wird. Verzögerungen und Koordinierungsprobleme sind dann unvermeidlich. Ähnlich hinderlich sind Bauarbeiten wie die im präfrontalen Kortex auch für die Informationsströme im heranwachsenden Gehirn. Da kann sich ein sonst ruhiger Datenfluss auch mal verwirbeln und stauen. Oder, um ein Bild zu verwenden, das unter Entwicklungspsychologen beliebt ist: In der Pubertät wird der Motor eines voll ausgereiften Autos, des Körpers eben, von einem gänzlich unerfahrenen Fahrer, dem Gehirn, gestartet.[12] Ängste, die dabei vor allem in älteren Beobachtern aufsteigen können, sind nicht ganz unberechtigt, wie die Erfahrung lehrt und die Statistik mit den dramatisch steigenden Todesraten in diesem Alter belegt.

Die Zeit der Adoleszenz ist geprägt von einem Überschwang der Gefühle, dem der Verstand noch nicht allzu viel entgegenzusetzen hat. Denn ausgerechnet die Kontroll- und Planungsregionen gehören zu den letzten Bereichen des gesamten Gehirns, die den abschließenden Reifungsprozess durchlaufen.[13] Erst um das fünfundzwanzigste Lebensjahr herum ist dann auch der dorsolaterale präfrontale Kortex so weit entwickelt, dass sein Träger nach neurobiologischen Kriterien uneingeschränkt als erwachsen bezeichnet werden kann.

Die genannte Region im vordersten Teil des Stirnhirns ist besonders interessant, weil sie neben ihrer Bedeutung für das Arbeitsgedächtnis und die Planung von Bewegungen offenbar einen wichtigen kontrollierenden und regulierenden Einfluss darauf hat, wie wir gefühlsmäßig reagieren. Das betrifft auch unsere Fähigkeit, uns in andere hineinzuversetzen. Der gegenwärtige Forschungsstand lässt vermuten, dass es Pubertierenden noch viel leichter fällt, mit anderen zu fühlen, als sich rational in deren Rolle zu versetzen und zum Beispiel abzuschätzen, was ein bestimmtes Verhalten bewirken könnte. Selbst bei einem normal entwickelten Jugendlichen ist also die Fähigkeit, angemessen und vorausschauend wie ein Erwachsener zu reagieren, erst in der Mitte des zweiten Lebensjahrzehnts vollends ausgeprägt. Solche noch recht neuen Erkenntnisse aus der Hirnforschung müssen unbedingt berücksichtigt werden, wenn wir bedenken, wann »altersentsprechende soziale Erwartungen« erfüllt sind. Und es wäre wahrscheinlich auch ratsam, diese Forschungsresultate bei politischen Entscheidungsprozessen stärker zu berücksichtigen, als das bisher der Fall ist. Altersgrenzen immer weiter nach unten zu verschieben, wie etwa beim Führerschein, ist sicher populär, aber deswegen noch nicht klug.

Wenn also ein Elfjähriger mit einem Ziegelstein auf Klassenkameraden einschlägt, wie es in unserem Beispiel der Fall war, ist das dann schon pathologisch oder noch im Rahmen dessen, was man von einem »dummen Jungen« zu erwarten hat? Sicher handelt es sich hier zunächst um eine Ermessensfrage. Nehmen wir einmal an, ein solcher Vorfall sei für sich genommen in diesem Alter noch verzeihlich. Was muss dann zusätzlich geschehen, um uns davon zu überzeugen, dass sich wohl doch besser ein Psychiater des Jungen annehmen sollte? Auch darüber dürften die Ansichten auseinandergehen.

Mit der klaren, eindeutigen Diagnose einer körperlichen Erkrankung lässt sich so ein Urteil jedenfalls nicht vergleichen. Es ist unmöglich, zwischen eben noch erfüllten sozialen Erwartungen einerseits und deren nicht mehr zu leugnenden, schwerwiegenden Verletzung andererseits eine scharf definierte Grenze zu ziehen. Unser Verhalten in den unterschiedlichsten Lebenssituationen ist nicht einfach schwarz oder weiß, sondern es deckt das gesamte Kontinuum von Grautönen dazwischen ab. Allerdings nicht gleichmäßig. Denn im Laufe der Zeit, so lehrt die Erfahrung, bildet sich ein Schwerpunkt in unserem Sozialverhalten heraus. So zeigt sich auf längere Sicht, wer unabhängig von Stimmungen und spezifischen kulturellen Verhaltensmustern seiner Umgebung eher auf der »hellen« Seite menschlichen Miteinanders steht, sich also an die Regeln seiner Gesellschaft hält, und wer auf der »dunklen«, »antisozialen« und womöglich kriminellen Seite. Das sagt natürlich noch nichts über mögliche Ursachen und auch nichts darüber, ob und, wenn ja, wie die Seiten gewechselt werden können. Daran aber, dass eine solche Grenze existiert, kann es keinen vernünftigen Zweifel geben, auch wenn nicht in jedem einzelnen Fall einfach zu bestimmen ist, ob sie schon überschritten ist oder nicht.

Auf welcher Seite wir selbst stehen und, wichtiger noch, auf welcher Seite andere uns sehen, entscheidet sich jedenfalls an einer einzigen Frage: ob wir entsprechend den Regeln unserer Gesellschaft in der Lage sind, »Richtig« von »Falsch« und »Gut« von »Böse« zu unterscheiden und uns entsprechend zu verhalten. An der Moral also scheiden sich die Geister. An der Moral entscheidet sich, wer wir für andere sind.

Schwärmende Neuronen

»Die Moral ist so fest in der Neurobiologie verwurzelt wie alles andere, das wir tun oder sind. Wurden Ehrlichkeit, Schuld und das Abwägen ethischer Entscheidungen einst als rein geistiges Geschehen gesehen, so können sie heute bis zu bestimmten Hirnregionen zurückverfolgt werden.«[14]

Was der Verhaltenspsychologe und Primatologe Frans de Waal von der Emory University in Atlanta schon vor gut zehn Jahren feststellte, was damals aber noch auf Zweifel und manchen Widerwillen unter Wissenschaftlern und auch in der Öffentlichkeit stieß, wird heute allenfalls noch von hartgesottenen Dualisten bestritten, die ihre Suche nach der unabhängig vom Leib existierenden Seele nicht aufgeben wollen. »Wir sind ziemlich sicher, dass es nicht im großen Zeh passiert«, fasste die amerikanische Entwicklungspsychologin Patricia Kuhl einmal spöttisch den Stand der Forschung zusammen. Unser Verhalten entsteht im neuronalen Netzwerk des Kopfes. Nirgendwo sonst. Wir müssen darum an dieser Stelle einen kurzen Ausflug machen und uns die prinzipielle Arbeitsweise unseres Gehirns verdeutlichen. Denn nur so lässt sich verstehen, wie wir auf äußere Signale reagieren, zu Urteilen gelangen, Handlungen einleiten und ausführen – wie wir also zu moralischen, pro- oder antisozial agierenden Menschen werden.

Die zentrale Frage in diesem Zusammenhang lautet: Wie können die unvorstellbaren Informationsmengen, die von außen durch die Sinnesorgane in unser Gehirn einströmen, und die Vielzahl von Arealen mit all ihren unterschiedlichen Aufgaben koordiniert werden, damit bei ihrem Zusammenwirken etwas Sinnvolles herauskommt?

Auf den ersten Blick drängt sich vielleicht ein Vergleich mit der Zentrale eines Containerhafens oder der Brücke eines Ozeanriesen auf. Irgendwo in unserem Kopf müsste dann ein Kapitän oder Kommandant sitzen, der uns durchs Leben steuert. Vor seiner Kontrolltafel würde er überwachen, ob alle »Module« ihre Aufgaben erfüllen und ob das zu rechtzeitigen und angemessenen Reaktionen bis hinunter in die kleinsten Muskeln führt. Dieser Kapitän wäre unser »Ich«.

Doch der Steuermann im Kopf wurde noch nicht gefunden. Und die aktuellen Forschungsergebnisse der Neurowissenschaften deuten darauf hin, dass er auch gar nicht existiert. Denn die mehr als hundert Milliarden, manchmal zehntausendfach miteinander verschalteten Nervenzellen unseres Gehirns arbeiten so autonom und »selbstorganisiert« wie ein Ameisenvolk.[15]

Eine einzelne Ameise fällt, wie auch ein einzelnes Neuron, nicht eben durch strahlende »Intelligenz« auf. Für einen unbedarften Beobachter läuft sie erst hierhin, dann dorthin, warum auch immer. Das Leben einer einzelnen Nervenzelle ist auf den ersten Blick ebenfalls nicht sonderlich aufregend. Sie hat Eingänge, um Signale zu empfangen, und Ausgänge, um sie weiterzuleiten. Sie kann sich »erregen« oder auch nicht. Woher die Signale im Einzelnen kommen und wohin sie gehen, spielt für den Output keine Rolle.[16]

Die dumpfe Monotonie verfliegt allerdings schlagartig, wenn man sehr vielen dieser für sich genommen langweiligen Einzelelemente erlaubt, sich zu einem System zu vernetzen. Dann erwacht das Leben. Und das bringt Erstaunliches hervor.

Erstaunlich ist bereits, wie das funktioniert. Im wuselnden Volk der Ameisen beachtet jedes Tier nur einen simplen Satz von Verhaltensregeln: Einem bestimmten Geruch ist zur Nahrung zu folgen, einem anderen zum Kampfeinsatz oder zurück zur Kolonie. Und so weiter.

Entscheidend an diesem Regelwerk ist, dass es *immer* gilt und darum keine zusätzlichen Randbedingungen braucht. Zum Beispiel auch nicht solche, die mit der Gesamtsituation der Kolonie zu tun haben. Keine einzige Ameise muss einen Überblick über das ganze Volk haben, um zu »funktionieren«. Und weil das so ist, braucht sie auch kein imposantes Gehirn. In Gemeinschaft mit ihren Artgenossen und den paar einfachen Regeln im kleinen Kopf schafft es dieses Insekt dennoch, äußerst komplexe, weitläufige Bauten zu erstellen und dazu sogar noch Läuse zu halten wie Menschen Kühe. Kooperativ und höchst effektiv reagieren Ameisen auf Notlagen wie einen Wassereinbruch in ihrem Bau oder leben in riesigen, verzweigten »Staaten«: Die gigantischste Ameisenkolonie, die bislang entdeckt wurde, ist über sechstausend Kilometer lang und zieht sich entlang des Mittelmeeres von der italienischen Riviera bis hinüber zur spanisch-portugiesischen Atlantikküste.[17] Doch keine dieser imposanten Leistungen der krabbelnden Winzlinge wurde von einem Architekten entworfen oder von einem Kommandeur angeordnet. Alles das geschieht wie von allein. Einfach nur, weil jedes Tier stur seinen Regeln folgt. Mehr wäre ja intellektuell auch nicht möglich.

Begriffe wie »Schwarmintelligenz« oder »Emergenz« bezeichnen dieses erstaunliche, weil in unserer alltäglichen Wahrnehmung völlig fehlende Phänomen. Es ist die schiere Menge der für sich gesehen simplen Vernetzungen einfacher Elemente, die höchst komplizierte Eigenschaften hervorbringen kann. Diese Eigenschaften »emergieren«, wachsen also aus dem System heraus und heben es damit qualitativ auf eine neue Ebene.

Ein solcher Emergenzprozess geschieht nicht nur im Ameisenhaufen, sondern auch in unseren Köpfen, wo sich Milliarden von Neuronen samt einiger unterstützender Zelltypen miteinander verbinden und dabei so wenig voneinander »wissen« wie eine Ameise aus Genua von einem anderen Mitglied der Superkolonie in Barcelona oder Lissabon. Und doch gehören sie alle zu einem einzigen, selbst von außen kaum überschaubaren, hochdynamischen Ganzen.

Unser Gehirn ist also eine zu äußerst flexiblen Reaktionen fähige Superkolonie von Milliarden und Abermilliarden Zellen. Und unsere geistigen Leistungen emergieren aus diesem Kollektiv der Neuronen. Dafür muss die flackernde Folge von Aktivitätsmustern, die unablässig wechselnd durch unser Gehirn laufen, aber nicht von einer übergeordneten Ebene aus überwacht werden. Es braucht keinen Kapitän im Kopf. Und doch steuern wir – wenn alles gutgeht – auf einem sinnvollen, »selbstorganisierten« Kurs durchs Leben. Ob auch immer auf einem »guten« Kurs, ist natürlich eine andere Frage.

Sehen wir uns im Folgenden die wichtigsten Strukturen dieser neuronalen Superkolonie an, die an unserem moralischen Leben teilhaben.

Vom Hirnstamm zum Stirnlappen

Grob vereinfacht gesagt, hat sich unser Gehirn von unten nach oben und von hinten nach vorn entwickelt. Das gilt für die Evolution der letzten fünfhundert Millionen Jahre ebenso wie für die Entwicklung der geistigen Kapazitäten jedes einzelnen Menschen. Tief und damit näher am Rückgrat liegende Hirnareale sind evolutionsgeschichtlich also älter. Ihre Aufgaben werden weitgehend unbewusst erledigt, sie sind deshalb aber keineswegs weniger bedeutend als andere, höher entwickelte.

Der Hirnstamm etwa verbindet die Rückenmarksnerven mit dem Gehirn und leitet den gesamten hin und her fließenden Informationsstrom in den restlichen Körper. Dabei wirkt er auch auf so wichtige Funktionen wie die Atmung und das Herz-Kreislauf-System steuernd ein. Dem »primitiven« Hirnstamm kommt also eine unverzichtbare, weil lebenserhaltende Bedeutung zu, obwohl er nur Teil des manchmal etwas abfällig so genannten »Reptilienhirns« ist. Dazu wird normalerweise auch noch das benachbarte, in unserem Hinterkopf liegende Kleinhirn gezählt. Diese Hirnstrukturen haben sich bereits entwickelt, als die ersten Wirbeltiere die Erde bevölkerten, doch auch uns Heutigen leisten sie gute Dienste.

Das Bewusstsein allerdings, wie wir es erleben, wenn wir morgens wach werden und uns vielleicht entscheiden müssen, ob wir zuerst die Kaffeemaschine anstellen oder doch lieber zuvor die Zähne putzen, entspringt den darüber gelegenen, evolutionsgeschichtlich jüngeren Hirnregionen. Was wir mit typisch menschlichen Fähigkeiten in Verbindung bringen – Problemlösung in komplexen Fällen, von der Vorbereitung des Frühstücks über die häusliche Konfliktminimierung bis zur Einschätzung der Frage, ob wohl noch einmal ein Pianist Bach auf dem Niveau von Glenn Gould spielen wird –, all das ist ziemlich genau hinter unserer Stirn beheimatet, im so genannten präfrontalen Kortex, jenem Teil also, der bei Jugendlichen noch nicht richtig rundläuft.

Aber wie bei der Superkolonie von Ameisen heißt das nicht, dass es keine Rolle spielt, was in anderen, zum Teil weit entfernt gelegenen Arealen der Großhirnrinde und auch den Regionen darunter vor sich geht. Tatsächlich scheint es so zu sein, dass gerade die komplexen Aufgaben Systeme aktivieren, die weit verstreut liegen und sich eben nicht auf ein eng begrenztes Gebiet beschränken lassen, wie das früher oft vermutet wurde.

Für unser Gehirn gibt es keine komplexere Aufgabe als unser Sozialverhalten und die Entscheidung, welche Handlungsalternative gut ist und welche schlecht oder vielleicht auch nur weniger gut als die meisten anderen. Wobei unter »gut« ebenso »moralisch« verstanden werden kann wie »zielführend«.

So führt der präfrontale Kortex Informationen aus vielen verschiedenen Hirnregionen zusammen und organisiert dann unsere Aktionen und Reaktionen.[18] Dass Urteile und Handlungen dort »organisiert« werden, bedeutet allerdings nicht, der präfrontale Kortex würde nun doch so etwas wie eine Kapitänsfunktion in unserem Kopf übernehmen. Vielmehr führt ein bestimmtes neuronales Aktivierungsmuster, das »drinnen« eine bestimmte Situation »draußen« repräsentiert, in »präfrontaler Gesamtschau« zu einem entsprechenden Urteil oder auch Verhalten.

Amygdala an Stirnhirn

Geht es um das Verhältnis unserer Gefühle zur bewussten Gedan-
kenwelt, ist die Vorstellung verbreitet, »höhere« Verstandesregio-
nen – und das ist dann nicht nur anatomisch gemeint – hätten das
Sagen über die »niederen«, gefühlsbeladenen Regionen wie etwa
die Amygdala. Der wegen seiner Form und Größe so genannte
»Mandelkern« – es gibt je einen pro Hemisphäre – liegt unter der
Großhirnrinde im limbischen System, der Gefühlsküche unseres
Gehirns.

Die Amygdala ist allerdings alles andere als primitiv und erfüllt
eine ganze Reihe von Aufgaben. Zum Beispiel versieht sie unsere
sämtlichen Sinneseindrücke und Erfahrungen mit so etwas wie
einem emotionalen Preisschild. Genauer gesagt, schafft sie eine
assoziative Verbindung zwischen einer bestimmten Wahrnehmung auf der einen Seite und der Erwartung einer Belohnung
oder Bestrafung auf der anderen. Danach richtet sich auch die
Weiterverarbeitung der entsprechenden Information und was daraus schließlich in unserem Verhalten wird. Nur was uns anrührt
oder aufregt, begeistert oder entsetzt, hat eine Chance, ins Lang-
zeitgedächtnis einzugehen und später als Erfahrung auf unser Verhalten zu wirken. Wichtig ist das zum Beispiel für den Umgang
mit kritischen Situationen, in denen wir blitzschnell und darum
gefühlsmäßig und intuitiv nach einem unmittelbar zur Verfügung
stehenden Verhaltensmuster entscheiden müssen. Stellen wir uns
einer Konfrontation mit einem auf den ersten Eindruck feindli-
chen Gegenüber, oder suchen wir lieber gleich das Weite? Ist das,
was plötzlich auf dem Boden vor uns in den Blick kommt, ein
Stock oder eine Schlange? Oft sind es also wohl die Emotionen, die
unseren rationalen Part im Gehirn kontrollieren, und nicht umgekehrt.[19]

Dass ein solcher Vorrang des Intuitiven und Emotionalen sehr
sinnvoll sein kann, wird sofort klar, wenn wir vor mehrere Probleme gleichzeitig gestellt sind. Das Handy klingelt. Es fängt an

zu regnen. Vor uns reißt sich ein Kind von der Hand seines Vaters los und läuft auf die stark befahrene Straße zu. Wie werden wir reagieren? Zuerst den Regenschirm aufspannen und dann den Anruf entgegennehmen? Wohl kaum. Es sind emotionale Impulse, die in einem solchen Fall die Anfragen an unser Gehirn ins rechte wertende Verhältnis und damit auch in die erforderliche Reihenfolge bringen. Wir haben eigentlich gar keine Wahl.

Tatsächlich ist unsere Fähigkeit, mehrere Fragen und Probleme gleichzeitig bewusst zu entscheiden – vorsichtig formuliert –, sehr begrenzt, wie erst jüngst eine französische Studie bestätigte.[20] Und keineswegs sind Frauen da im Vorteil, wie immer mal wieder behauptet wird.[21] Denn auch bei ihnen kann der von der Stirn aus gesehen zuvorderst liegende Teil der Großhirnrinde, der frontopolare Kortex, immer nur eine Entscheidungssituation nach der anderen bearbeiten. »Multitasking« mag unser Computer erledigen, uns Menschen liegt es sicher nicht, geistig auf mehreren Hochzeiten zur selben Zeit zu tanzen.

Allerdings verfügen wir über erprobte Verhaltensstrategien, die uns in den allermeisten Fällen helfen, auch Situationen zu meistern, in denen wir eigentlich – wegen zu vieler gleichzeitig notwendiger Entscheidungen – überfordert sein müssten. Die wichtigste Voraussetzung, damit dann doch alles gutgehen kann: bloß nicht nachdenken. Solchen automatisch und nicht erst nach längerem Grübeln abrufbaren »Amygdala-Strategien« haben wir Menschen es entscheidend zu verdanken, dass wir knapp zweihunderttausend Jahre nach dem ersten bislang bekannten Auftreten des Homo sapiens immer noch existieren.[22]

Dem denkenden präfrontalen Kortex nimmt das natürlich nichts von seiner grundsätzlichen Bedeutung für unser Verhalten. Ohne dieses Hirnareal könnten wir die für unseren Umgang miteinander geltenden Regeln nicht lernen und darum auch die »altersentsprechenden sozialen Erwartungen« nicht erfüllen, wie sich in etlichen Studien gezeigt hat.[23] Bei der Erforschung der Zusammenhänge zwischen affektiven und kognitiven Prozessen, abwägendem Denken und intuitiven Gefühlen hat das Team um den aus Portugal stammenden, seit gut dreißig Jahren in den USA lebenden Neurowissenschaftler Antonio Damasio Pionierarbeit geleistet.

Was Hänschen nicht lernt …

Die Patienten mit den Codenamen A und B, die von Damasios Team in Iowa City untersucht wurden, verband ein sehr ähnliches Schicksal.[24] Beide waren zum Zeitpunkt der Untersuchung etwa gleich alt, zwanzig beziehungsweise dreiundzwanzig Jahre. Beide stammten aus unauffälligen Mittelschichtsfamilien, ihre Eltern hatten das College besucht, sich um ihre Kinder gekümmert und stammten ihrerseits aus Familien, in denen niemals zuvor neurologische oder psychiatrische Erkrankungen aufgefallen waren. Zudem hatten beide Patienten der neurologischen Klinik der University of Iowa auch noch »wohlgeratene« Geschwister.

Für A und B allerdings traf diese Charakterisierung in keinster Weise zu. Körperlich schien ihnen zwar nichts zu fehlen, doch ihr Verhalten hatte schon früh den Rahmen des Üblichen gesprengt. Bereits mit drei Jahren war bei A, einem Mädchen, aufgefallen, dass sie auf verbale wie körperliche Bestrafung so gut wie nicht reagierte. Mit der Zeit wurde sie so aufsässig und zunehmend unerträglich für ihre Familie, dass sie mit vierzehn zum ersten Mal in eine Einrichtung für schwer erziehbare Jugendliche kam. Weitere Aufenthalte in Erziehungsheimen folgten, wobei sie jedes Mal zu fliehen versuchte. Ihre Lehrer hielten A für intelligent, doch ihr fehlte offenbar die Fähigkeit, sich an Regeln, Vereinbarungen oder Versprechen zu halten. Sie log, stahl, griff andere mit Worten oder auch tätlich an und führte sexuell ein verwahrlostes Leben. Mit achtzehn wurde sie schwanger. Sie brachte ihr Kind zur Welt, vernachlässigte es aber von Anfang an auf gefährliche Weise. Zwei Jahre später kollabierte ihr Leben vollends. Sie konnte ihren Alltag nicht mehr organisieren und war finanziell und auch sonst von ihren Eltern und von staatlicher Unterstützung abhängig. Dass sie selbst an dieser Misere schuld sein könnte, kam ihr allerdings nie in den Sinn.

B, der zweite Patient, ist männlichen Geschlechts. Bis er neun war, hatte er sich so normal entwickelt wie die meisten Gleichaltrigen. Dann aber ließ sein Antrieb nach, er wurde faul, und ab und zu brach heftiger Ärger aus ihm hervor. Mit Nachhilfeunterricht schaffte er noch den Abschluss an der Highschool, danach allerdings verwahrloste er zusehends. Die Tage verbrachte er fortan mit Musikhören, Fernsehen und großen Mengen Junkfood. Sein Äußeres, auch die Hygiene, vernachlässigte er. Überdies wuchsen ihm seine Schulden über den Kopf.

Die beiden von Damasios Team untersuchten Patienten ähnelten sich stark in Bezug auf ihre Verlässlichkeit, ihre Glaubwürdigkeit und auch ihr Sexualverhalten. Zudem waren beide am Ende ihres sozialen Abstiegs ohne jeglichen Plan für ihre Zukunft, dabei aber ohne jedes Schuldbewusstsein. Und noch etwas hatten sie gemeinsam: Schon als Kleinkind hatte sie ein schweres Schicksal getroffen.

Patientin A war fünfzehn Monate alt, als sie von einem Auto überfahren und am Kopf verletzt wurde. Wenig später schien sie sich jedoch bereits vollkommen von ihren Verletzungen erholt zu haben. Bei Patient B musste im Alter von drei Monaten ein Hirntumor im Bereich des rechten Stirnlappens entfernt werden. Auch er erholte sich schnell und zeigte anschließend keinerlei Entwicklungsstörungen. Und doch war offenbar in der Biografie dieser beiden jungen Menschen etwas ganz und gar schiefgelaufen.

An mangelnder Zuwendung und Führung durch Eltern und Lehrer konnte es nicht liegen, dass die beiden ihr eigenes Leben nicht in den Griff bekamen und das anderer, vor allem ihrer Familien, zu ruinieren drohten. Auch von fehlenden intellektuellen Fähigkeiten konnte keine Rede sein. Die beiden waren nicht dumm, wie IQ-Tests zeigten. Der Schlüssel für ihr Verhalten musste also woanders gesucht werden.

In der Klinik von Iowa City wurden weitere Tests mit ihnen durchgeführt, um herauszufinden, wie sich wiederholt gemachte Erfahrungen und positive oder negative Rückmeldungen auf ihr soziales Lernen und Handeln in verschiedenen Situationen auswirkten. Bei einem Spiel, in dem es um die Bewältigung von Strategieaufgaben beziehungsweise um planvolles Handeln ging, schnitten die beiden zum Beispiel überdurchschnittlich schlecht ab. Nicht anders erging es ihnen bei Tests, die auf ihre sozialen und moralischen Fähigkeiten abzielten. Dabei mussten zum Beispiel moralische Dilemmata wie das folgende entschieden werden: »Um das Leben seiner Frau zu retten, müsste ein Mann ein Medikament stehlen. Sollte er das tun?« Nachdem sich die Probanden für eine Antwort entschieden hatten, wurden sie von den Experimentatoren dazu befragt. Zum Beispiel: »Ist das richtig oder falsch? Und warum?«[25] Ziel war es, herauszufinden, wie weit ihre Fähigkeit zum moralischen Räsonieren reichte. Denn das Dilemma war so konstruiert, dass es zum Beispiel möglich war, den Diebstahl aus Mitgefühl für die kranke Frau zu billigen (affektiver Teil), aber dennoch generell fremdes Eigentum für schützenswert zu halten (kognitiver Part). Umgekehrt konnte eine Entscheidung gegen den Diebstahl des Medikaments zum Beispiel mit dem ohne Ausnahme geltenden, weil göttlichen siebten Gebot des Dekalogs begründet werden: »Du sollst nicht stehlen.«[26]

Beide Patienten kamen bei der relativ schwierigen Entscheidung solcher Probleme und ihrer anschließenden Begründung nicht einmal auf das Niveau durchschnittlicher Zehnjähriger. Anders ausgedrückt: Sie erwiesen sich als soziale Analphabeten. Und allem Anschein nach lag das nicht daran, dass sie keine Gelegenheit erhalten hatten, soziale Fähigkeiten auszubilden und die in Familie, Schule und Gesellschaft geltenden Regeln zu lernen. Sie waren dazu einfach nicht in der Lage. Hirnaufnahmen, auf denen die frühkindlichen Schädigungen der beiden deutlich zu erkennen waren, legten nahe, warum das so war: A und B litten offenbar unter sehr ähnlichen schweren Störungen des präfrontalen

Kortex, jenes Areals also, das eine zentrale Rolle bei der Abschätzung und Bewertung von Handlungen anhand von Erfahrungen und gelernten Regeln spielt. Offenbar gilt das auch für moralische Regeln.

Eine Stange im Stirnhirn

Das außergewöhnliche Phänomen der sozialen Blindheit war nicht neu, als die Untersuchungsergebnisse von Damasios Team 1999 publiziert wurden. Dieselbe Forschungsgruppe hatte sich einige Jahre zuvor den wohl berühmtesten, schon aus der Mitte des neunzehnten Jahrhunderts stammenden Fall vorgenommen und noch einmal mit modernsten Mitteln analysiert.[27]

Phineas Gage hieß der arme Kerl, der als Bahnarbeiter im US-Bundesstaat Vermont sein Geld verdiente und sich großer Beliebtheit unter seinen Kollegen erfreute. Sein Schicksal ereilte ihn im Alter von fünfundzwanzig Jahren, am 13. September 1848 um halb fünf Uhr nachmittags, als eine Sprengladung, wie sie im Schienenbau verwendet wurde, vorzeitig explodierte und eine zugespitzte, runde Eisenstange von etwa einem Meter Länge und gut drei Zentimetern Durchmesser mit solcher Wucht in seine Richtung geschleudert wurde, dass sie wie ein Speer seine linke Wange durchbohrte, nahe der Augenhöhle durch vordere Teile des Gehirns drang, schließlich von innen die Schädeldecke durchschlug und den Kopf des jungen Gage wieder verließ.

Was in der Beschreibung klingt, als müsse es sich zweifellos um einen tödlichen Unfall gehandelt haben, lief vergleichsweise glimpflich ab. Der Bahnarbeiter wurde auf den Rücken geworfen, seine Extremitäten zuckten einige Male, doch kurz darauf kam er schon wieder zu sich und sprach. Seine Kameraden trugen ihn daraufhin zu einem Ochsenkarren und brachten ihn – aufrecht sitzend – zu einem Hotel im nächsten Dorf. Erst eineinhalb Stunden nach dem Unglück traf der Arzt ein und fand Phineas Gage bei vollem Bewusstsein und trotz seiner fürchterlichen, provisorisch verbundenen Verletzung ohne großes Gejammer in einem blutdurchtränkten Bett liegend vor. Er hoffe doch, es sei alles nicht so schlimm, ließ Gage den Doktor gleich wissen. Und seine Kumpel bräuchten auch nicht zu Besuch zu kommen, denn in ein, zwei Tagen könne er ja sicher wieder arbeiten.

Wie durch ein Wunder überlebte Gage. Gut zwei Monate nach dem Unfall notierte sein Arzt, John Harlow:»Läuft wieder durchs Haus. Sagt, er fühle keinen Schmerz im Kopf, und macht den Eindruck, dass er sich erholen wird, falls er unter Kontrolle gehalten werden kann.«[28]

Unter Kontrolle konnte er zwar gehalten werden, aber einfach war das nicht. Phineas Gage hatte sich radikal verändert. Zuvor zuverlässig, beliebt, der»effizienteste und fähigste« Beschäftigte, wie ihm sein Arbeitgeber bescheinigte, hatte der Unfall seine Persönlichkeit ins Gegenteil verkehrt. Die Intelligenz war ihm zwar geblieben, ebenso wie das Gedächtnis und die Fähigkeit, etwas zu lernen. Doch wie man sich als anständiger Bürger zu verhalten hatte, interessierte den jungen Mann nicht mehr. Soziale Verhaltensregeln ignorierte er, und für nichts fühlte der frühere Vorarbeiter sich mehr verantwortlich, wie es schien. Trauen konnte man ihm auch nicht mehr. All jene, die ihn schon vor seinem Unglück gekannt hatten, waren sich einig:»Gage war nicht mehr Gage.«[29]

So dauerte es nicht lange, bis er seine Arbeit verlor. Jahrelang irrte er von Küste zu Küste durch die USA, bis er schließlich in San Francisco von seiner Familie aufgenommen wurde, die fortan dafür sorgte, dass er nicht noch weiter herunterkam. Bis zu seinem Tod 1860 war Phineas Gage nicht mehr in der Lage, ein selbstständiges, eigenverantwortliches Leben zu führen.

Die Belohnung im Kopf

Fast hundertfünfzig Jahre nach dem schrecklichen Unfall von Gage bestätigten Untersuchungen an der University auf Iowa, was John Harlow als behandelnder Arzt aufgrund seiner Beobachtung des Patienten bereits vermutet hatte: Die Veränderungen in der Persönlichkeit des Verunglückten sind am ehesten damit zu erklären, dass die bei ihm stark geschädigten Areale im vorderen Teil des Gehirns bei Gesunden darauf spezialisiert sind, persönliches Verhalten zu planen und auszuführen und dabei die Maßstäbe der Vernunft sowie der gesellschaftlichen Angemessenheit anzulegen.

Vergleichbar schwere Beeinträchtigungen dieser Fähigkeit hatte das Team von Neurowissenschaftlern um Antonio Damasio auch bei eigenen Patienten festgestellt, deren Gehirne ähnliche Schäden wie Gage aufwiesen und diese, anders als A und B, erst im Erwachsenenalter erlitten hatten. Vor allem fielen Veränderungen am »ventralen«, an der Unterseite gelegenen Teil des präfrontalen Kortex auf. In allen derartigen Fällen waren die intellektuellen Fähigkeiten der Betroffenen nicht merklich beeinträchtigt. Abstrakte Probleme konnten von ihnen gelöst werden, auch das Rechnen fiel ihnen nicht schwer. Bestand die Aufgabe aber darin, eine von der Vernunft geleitete Entscheidung in einer sozialen oder persönlichen Angelegenheit zu treffen, versagten sie durchweg. Es gelang ihnen vor allem nicht, die kurzfristigen Folgen einer Handlung in eine vernünftige Beziehung zu den möglichen langfristigen Konsequenzen zu bringen.

Es braucht allerdings nicht erst eine Eisenstange unser Hirn zu durchbohren, damit uns diese Fähigkeit abhandenkommt und wir die Folgen unseres Handelns nicht mehr sinnvoll einordnen und bewerten können. Das kennt jeder Raucher, jeder Alkoholiker, jeder Süchtige, dem oft nichts wichtiger ist, als seinem gierenden Gehirn so schnell wie möglich den ersehnten Genuss zukommen zu lassen, koste es, was es wolle. Der Verstand funktioniert zwar und sagt dem Betreffenden vielleicht, dass bei etwa neunzig Prozent aller kleinzelligen Bronchialkarzinome Rauchen die Ursache ist. Aber der Verstand entscheidet nicht über das Verhalten. Denn wichtige Prozesse, die zum Beispiel Emotionen und eben auch Begierden regulieren und es uns gestatten, die Folgen einer Handlung längerfristig abzuschätzen, sind schwer gestört.

Seit längerem ist bekannt, dass es eine enge anatomische Verbindung zwischen der Amygdala im limbischen System unterhalb der Großhirnrinde und dem präfrontalen Kortex im vorderen Hirnteil gibt. Eine vor kurzem veröffentlichte Studie des California Institute of Technology in Pasadena hat diese wichtige wechselseitige Verknüpfung noch einmal bestätigt.[30] Es wurden zwei Patientinnen untersucht, die an der sehr seltenen, in den 1920er Jahren entdeckten Urbach-Wiethe-Krankheit litten. Bei dieser genetischen Störung kommt es von Kindheit an zu fettähnlichen Verdickungen und Ablagerungen auf der Haut und den Schleimhäuten. Was die Betroffenen aber für Hirnforscher interessant macht, ist eine Auswirkung ihres Leidens im Kopf: Auch die beiden Amygdalae werden im Laufe des Krankheitsprozesses zerstört.

Die einfache Aufgabe im Labor bestand für die beiden Patientinnen darin, sich innerhalb von etwa einer halben Sekunde für eines von zwei Mustern auf einem Bildschirm zu entscheiden. Die Muster erinnerten an Schneeflocken unter dem Mikroskop. Einhundertzehn Mal wurde dieser Auswahlprozess mit einigen Sekunden Pause nach jedem Durchgang wiederholt, wobei sich ein Grundkapital der beiden Frauen erhöhen oder verringern konnte. Eines der Muster, das von den Experimentatoren zuvor als das »korrekte« festgelegt worden war, brachte nämlich bei der Auswahl durch die Probandin in siebzig Prozent der Fälle eine Belohnung von fünfundzwanzig US-Cent, in den anderen dreißig Prozent aber einen genauso hohen Verlust. Der Zufallsgenerator des Computers legte das jeweils fest. Wurde das andere, »falsche« Muster ausgewählt, führte das in sechzig Prozent der Fälle zu fünfundzwanzig Cent Verlust, in den restlichen vierzig Prozent zu einem gleich hohen Gewinn. Wer das System durchschaut, wählt natürlich fortwährend das Muster mit der siebzigprozentigen und nicht das mit der vierzigprozentigen Gewinnchance. Doch es gab einen Haken im Versuchsablauf, der den Versuchsteilnehmerinnen das Leben deutlich erschwerte: Hatten sie nämlich viermal hintereinander das »korrekte« Muster gewählt, kippte sofort oder kurz darauf die Wertigkeit, die der Computer den Mustern zuschrieb. Jetzt war das »richtige« plötzlich das »falsche«, und die Probandinnen mussten ihr Verhalten umstellen. Vorausgesetzt, sie waren in der Lage zu erkennen, mit welcher Belohnung sie bei ihrer Wahl zu rechnen hatten.

Um es kurz zu machen: Die beiden Frauen mit dem Urbach-Wiethe-Syndrom und den durch die Krankheit schwer geschädigten Amygdalae hatten bei diesem Test gegen gesunde Teilnehmer einer Kontrollgruppe keine Chance.

Die Studie aus Pasadena bekräftigt damit eine unter Forschern schon länger gehegte Vermutung, wonach Entscheidungsprozesse im Gehirn mit einer Abschätzung der zu erwartenden Belohnung für jede der zur Auswahl stehenden Handlungsalternativen einhergehen. Und »Belohnung« heißt dabei: Es fühlt sich gut an, was bei einer Handlung als Ergebnis für den Handelnden herauskommt.

Vermittler bei diesen Prozessen ist der Hirnbotenstoff Dopamin, der allerdings nicht nur Glück und Lust verheißt, sondern auch als Verstärker für ein bestimmtes Verhalten wirkt. Das Fehlen solcher Verstärkungen bei den beiden Patientinnen mit dem Urbach-Wiethe-Syndrom bestätigt im Umkehrschluss die Bedeutung der Amygdala für das Zustandekommen eines Lernprozesses, durch den wir im Laufe unseres Lebens mit einem Arsenal fertiger Verhaltensmuster ausgestattet werden. Gesunde müssen nicht erst nachdenken, wenn schnelle Reaktionen gefragt sind. Die beiden hirngeschädigten Frauen in Iowa waren in solchen Situationen dagegen hilflos.

Inzwischen besteht kaum noch ein Zweifel daran, dass die Hirnachse zwischen Amygdala und präfrontalem Kortex entscheidend darauf wirkt, wie wir uns verhalten. Natürlich gilt das auch für unser Auftreten als Mitmensch. Am Beispiel pubertierender Jugendlicher haben wir gesehen, zu welchen Problemen es kom-

men kann, wenn die Fähigkeit zur Abschätzung von Handlungsfolgen oder zur Kontrolle von Gefühlen noch nicht hinreichend
entwickelt ist. Normalerweise ist diese kritische Phase, in der Jugendliche scheinbar grundlos ausrasten oder sich sonstwie seltsam
verhalten, spätestens mit Mitte zwanzig überwunden. Manchmal
allerdings gelingt das nicht.

Einer von hundert

Der Fall des elfjährigen Bill, den wir zu Beginn dieses Kapitels
kennengelernt haben, stammte von James Blair, einem führenden
Spezialisten für den Einfluss von Emotionen auf unser Verhalten.
Blair arbeitet als Direktor einer Forschungseinheit für affektiv-
kognitive Neurowissenschaften am National Institute of Mental
Health in Bethesda, einem Vorort der amerikanischen Hauptstadt
Washington. Dort hat er vor einiger Zeit einen weiteren elfjährigen
Jungen untersucht, dessen Verhalten dem von Bill zunächst sehr
ähnelte.[31]
     John, so hieß der Junge, kam aus einer Mittelschichtsfamilie.
Die Eltern, beide berufstätig, wurden mit ihrem Sohn schon nicht
mehr fertig, als er fünf war, brachten ihn darum in einer Schule
für Kinder mit Verhaltensauffälligkeiten unter, doch das führte zu
keinerlei Besserung. John lief aus der Schule weg und auch von
zu Hause. Mit elf Jahren wurde er bereits regelmäßig nachts von
der Polizei aufgegriffen, weil er sich mit Jugendbanden herum-
trieb und auch vor Gewalt nicht zurückschreckte. Er quälte Tiere
und hielt einmal einen Hamster über eine heiße Herdplatte mit
der Drohung, ihn fallen zu lassen, wenn seine Eltern ihm kein
Geld geben würden. Einmal warf er mit einem Messer nach seiner Mutter. John, der sich selbst für den Größten hielt, hatte als
Kind keine echten Freunde. Zeigte er sich dann doch einmal von
seiner freundlichen Seite, und das kam durchaus vor, nahm ihm
das niemand mehr ab, der ihn schon länger kannte. Andere hin-

gegen konnte er manchmal so geschickt umgarnen, dass sie seine Missetaten für ein Missverständnis und ihn selbst für unschuldig hielten.

Bei John wurde, genau wie bei Bill, die Diagnose »Störung des Sozialverhaltens« gestellt. Doch der Psychiater James Blair sieht zwischen den Fällen der beiden Jungen gravierende Unterschiede.

Betrachten wir zunächst folgenden Katalog von Verhaltenseigenschaften: Jemand ist oberflächlich charmant, angstfrei, ohne Schuldgefühle, unzuverlässig, unehrlich, egozentrisch, auf längere Sicht bindungsunfähig, kann aus Bestrafung nicht lernen und nur schwer vorausplanen, ist gefühlskalt und kaum in der Lage, die Folgen des Verhaltens eines Menschen auf einen anderen abzuschätzen.

Etliche dieser Eigenschaften treffen auf Bill, den ersten Jungen, zu. Aber gefühlskalt ist er nicht und auch nicht bindungsunfähig, denn er liebt seine Schwester aufrichtig. Gelegentlich entschuldigt er sich sogar für sein Verhalten, versucht, sich zu bessern.

Wie anders sieht dagegen die Bilanz für John aus. Auf ihn treffen alle genannten Kriterien zu, und in ihrer Gesamtheit ergeben sie das Bild eines »Psychopathen«. Darunter wird in der Medizin, anders als in der Umgangssprache, nicht einfach ein an seiner Psyche Leidender, also ein Geisteskranker verstanden, sondern gemeint ist ein ganz spezieller Typ von der Norm abweichenden Verhaltens. Psychopathen sind jene Menschen, von denen Psychiater sagen, sie zögen in ihrem Leben eine Blutspur hinter sich her. Doch es ist ein Irrtum anzunehmen, darum würden alle Psychopathen früher oder später hinter Gittern landen, weil sich in ihren Kellern die Leichen stapelten. Bei weitem nicht alle Psychopathen sind Mörder, und bei weitem nicht alle Mörder sind Psychopathen.

Um den Unterschied zwischen Bill und John, zwischen »normalem« antisozialen Verhalten einerseits und psychopathischem Verhalten andererseits, klarer herausarbeiten zu können, trennt James Blair reaktive Aggressionen von solchen, die instrumentell eingesetzt werden. Wenn sich Bill auf dem Schulhof mit einem Ziegelstein in der Hand prügelt, ist das reaktive Aggression, weil er damit nicht mehr erreichen will, als stärker zu sein und sich gegen andere, die ebenfalls aggressiv sind, durchzusetzen. Wahrlich kein Grund zur Beruhigung, wie wir gesehen haben. Aber es kann viel schlimmer kommen. Wenn der eigene elfjährige Sohn versucht, Geld zu erpressen, indem er droht, einen lebenden Hamster auf eine heiße Herdplatte fallen zu lassen, dann ist das wirklich ein Grund für tiefe Besorgnis. Und sei es nur, weil diesem Kind offenbar jegliches Mitgefühl mit einem Hamster fehlt. Instrumentelle Aggression nennt Blair solches Verhalten, und es scheint typisch für Psychopathen zu sein. Gewalt wird hier gegen nichtaggressive Mitmenschen eingesetzt, um eigene Ziele zu erreichen. Und dabei kommt offenbar kein störendes Mitgefühl mit den Opfern auf.

Inzwischen gibt es verlässliche psychologische Tests, die eine recht saubere Diagnose der Psychopathie zulassen.[32] Etliche Forschungsgruppen weltweit versuchen, diese beängstigende Persönlichkeitsstörung zu verstehen. Auf gut ein Prozent der Bevölkerung, so zeigen epidemiologische Studien, trifft demnach die Bezeichnung »Psychopath« zu. Damit lässt sich sicher nicht all das Leid erklären, das Tag für Tag überall auf der Welt, von Menschen verursacht, geschieht. Der Blick auf die Psychopathie hilft aber zu verstehen, wie Menschen überhaupt moralische Entscheidungen treffen und warum Psychopathen dabei so oft danebenliegen.

»Verschieben wir es doch auf morgen«

Am Beispiel von John haben wir die wichtigsten Kennzeichen psychopathischen Verhaltens kennengelernt. Und auch den nach dem derzeitigen Forschungsstand zugrunde liegenden Prozess haben wir schon betrachtet: Entscheidend ist eine schwere emotionale Störung, ausgelöst durch eine Schädigung der Amygdala, wie Blair vermutet.

Was im vorigen Kapitel als normale empathische Reaktion beschrieben wurde, fällt einem Menschen mit einer psychopathischen Störung zumindest sehr schwer, wenn es ihm nicht sogar gänzlich unmöglich ist, sich von einem anderen Menschen innerlich anrühren zu lassen. Der Psychopath nimmt nicht wahr, wenn andere Schmerzen empfinden, ebenso wenig versteht er, warum sie vielleicht gerade lachen. Und die emotionale Taubheit geht noch weiter: Auch Angst ist kein Gefühl, das dem Psychopathen vertraut wäre. Deswegen scheut er kein Risiko, deswegen bringt es auch nicht viel, ihm zu drohen.

»Ihm«? Und was ist mit »ihr«? Die meisten Untersuchungen haben Männer zum Gegenstand. Zur weiblichen Psychopathie gibt es bislang fast gar keine Forschungsergebnisse. Doch Hervey M. Cleckley vom Medical College of Georgia in Augusta, der 1984 verstorbene Pionier auf diesem Gebiet, schildert in seinem 1941 erschienenen grundlegenden Buch zum Thema auch bereits zwei Fallbeispiele von Patientinnen mit »voller klinischer Manifestation«. Cleckley verweist zudem auf Werke der Weltliteratur, um zu verdeutlichen, was er unter psychopathischem Verhalten versteht.[33] Und in einem Fall trifft er eine wirklich verblüffende Wahl: Scarlett O'Hara, die weibliche Hauptfigur aus Margaret Mitchells Roman »Vom Winde verweht«.

Scarlett, so Cleckley, verdeutliche, was einen Psychopathen, oder in diesem Fall eine Psychopathin, ausmache, auch wenn sie im wahren Leben eher nicht fürchten müsse, in eine Anstalt eingewiesen zu werden. Denn immerhin schafft sie es, materiell auf einen grünen Zweig zu kommen und ihr Leben zumindest in dieser Hinsicht zu ordnen. Keine Selbstverständlichkeit für klassische Psychopathen, zu denen zum Beispiel auch der im späteren Leben völlig heruntergekommene Phineas Gage gerechnet werden muss. Man mag Scarlett O'Hara außerdem zugutehalten, dass sie, oberflächlich betrachtet, ein weitaus ordentlicheres Leben führt als ihr glühender Verehrer, Captain Rhett Butler, ein Haudegen, der im Bürgerkrieg kein Abenteuer auslässt und sich nicht sonderlich um Legalität bemüht. Entscheidend aber ist hier Scarletts offensichtliches Unvermögen, auf emotionaler Ebene Wichtiges von Unwichtigem zu trennen. »Verschieben wir es doch auf morgen«, lautet ihr Lieblingssatz, wann immer jemand versucht, ihr eine Verpflichtung abzuringen. Sie ist »hohl«, wie Cleckley sagt, bindungsunfähig wie alle Psychopathen, uneinsichtig, was eigene Fehler angeht, und zudem von Grund auf egoistisch.[34] Die Handlungsweise eines Psychopathen ist normal tickenden Menschen nicht deshalb so fremd, weil sie zum Beispiel im Verbrechen ein extremes Maß erreicht, sondern weil sie so »unverständlich« ist. Psychopathisches Verhalten entzieht sich normaler Logik und normalem emotionalen Empfinden. Weder können sich Psychopathen in andere noch können die sich in Psychopathen hineinversetzen.

Ganz normale Kriminelle

Normale Menschen ticken anders. Selbst dann, wenn sie Verbrechen begehen. Wir verstehen sehr wohl, wenn jemand in eine Bank einbricht, um Geld zu stehlen. Wir verstehen, wenn jemand einen anderen entführt, um politische Ziele durchzusetzen oder gefangene Kampfgenossen freizupressen. Wir verstehen sogar, wenn Menschen einander aus Eifersucht oder Rachegefühlen heraus töten. Sind wir also womöglich alle potenzielle Kriminelle, »Antisoziale«? Denn darum geht es hier vor allem: Warum halten sich Menschen nicht an für alle geltende und von den meisten auch akzeptierte Regeln, obwohl sie keine Psychopathen sind?

Vor gut dreißig Jahren sorgte das Ergebnis einer statistischen Erhebung für Aufsehen: Über die Hälfte der Straftaten in einer Gesellschaft werden von weniger als zehn Prozent der Bevölkerung begangen. Und sieht man sich die Verwandtschaftsverhältnisse näher an, zeigt sich, dass bestimmte Familien überdurchschnittlich viele Kriminelle hervorbringen.[35]

Man könnte also eine genetische Basis vermuten. Doch Spezialisten auf diesem Feld wie die Psychologin Terrie Moffitt und ihr Kollege Adrian Raine geben zu bedenken, dass antisoziales Verhalten auch durch nicht-genetische Faktoren weitergegeben werden könnte. Einfach ausgedrückt: Im passenden familiären Umfeld lässt sich kriminelles Verhalten erlernen, ohne dass es einem deshalb zuvor schon in den Genen gesteckt haben müsste – wenn einem nur einer beibringt, wie man eine Pistole abfeuert und eine Bank überfällt.

Keine Forschungsmethode, ob sie mehr auf den Einfluss der Gene und dadurch verursachte Hirnstörungen abzielt oder mehr auf soziale Faktoren, wird für sich allein einen Durchbruch bei der Suche nach den Ursachen der Kriminalität und allgemein des antisozialen Verhaltens erzielen. Darüber sind sich führende Forscher auf diesem Feld inzwischen einig.

Ein Fehler, der bei entsprechenden Studien häufig gemacht wird: Man verwechselt Korrelation mit Kausalität. Letztlich steckt dahinter der bereits erwähnte Attributionsfehler, die Tendenz also, den Grund für ein bestimmtes Verhalten zu schnell im Handelnden selbst zu suchen und nicht zuvor zu fragen, in welcher Situation er sich befunden hat. Wenn zwei Ereignisse gemeinsam auftreten, ist damit nämlich noch nicht bewiesen, dass das eine das andere verursacht hat. Andernfalls stünde zum Beispiel in den USA eine dunkle Hautfarbe in ursächlichem Zusammenhang mit einem Hang zur Kriminalität. Denn auf hunderttausend männliche Schwarze in der Bevölkerung kommen rund dreitausendeinhundert Gefängnisinsassen. Nur vierhundertsiebzig pro hunderttausend sind es dagegen bei den weißen Amerikanern.[36] Ohne voreilige Schlüsse zu ziehen, dürfte es berechtigt sein, die Frage nach den Ursachen dieses Verhältnisses als noch nicht geklärt zu bezeichnen.

Bislang ist es schlicht unmöglich, das komplexe Ursachengeflecht zu entwirren, das zu »normalem«, nicht psychopathischem antisozialem Verhalten führt. Und angesichts der in der Forschung immer wichtiger werdenden Rolle epigenetischer Faktoren scheinen Zweifel angebracht, ob das in absehbarer Zeit überhaupt geschehen kann. Denn nicht allein das Vorhandensein oder die Anordnung bestimmter Gene spielen die entscheidende Rolle für unsere Entwicklung, wie wir gesehen haben, sondern die komplexe Dynamik ihrer Aktivierung. Mit heutigen Verfahren einzelne Faktoren herausfiltern und etwa gar ihren genauen Anteil am antisozialen Geschehen bestimmen zu wollen, ist wegen der kaum noch überschaubaren Wechselwirkungen zumindest vorerst zum Scheitern verurteilt. Man stecke im Stadium der Erforschung von Risikofaktoren fest, haben etliche Forscher antisozialen Verhaltens schon geklagt, und komme bei der Frage nach den Ursachen nicht recht weiter. So wird es unter ihnen inzwischen schon als Erfolg gewertet, dass verhaltensgenetische Studien zu dem Ergebnis kommen, es müssten auf jeden Fall auch noch Umweltfaktoren eine Rolle spielen.[37] Die Frage, ob genetische Einflüsse mitverantwortlich sind, wenn Eltern ihre Kinder schlecht erziehen oder gar vernachlässigen, was wiederum zu einem Risikofaktor für das spätere Verhalten der Nachkommen werden könne, beantwortet eine neu erstellte Forschungsbilanz von Terrie Moffitt und ihrem Kollegen Avshalom Caspi mit einem dürftigen »wahrscheinlich«.[38] Und Untersuchungen, die klären sollen, ob es beim antisozialen Verhalten eine Wechselwirkung zwischen genetischen und Umweltfaktoren geben könnte, werden in diesem Übersichtsartikel »substanzielle methodologische Herausforderungen« bescheinigt.[39] Dabei muss sich jeder, der die Ergebnisse aktueller epigenetischer Studien betrachtet, wundern, wieso eine solche Wechselwirkung überhaupt noch infrage gestellt wird. Darum ist es auch nicht erstaunlich, dass der zitierte Überblicksartikel zu dem Schluss kommt, »dass Umweltrisiken die Menschen stärker beeinflussen können, als früher angenommen«. Oder um es noch klarer zu sagen: Einfache verhaltensgenetische Modelle, die bestimmte Erbanlagen und antisoziales Verhalten koppeln, sind vom Tisch. Es gibt keine »Verbrechergene«.

Es wäre aber ein fataler Fehler, nun flugs zu einer behavioristischen »Schuld ist nur die Umwelt«-Haltung zurückzukehren, denn die ist genauso falsch wie die genetozentristische. »Die Überzeugung, dass soziale Faktoren getrennt von ihrer biologischen Wirkung Gewalt hervorrufen könnten, führt genauso in die Irre

wie der Glaube, gewalttätiges Verhalten sei in die Gene eingeschrieben«, stellte die amerikanische Neurowissenschaftlerin Debra Niehoff bereits 1999 in ihrem Buch zur Biologie der Gewalt
fest.[40] Es ist höchste Zeit, dass sich diese Einsicht herumspricht.

Zusammenfassende Thesen:

1. Verhalten ist »böse« oder antisozial, wenn es gesellschaftlichen Erwartungen widerspricht oder diese missachtet.
Das absolute Böse gibt es nicht.
2. Störungen des empathischen Empfindens und/oder der
Fähigkeit zur Abschätzung von Handlungsfolgen können
dazu führen, dass soziale Regeln nicht gelernt oder zumindest im Alltag nicht angewandt werden.
3. Dass eine relativ kleine Gruppe von Menschen für einen
Großteil der Straftaten einer Gesellschaft verantwortlich
ist, beweist nicht, dass es eine spezifische genetische Veranlagung dafür gibt. Auch in diesem Fall wirken Erbgut
und Erfahrung untrennbar zusammen.

Gewissensbisse

Das moralische Dilemma: Erst sprechen die Gefühle, dann der Verstand

> Sofort nun wende dich nach innen,
> das Zentrum findest du da drinnen,
> woran kein Edler zweifeln mag.
> Wirst keine Regel da vermissen:
> Denn das selbständige Gewissen
> ist Sonne deinem Sittentag.
>
> *Johann Wolfgang von Goethe*[1]

Die Moral regelt den Umgang der Menschen miteinander – so lautet die allgemein gehaltene Definition, die wir aus der analytischen Ethik entlehnt haben. Folglich ist die Moral ihrem Ursprung und ihrer Funktion nach »eine soziale Erscheinung«.[2] Was sollte auch ein einzelner Mensch mit einer Moral ganz für sich allein, es sei denn, er fände Gefallen daran, sich mit selbstverordneten Vorschriften zu quälen.

Es gibt viele verschiedene moralische Systeme, und jeder von uns gehört gewöhnlich mehreren an. Die Familie ist für die meisten wohl das nächstliegende Beispiel. Und auch alle, die beruflich mit den gleichen Regeln und unter demselben Firmendach leben, bilden im weiteren Sinne eine moralische Gemeinschaft. Religiöse Gruppen können hinzukommen, auch Vereine und politische Parteien. Jedes dieser sozialen Systeme hat normalerweise eigene Regeln, aus denen jeweils eigene Pflichten und Rechte erwachsen. Dadurch kann es aber auch zu Konflikten kommen. Dann nämlich, wenn die Regeln unterschiedlicher Gruppen, denen wir angehören, kollidieren.

Christliche Politiker wie jüngst die Bundesforschungsministerin Annette Schavan erleben das bei Debatten wie der über den Embryonenschutz, wenn Parteitagsbeschlüsse zum Beispiel mit den Positionen ihrer Kirche nicht übereinstimmen. Die bekennend katholische Ministerin beugte sich im Dezember 2007 dem Votum ihres Parteitags, machte in einer Rede sogar ihren Gewissenskonflikt deutlich und erntete dafür dann heftige Kritik von Bischöfen. »Unwahrhaftig« sei sie, warf ihr der Kölner Kardinal Joachim Meisner vor.[3] Dabei ist Annette Schavan nicht nur selbst Theologin, sondern auch Mitglied des Zentralkomitees der deutschen Katholiken. Aber nicht die Laien definieren, was offiziell gilt, sondern das durch Papst und Bischöfe repräsentierte Lehramt. Die katholische Kirche ist ein gutes Beispiel dafür, dass nicht unbedingt das gesamte Regelsystem einer moralischen Gemeinschaft demokratisch durch den direkten Konsens ihrer Mitglieder zustande kommen muss, solange es einen grundsätzlichen Konsens gibt, der die Struktur und Funktion dieser Gemeinschaft trägt.

Nicht nur bei Fragen über Leben und Tod, wie in der Stammzellendebatte, sondern beinahe unablässig muss jeder von uns zu moralischen Urteilen kommen. Wie wir solche Entscheidungen fällen und schließlich handeln, ist das zentrale Thema dieses Kapitels.

Bei unserer Suche nach Wesen und Ursprung der Moral haben wir inzwischen so viele Mosaiksteine gesammelt, dass sich bereits ein ziemlich deutliches Bild erkennen lässt. Die Erfahrung lehrt zwar, dass es uns ziemlich schwerfällt, *nicht* von unserer völligen individuellen Freiheit auszugehen. Wie abhängig von unserem sozialen Umfeld wir aber schon aufgrund unserer Natur sind, beweist bereits jedes Neugeborene, wenn es uns die grundlegenden Muster menschlichen Verhaltens offenbart. Das Wichtigste in diesem Zusammenhang: Wir können uns gedanklich und gleichzeitig fühlend in die Haut eines anderen hineinversetzen. Empathisch miteinander umgehen zu können ist die Voraussetzung dafür, dass wir überhaupt mehr oder minder gut funktionierende soziale Gebilde zustande bekommen. Auch in Bezug auf unser

Miteinander entsteht unsere Welt allein in unseren Köpfen. Dort sprießen unsere Wünsche und Bedürfnisse. Dort nehmen wir wahr, was andere von uns erwarten. Und dort fallen dann auch die Entscheidungen darüber, wie wir uns ihnen gegenüber verhalten.

Temperament als Fundament

Psychopathen behandeln moralische Regeln, als wären es einfache soziale Konventionen, die man befolgen kann oder eben auch nicht. Die Tötung eines Menschen zum Beispiel ist dann eine Ermessensfrage, abhängig von Situation und Stimmung, nicht aber von grundsätzlichen Verhaltensregeln. Als Ursache für diese Fehleinschätzung vermuten Forscher wie James Blair eine Schädigung der Amygdala und dadurch bedingt eine erhebliche Einschränkung des emotionalen Apparates.[4] Weder fühlen Psychopathen wie andere, noch fühlen sie, was andere fühlen. Vermutlich liegt genau darin die Blindheit begründet, mit der Psychopathen sozialen Regeln begegnen, seien sie rein konventioneller oder schon moralischer Natur. Die Betreffenden bleiben in dieser Hinsicht in einer frühen Kindheitsphase stecken.

Ab einem Alter von etwa dreieinhalb Jahren hat nämlich jedes psychisch normal entwickelte Kind ein Gespür dafür, wann es mit seinem Verhalten eine einfache Konvention verletzt und wann bereits eine moralische Regel, durch deren Missachtung – so macht es die übliche Definition zur Bedingung – ein anderer oder mehrere andere geschädigt werden.[5] Mit den Fingern im Essen herumzumatschen ist eine konventionelle Übertretung, falls es nicht zu renovierungsbedürftigen Schäden in der elterlichen Wohnung kommt. Den Eltern Geld aus dem Portemonnaie zu stehlen ist dagegen grundsätzlich ein moralisches Fehlverhalten, denn es gibt in jedem Fall einen Geschädigten. Wie aber entscheidet ein kleines Kind, wann ein Wunsch oder ein Verhalten so wichtig ist, dass eine moralische Qualität ins Spiel kommt? Und woran merken Forscher, dass ein Kind das weiß?

Grundlage für sein psychisches Leben und – abgesehen vom äußeren Erscheinungsbild – gleichzeitig das erste Kennzeichen der Individualität eines Kindes ist sein Temperament.[6] Eltern wissen oft schon in den ersten Stunden nach der Geburt ihres Sprösslings (oder glauben wenigstens zu wissen), ob der besonders »lebhaft« ist oder »ruhig«, »neugierig« oder »scheu« oder was ihnen sonst noch an Eigenschaften einfällt, die so etwas wie die Basis des Verhaltens eines Menschen ausmachen können. Nach einer in der Forschung gängigen Definition ist die Bewertung des Temperaments eines Menschen so etwas wie die künstlerische Note beim Eiskunstlauf. Nicht was getan wird, ist dabei also die Frage, sondern wie es getan wird. Bei all den verschiedenen Ansätzen, die es bei der wissenschaftlichen Beschreibung des Temperaments gibt, ist ein Charakteristikum allen diesen Definitionen gemein: die Bedeutung der individuellen Unterschiede bei der Entwicklung und beim Umgang mit menschlichen Grundgefühlen wie Glück, Schmerz, Ärger, Frustration oder Angst.

Wie wichtig diese Gefühle schon bei kleinsten Kindern sind, lässt sich daran erkennen, dass Eltern auf die Äußerung genau dieser Gefühle achten, um den jeweiligen »Zustand« ihres Kindes, empathisch und ebenso durch bewusste Beobachtung, einschätzen und entsprechend darauf reagieren zu können. Ob das Kind schluchzt, kreischt oder gluckst zum Beispiel und wie es das jeweils auf seine ganz eigene Art tut, hat eine bestimmte Bedeutung, die empathisch verstanden werden kann. So entsteht Bindung. Und darum sind diese vom individuellen Temperament geprägten, grundsätzlichen Gefühle der Stoff, aus dem das frühe soziale Miteinander entsteht. Das Temperament ist dabei aber so wenig schicksalhaft für das weitere Leben, wie es die genetischen Voraussetzungen sind, die zu einem erheblichen Teil zu seiner Beschaffenheit beitragen. Die frühe psychische Entwicklung geschieht zwar auf einer biologischen Basis, aber auch unter den mächtigen Einflüssen der häuslichen Umwelt. Wie beides, also Erziehung und kindliches Temperament, zusammenpasst und dann entweder wenigstens einigermaßen zur Harmonie findet oder aber in einen Dauerkonflikt mündet, trägt erheblich zur weiteren Entwicklung eines Kindes bei.[7] Von dieser Grundkonstellation hängt zum großen Teil ab, wie die Sozialisierung gelingt.

Erzählte Gefühle

Die sozialen Kompetenzen eines Menschen richten sich nicht zuletzt danach, wie sich – auf der Grundlage des Temperaments – sein Gefühlsleben entwickelt. Und dazu gehört schon die um den ersten Geburtstag herum sich ausbildende Fähigkeit, die Mimik von Erwachsenen zu deuten, die daraus gewonnenen Erkenntnisse mit anderen Wahrnehmungen, akustischen etwa, in Verbindung zu bringen und zu einem Gesamtbild des wahrgenommenen Verhaltens zusammenzufügen. Damit ist bereits das Fundament für ein Leben als Homo moralis gelegt.

Noch vor Vollendung des dritten Lebensjahres sind die meisten Kinder in der Lage, bestimmte emotionale Zeichen bei anderen, zusammengezogene Brauen vielleicht oder hängende Schultern, mit den dazugehörigen Stimmungen, Ärger also oder Trauer, zu verknüpfen. Ein Lächeln heißt dann:»Alles gut gemacht.« Große Augen und ein ernstes Gesicht dagegen:»Vorsicht. Etwas läuft falsch, womöglich droht gar Gefahr.« So erkennen Kinder, ob sie mit ihrem Verhalten die Erwartungen ihrer Eltern erfüllt oder enttäuscht haben, und können sich beim nächsten Mal anders, den Erwartungen angemessener verhalten. Was aber sind moralische Regeln anderes als Erwartungen, die von außen, von anderen also, an unser Verhalten gestellt werden?

In diesem Alter steht Kindern auch schon ein wichtiges Instrument zur Verfügung, um ihre empathischen Wahrnehmungen zu prüfen und zu ergänzen: die Sprache. Dieses Medium erlaubt es ihnen nämlich, eigene Erfahrungen mitzuteilen und zu lernen, wie andere darauf reagieren. So entsteht ein »Konversationsforum«, wie der Entwicklungspsychologe Ross A. Thompson von der University of California in Davis es nennt, in dem die Eltern und alle, mit denen das Kind regelmäßigen Kontakt pflegt, nicht nur in einfachen Gesprächen Emotionen erläutern und deuten, sondern zugleich diese Gefühle in den geltenden sozialen Kontext einordnen. Auf diese Weise wird nach und nach vermittelt, welches Verhalten unter welchen Umständen angemessen ist. Vielleicht erzählt das Kind der Mutter später am Tag von seinem Frühstückserlebnis. Dass es sein Müsli gegessen hat, zum Beispiel, dabei aber geweint hat. »Ja«, erwidert die Mutter, »du hast geweint, nicht wahr? Wir haben ganz schön gerangelt. ›Nur noch einen Löffel‹, habe ich gesagt. Und was hast du getan? Du hast das Müsli ausgespuckt!«[8]

Welche Folgen es haben kann, wenn den Erwartungen entsprochen oder nicht entsprochen wird, ist ebenfalls Gegenstand dieser elementaren Konversationen, die mit dem gleichzeitigen Reifen der empathischen Fähigkeiten einhergehen, oder zumindest einhergehen sollten. Dieser einfache Lernprozess im Leben des Kleinkinds muss keineswegs immer friedlich vonstatten gehen.[9] Auch Konflikte können einem Menschen helfen, die Welt zu verstehen. Das weiß jeder aus eigener Erfahrung, und das ist keine Frage des Alters.

Da Kleinkinder heute nicht mehr, wie noch zu Zeiten von Piaget, als egoistische Nervensägen gesehen werden, denen es völlig egal ist, ob sie andere mit ihren Forderungen zur Verzweiflung treiben, hat sich in der Forschung auch das Verständnis der Kleinen als moralische Wesen verändert. Denn kaum ist sein »Ich« erwacht und ein Kind voll des Bewusstseins seiner selbst, gibt es da noch etwas anderes in der kleinen Seele zu entdecken: ein Gewissen.

So macht man das

Was hilft einem Kind nun, die Erwartungen zu verstehen, vor die es sich gestellt sieht? Eine Arbeitsgruppe unter der Leitung des Entwicklungspsychologen Ross A. Thompson, damals an der University of Nebraska, heute an der University of California in Davis, wollte herausfinden, wie die Art und Weise der Eltern, mit ihrem Spross zu sprechen, sein moralisches Verständnis beeinflusst.[10] Zweiundvierzig Vierjährige mit ihren Müttern nahmen an der Studie teil. Der aus mehreren Teilen bestehende Test begann mit einer viertelstündigen Spielphase. Anschließend wurden die Mütter gebeten, ihre Kinder die Spielsachen aufräumen zu lassen. In dieser Zeit sollten die Frauen beobachten, wie ihre Anweisungen befolgt wurden. In der nächsten Phase dann sollten die Mütter mit ihren Kindern zwei Erlebnisse aus der Aufräumaktion besprechen, ein Beispiel für positives Verhalten und eins für negatives. Zum Abschluss bekamen die Kinder eine langweilige, acht Minuten dauernde Sortieraufgabe, vor deren Erledigung ihnen von ihren Müttern eingeschärft worden war, nicht die verlockenden Spielzeuge anzufassen, die auf einem gut erreichbaren Regal lagen. Dann gingen die Mütter in ein Nachbarzimmer und überließen die Kinder sich selbst und der Versuchung.

Das Verhalten der Kinder wurde nach üblichen psychologischen Analysemethoden bewertet und zu den Anweisungen und Erläuterungen ihrer Mütter in Beziehung gesetzt. Dabei zeigte sich, dass besonders die gefühlsbeladenen Urteile – »Das war sehr schön von dir und hat mir gutgetan!« – eine starke gewissensbildende Kraft hatten. Kinder, deren Mütter sich so oder so ähnlich geäußert und wenig Wert auf das Aufzählen und Erklären von Regeln gelegt hatten, hielten sich besonders gut an die mütterlichen Anweisungen, ließen das Spielzeug unangetastet und bewahrten sich so ein reines Gewissen.

Als Gewissen sollen im Folgenden alle Prozesse gelten, aus denen ein Mensch seine Haltungen und Handlungen, gemessen an inneren Verhaltensstandards, ableitet.[11] Dass sie »innen« sind, ist beim Gewissen selbstverständlich, und dass es sich um Verhaltensstandards handelt, nicht einfach nur um gewusste moralische Regeln, ist deshalb wichtig, weil jemand zwar alle geltenden Normen kennen und trotzdem »gewissenlos« sein und handeln kann.

Diese Definition ist so allgemein, dass sie auch noch religiös gesinnte Vertreter eines in die Seele geschriebenen »natürlichen Sittengesetzes« zufriedenstellen sollte. Allerdings wird deren Zustimmung nicht sehr weit reichen. Denn, so zeigen die bisherigen Untersuchungen zur frühen moralischen Entwicklung des Menschen, was als Standard gilt, als »Das macht man so«, wird nicht aus einem von Gott in die Seele geschriebenen Gesetz abgeleitet, sondern aus den Erfahrungen, die man mit anderen Menschen macht. Ausgehend von den Forschungseinsichten, die wir bereits kennengelernt haben, konzentrieren sich Wissenschaftler heute auch nicht mehr allein auf die kognitive Entwicklung eines Menschen, sondern beziehen sein Vermögen zur Empathie und so starke Gefühle wie Scham oder Schuldbewusstsein in ihre Untersuchungen zum Thema Moral mit ein.

Das moralische oder als moralisch deutbare Verständnis eigenen Handelns beginnt da, wo das Kleinkind als Konsequenz seiner Taten Erfahrungen macht, die es als Belohnung (»fühlt sich gut an«) oder Bestrafung (»fühlt sich nicht gut an«) empfindet. Als einjähriges Kind müssen wir solche Erfahrungen noch selber machen, damit sie wirken. Ein Jahr später reicht es schon, wenn wir etwa bei Geschwistern erleben, welche Folgen es hat, einer Nachbarin vors Schienbein zu treten oder aber unaufgefordert beim Abräumen des Mittagstisches zu helfen.

Ist dieses Verhalten schon »moralisch«? Oder doch nur antrainiert wie bei einer Laborratte? Und wie verhält es sich mit der spontanen Hilfe ganz ohne jede Aussicht auf Belohnung, die Leipziger Forscher schon bei kleinen Kindern – und Schimpansen – beobachten konnten?

Ziehen wir die Grenzen ein wenig enger und erwarten von

moralischem Verhalten so etwas wie eine allgemeine innere Überzeugung, dann haben wir es hier noch nicht wirklich mit moralischem Handeln zu tun. So kleine Kinder als moralische Wesen
zu verstehen fällt schon deshalb schwer, weil im ersten Lebensjahr
oder auch kurz danach noch kein Selbstbewusstsein entwickelt
ist, das dem Erwachsener gleichkäme. Wie sollten sich Kinder also
selbst als moralisch handelnde Personen verstehen können? Andererseits ist ihnen auch in diesem Alter offenbar schon klar, dass
andere Menschen Absichten haben können, die von den eigenen
abweichen, und dass so etwas Folgen hat. An der Mimik und auch
an den begleitenden Sätzen ist für Kleinkinder klar erkennbar, was
den Eltern gefallen hat und was nicht.

Interessant dabei ist, dass die Reaktionen der Eltern zwar als
Wegweiser zu moralischen Standards dienen, dass Kinder andererseits aber schon früh eine kritische Einschätzung solcher Wahrnehmungen vornehmen. Es wird nicht einfach alles geschluckt,
wie es kommt. Darum sollte dieses frühe Lernen auch nicht als
»Dressur« oder, vornehmer, »Konditionierung« abgetan werden.
Das Kind beurteilt das Verhalten derer, die für es Sorge tragen,
und wird zum Beispiel kritisch registrieren, wenn ihm der Griff
zur Schokolade von seinen Eltern verboten wird, während die ge-
nüsslich zulangen. Seine Reaktionen auf die Reaktionen anderer
hängen einerseits vom eigenen Temperament ab, andererseits aber
auch vom Entwicklungsstand und den allmählich wachsenden
Möglichkeiten, das Verhalten anderer nicht nur zu »ertragen«,
sondern auch in Beziehung zu deren vermuteten Absichten und
den schließlich erzielten Wirkungen zu setzen.

Menschen sind »teleologisch besessen«, sagt der Psychologe
Gergely Csibra von der University of London. Der gebürtige Un-
gar und sein Team haben sich ausführlich der Frage gewidmet, wie
sehr wir schon als Säuglinge, und erst recht später, hinter allem,
was wir beobachten, einen Akteur und hinter jedem Akteur eine
Absicht vermuten. Die Londoner Forscher gehen davon aus, dass
hinter dieser offenbar angeborenen Besessenheit zweierlei steckt:
Einmal versuchen wir, aus Absichten, die wir zu erkennen glauben,

auf künftige Ereignisse zu schließen. Vermutet das Kind, die Mutter zieht den Mantel an, weil sie gleich mit ihm spazieren gehen will, wird es darauf warten, geholt und ebenfalls angezogen zu werden. Und nehmen wir als Erwachsene an, ein ehrgeiziger Arbeitskollege habe es auf den Chefsessel abgesehen, werden wir damit rechnen, dass er mögliche Konkurrenten auszuschalten versucht. Solche Vorhersagen sind möglich, weil wir aus der Beobachtung des Verhaltens der Akteure in unserer Umgebung ein inneres »Arbeitsmodell« entwickeln. Mithilfe dieses Modells lässt sich auch aus den Handlungen der anderen lernen:[12] Wer zum Beispiel das volle Glas nicht verschütten will, muss es gerade halten. Und wer will, dass die Mutter vor Freude strahlt, sollte seinen Teller leer essen, ohne zu meckern und zu kleckern.

Ein Kind muss etwa drei Jahre alt sein, um Beobachtungen kritisch beurteilen zu können und nicht einfach alles zu glauben. Zwei weitere Jahre braucht es, bis ein Mensch bei normaler Entwicklung begriffen hat, dass andere ihre Absichten und Handlungen an Bedürfnissen und Überzeugungen orientieren, womöglich auch an Überzeugungen, die »falsch« sind. Dabei geht es zunächst einmal um ganz einfache Irrtümer: Mutter geht zum Schrank, um eine Vase für die Blumen herauszuholen, aber Vater hat sie zuvor schon geholt und ist damit in die Küche gegangen. Mutters Überzeugung »Die Vase steht im Schrank« ist also falsch. Entsprechend basiert ihre Handlungsabsicht auf einer falschen Annahme. Dass das Kind in der Lage ist, den Irrtum zu erkennen, stellt eine beachtliche kognitive Leistung dar. Diese Fähigkeit kann uns auch später davor bewahren, aus falschen Schlüssen falsche Verhaltensweisen abzuleiten und womöglich gar zu verinnerlichen. Umweltorganisationen erheben zum Beispiel gern den »Schutz des ökologischen Gleichgewichts« zur moralischen Pflicht für alle. Ein kritisches Bewusstsein hilft aber zu erkennen, dass mit einem solchen Gleichgewicht der Kräfte zugleich ein Stillstand der evolutionären Entwicklung verbunden wäre. Entsprechend lässt sich aus dieser Einsicht schließen, dass ein »ökologisches Gleichgewicht«, da statisch, nicht natürlich ist und dessen Schutz darum keine selbstverständliche moralische Pflicht sein kann, auch wenn honorige Menschen das fordern. Deren wahrscheinlich gute Absicht macht keine faktischen Irrtümer wett.

Beeindruckend ist auch die schon im Alter von etwa drei Jahren entwickelte Fähigkeit, darüber nachzudenken, was erlaubt ist und was nicht. Von »deontischem Schließen« sprechen Fachleute und meinen damit, dass ein Kind sich allmählich einen Satz von Regeln erschließt, der ihm sagt, was es tun soll und was nicht. So also wird der kleine Mensch zum »Regeldeontologen« und gießt Freude ins Herz aller überzeugten, der Regel des kategorischen Imperativs und der Vernunft verpflichteten Kantianer. Die Freude könnte allerdings nur von Dauer sein, wenn es wirklich der Verstand wäre, der das moralische Zepter führt. Und daran gibt es begründete Zweifel.

Denn etwa im selben Alter beginnen Kinder zu verstehen, wie Wünsche an bestimmte Emotionen geknüpft sind.[13] Glück folgt auf die Erfüllung des Begehrens, Trauer oder Frustration dagegen auf dessen Nichterfüllung. Was also macht ein hin und her gerissenes Kind, das nach Anbruch der Bettzeit eigentlich noch ein bisschen spielen möchte, aber weiß, dass die Eltern das verboten haben?

Untersuchungen der kalifornischen Psychologin Kristin Lagattuta belegten, dass mit den Jahren die Aussicht auf die ferneren Folgen einer Handlung immer stärker an Einfluss gewinnt. Ließ man Kinder unterschiedlichen Alters zum Beispiel beurteilen, welche Gefühle ein fiktives Kind wohl hat, das trotz elterlichen Verbots auf die Straße zuläuft, um einen Ball zu holen, so vermuteten die Jüngsten unter den Befragten positive Gefühle. Im Vordergrund stand dabei offenbar die simple Einsicht, dass erfüllte Wünsche glücklich machen. Nur so kannten sie es selbst, und so vermuteten sie es darum auch bei dem Kind, dessen Gefühle sie beurteilen sollten.

Kinder ab einem Alter von etwa sieben Jahren beurteilten die Lage dagegen bereits wie Erwachsene und berücksichtigten die möglichen längerfristigen Folgen, in diesem Fall also die wahrscheinliche Bestrafung durch die Eltern. Darum nahmen sie auch an, ein Kind, das ein Verbot übertritt, müsse zumindest gemischte Gefühle entwickeln.[14] Darunter auch solche, die ein halbwegs entwickeltes Selbstbewusstsein voraussetzen: Scham zum Beispiel, das erste Gefühl überhaupt, das den Menschen nach der Erzählung der Bibel überkommt. Und schon dort ist die Scham direkt mit der Sünde, der moralischen Übertretung also, verknüpft.[15]

Die Macht der Blicke

Während des ersten Lebensjahres gehen Kinder davon aus, dass sie für alles, was sie anrichten, uneingeschränkt geliebt werden.[16] Allerdings sind in dem Alter zumeist noch keine allzu waghalsigen Operationen möglich, die Kritik seitens der Eltern hervorrufen könnten. Das ändert sich nach dem ersten Geburtstag. Was passiert zum Beispiel, wenn das Kind im Garten auf das frisch geplanzte Zierbeet zutapst und die Großen ahnen, dass gleich die Blüten fliegen werden? Sie gucken nicht mehr freundlich, und es dauert dann wahrscheinlich auch nicht mehr lange, bis ein »Neeeeeeein!« erschallt. Wer die »Teletubbies« aus dem Fernsehen kennt, weiß, wie es sich anhört, wenn die Stimme aus dem Off die kleinen Tolpatsche zurechtweist.

In einem solchen Augenblick macht das Kind vielleicht zum ersten Mal die Erfahrung, dass sein Verhalten nicht uneingeschränkt begrüßt wird. Es schaut auf die Erwachsenen in seiner Nähe und staunt, denn deren Blick und Mimik sind so ganz anders als erwartet. Gesicht und Stimme vereinen sich zur massiven Ablehnung der geplanten Handlung des Sprösslings, die doch so viel Spaß machen würde. Denn erfüllte Wünsche machen glücklich. Oder doch nicht? Die eigenen Absichten zu denen der anderen ins Verhältnis zu setzen gelingt nun ansatzweise zum ersten Mal. Einsicht ist da natürlich noch nicht im Spiel, aber der missbilligende Blick der Eltern bringt deutlich wahrnehmbares Unbehagen. Und das lässt sich am schnellsten abstellen, indem das Kind den anklagenden Blicken der Großen ausweicht und zum Beispiel verschämt zu Boden schaut.

Damit ist die Scham erstmals in ihrer elementarsten Form in Erscheinung getreten, oder wenigstens in einer Vorstufe, falls wir ein entwickeltes Selbstbewusstsein für dieses Gefühl voraussetzen wollen. Das Selbstbewusstsein blüht erst gegen Ende des zweiten Lebensjahres vollends auf, und von da an wird auch die Scham tiefer empfunden als zuvor. Dazu kann eine weitere Empfindung erwachen, die Selbstbewusstsein voraussetzt und außerdem einen deutlichen Unterschied zwischen der Bewertung einer einzelnen Tat und der eines ganzen Menschen macht: das Schuldgefühl.[17]

Kleine Kinder kennen diese Trennung noch nicht. Die Ablehnung einer einzelnen Handlung durch die Eltern ist für sie gleichbedeutend mit einer negativen Gesamtbeurteilung. Erst später entwickelt sich mit den weiteren kognitiven und emotionalen Fähigkeiten ein breiteres Spektrum an Wahrnehmungen. Wir schämen uns gewissermaßen als komplette Menschen. Die Scham greift tief ins Selbstwertfühl ein und wird darum normalerweise als schlimmer empfunden als ein reines Schuldgefühl. Üblicherweise wird jemand, der sich schämt, auch nicht versuchen, den angerichteten Schaden gutzumachen. Schuld dagegen kann ich für eine bestimmte Tat anerkennen, ohne mich deshalb als moralisch Handelnder gleich vollständig verurteilt zu sehen.

Beim Kind wird dieser Unterschied zwischen Scham und Schuld besonders deutlich. Wenn es sich schämt, ist es wirklich tief betroffen und fürchtet auch um seine Beziehung zu den Großen. Gesteht es dagegen nur seine Schuld ein – »Ich war das« –, geht das nicht unbedingt mit Gefühlen eines verminderten Selbstwertes einher.[18]

Das Ich und die Moral

Auch wenn die kognitiven Fähigkeiten noch nicht voll ausgereift sind, werden moralische Regeln durchaus schon als solche wahrgenommen und ins eigene Handeln einbezogen. Mit dem Selbstbewusstsein entwickelt sich die Moral als Basis des eigenen Verhaltens. Wird nach Begründungen gefragt, fallen die beim kleinen Kind naturgemäß noch recht grob aus:»Das ist böse.« Erst mit etwa fünf Jahren ist ein Mensch so weit, moralische Begründungen geben zu können. Dass ein anderes Kind nicht geschlagen werden sollte, wird dann womöglich so erklärt:»Es würde ihm wehtun, so wie es mir wehtun würde, wenn mich einer schlägt. Darum ist es falsch, das mit einem anderen zu machen, und er würde sich sehr traurig fühlen.«[19]

Die Psychologin Melanie Killen von der University of Maryland hat untersucht, wie weit das Verhalten von Kindern im Vorschulalter schon von moralischen Werten geprägt ist. Dazu wurden insgesamt zweiundsiebzig Kinder im Alter von viereinhalb bis fünfeinhalb Jahren – ungefähr gleich viele Mädchen und Jungen aus amerikanischen Mittelschichtsfamilien – mit kurzen, einfachen Geschichten konfrontiert, die sie beurteilen sollten. Zum Beispiel diese:»Eine Gruppe Mädchen spielt mit Puppen. John kommt vorbei und fragt, ob er mitspielen kann. Zwei Mädchen sagen, weil er ein Junge ist, könne er nicht mitspielen. Ist es in Ordnung, dass die Mädchen das zu John sagen? Warum oder warum nicht?«[20]

Alle Kinder lehnten den Ausschluss des Jungen, nur weil er ein Junge war, ab und begründeten ihre Entscheidung moralisch: Er wäre sicher traurig, wenn er nicht mitspielen dürfe. Man solle aber nett zu anderen Menschen sein. Und wenn er wirklich nicht mit Puppen spielen könne, dann sollten die Mädchen ihm das beibringen.

Die Studie zeigt, dass moralische Werte und das Nachdenken darüber schon bei Vorschulkindern eine Rolle spielen, auch wenn

Melanie Killen einräumt, weitere Studien müssten klären, wie das Verhalten in einer realen und nicht nur konstruierten Situation tatsächlich ausfiele. Erst dann könne sich erweisen, ob Werte wie Gerechtigkeit und Fairness in diesem Alter schon verinnerlicht sind. Die Vorsicht ist wohl berechtigt. Denn bei spontanen Entscheidungen, wer in eine Gruppe kommen dürfe, der man selber angehörte, spielten vor allem bei den jüngeren Kindern Stereotype – »Jungs spielen nur mit Jungs und Mädchen nicht mit Spielzeugautos« – eine wahrnehmbare Rolle. Gab man ihnen anschließend aber Zeit, unterschiedliche Handlungsoptionen zu bedenken, entschieden sich auch die Jüngeren schon für eine Gleichbehandlung. Offenbar hatten sie entsprechende Werte zum Teil bereits verinnerlicht.

Normalerweise ist es die Reaktion der Eltern auf das eigene Verhalten, also deren Zustimmung oder Ablehnung, die den Weg zu eigenen moralischen Standards weist. Solche Standards können wir als die verinnerlichte Form äußerer Regeln ansehen. Anders gesagt: Das Kind macht sich die Maßstäbe, denen es begegnet, zu eigen. Das geschieht durchaus nicht unkritisch, wie schon erwähnt wurde, und der Verinnerlichungsprozess hängt auch noch von einer ganzen Reihe anderer Faktoren ab. Vom Temperament des Kindes zum Beispiel, aber auch von der Qualität seiner Beziehung zu seinen Eltern oder denen, die für es Sorge tragen.

Eine als »unsicher« empfundene Beziehung ist wenig hilfreich, wenn es für das Kind darum geht, sich Verhaltensnormen anzueignen, die es im Umgang mit den Eltern erfahren hat. In der Bindungsforschung wird heute angenommen, dass Kinder aufgrund der frühen Erfahrungen mit den Eltern eine der eigenen Orientierung dienende innere Vorstellung oder »Repräsentation« davon gewinnen, wie sensibel und empfänglich die Eltern für die Bedürfnisse des Kindes sind. Wenn andere an die Stelle der Eltern treten und das Kind versorgen, gilt dasselbe. Am Verhalten des Kindes unter Stress oder in einer Situation, mit der es nicht umzugehen weiß, zeigt sich am deutlichsten, ob die Bindung für »sicher« gehalten wird.[21] »Sicherheit« ähnelt in diesem wissen-

schaftlichen Sinn also der umgangssprachlichen »Geborgenheit«
und ist eine wichtige Voraussetzung dafür, dass tiefe und warme
Beziehungen mit anderen eingegangen werden können. Und auf
dem Fundament einer »sicheren« Eltern-Kind-Beziehung kann
sich auch das moralische Verhalten weiterentwickeln.

In einem ersten Schritt wird dabei die bislang unmittelbar
erfahrene Reaktion der Eltern auf das eigene Verhalten in den
Kopf verlagert und die »Repräsentation« ergänzt. So entsteht ein
Simulationsmodell im kindlichen Gehirn, das vorhersagt, wie die
Eltern in einem bestimmten Fall reagieren würden. Ob etwa der
Wunsch, mit dem Dreirädchen nicht mehr in der Garageneinfahrt
zu bleiben, sondern auch die Straße zu erkunden, ein erlaubter
oder verbotener ist, entscheidet, falls die Eltern abwesend sind,
deren innere Repräsentation. So erwacht das Gewissen.

Sechsundsiebzig Augen

Und doch, selbst wenn wir unsere moralischen Normen als Kinder
in einer Atmosphäre der Zuwendung und des Vertrauens lernen
konnten und kein früher Frontalhirnschaden deren Verinnerlichung verhindert hat, werden wir später oft genug unsere liebe
Not damit haben, die ehernen Grundsätze umzusetzen. Und es
sind nicht allein schwere Gewissenskämpfe, die uns von der rechten Bahn abkommen lassen. Offenbar braucht es nur ganz wenig.

»Mehr als eine halbe Stunde lang sahen achtunddreißig respektable, gesetzestreue Bürger in Queens zu, wie ein Mörder eine
Frau in Kew Gardens in drei getrennten Angriffen verfolgte und
niederstach. … Keine einzige Person verständigte während der Tat
die Polizei; ein Zeuge rief an, als die Frau tot war.«[22] So beginnt ein
Klassiker der Sozialpsychologie, der Mord an der achtundzwanzig-
jährigen Catherine, genannt Kitty, Genovese. Die haarsträubenden
Umstände dieses Verbrechens sind mit den wenigen Sätzen aus der
New York Times vom 27. März 1964, zwei Wochen nach der Tat,

schon beinahe hinreichend erzählt. Zweimal, so berichtet der Reporter, hätten Stimmen und der plötzliche Lichtschein von Schlafzimmerlampen den Täter in die Flucht geschlagen. Jedes Mal aber sei er zurückgekehrt und habe schließlich ungestört sein grausiges Werk vollendet. Der Schock darüber, dass keiner der »guten Menschen« die Polizei gerufen oder sonstwie geholfen habe, steckte dem ermittelnden Beamten noch vierzehn Tage später in den Knochen, berichtete die *Times*.

Nach neueren Recherchen auf der Grundlage von Prozessakten gibt es zwar einige Zweifel am geschilderten Ablauf der Ereignisse. So geschah der eigentliche Mord in einem Hauseingang, konnte also von den Fenstern der Nachbarn aus nicht beobachtet werden.[23] Aber Zeugenaussagen sind so gut wie nie präzise, und in jedem Fall bleibt hier ein beklemmendes Gefühl. Denn tatsächlich ist ja eine junge Frau über einen Zeitraum von etwa einer halben Stunde gejagt und schließlich getötet worden, ohne dass Menschen, die das gesehen oder zumindest die Schreie des Opfers gehört haben müssen, auch nur versucht hätten, die Polizei zu verständigen.

Auch Psychologen untersuchten den Fall Kitty Genovese eingehend und führten Experimente durch, um zu verstehen, was Menschen dazu bringt, nichts oder kaum etwas zu tun, wenn ein anderer in höchster Gefahr ist. Die grundlegende Arbeit der damals in New York arbeitenden Wissenschaftler John M. Darley und Bibb Latané erschien 1968.[24] Die beiden Autoren ließen keinen Zweifel daran, von welchen Erwartungen sie ausgingen: »Sosehr wir uns auch wünschen mögen, dass das moralische Verhalten eines Einzelnen von Überlegungen zu persönlicher Bestrafung oder Belohnung unabhängig ist, beweisen Theorie und Praxis doch das Gegenteil.«[25]

Der Einfall mit dem Anfall

Darley und Latané schufen für ihr Experiment eine Situation, die mit der in der Mordnacht von Queens vergleichbar war, aber den Vorteil bot, dass man einzelne Parameter gezielt verändern und damit Abhängigkeiten aufdecken konnte.

Teilnehmer psychologischer Grundkurse an der New York University wurden aufgefordert, allein in einen Raum zu gehen, der mit einer Gegensprechanlage ausgerüstet war. Wie sie sich in einer Situation verhalten würden, in der sie einen anderen Studenten in einer Notlage vermuten mussten, war der Untersuchungsgegenstand des Experiments. Um ihn zu verdecken, wurde den Probanden aber gesagt, es sollten Probleme des Studentenlebens besprochen werden. Und damit es nicht zu peinlich für sie werde, solle das Gespräch unter Kommilitonen nicht von Angesicht zu Angesicht stattfinden, sondern über eine Sprechanlage. Die sei so eingerichtet, dass immer nur ein Teilnehmer reden könne. Die Mikrofone der anderen würden während dieser Zeit stumm geschaltet. Der Experimentator teilte dann noch mit, er werde an der Diskussion selbst nicht teilnehmen, sondern sich deren Verlauf später von den anderen Studenten per Fragebogen mitteilen lassen.

Was so wirken sollte, als wolle er die möglicherweise vertrauliche Atmosphäre nicht stören, diente allein dem Zweck, den Experimentator in der Vorstellung der Probanden aus dem Aktionsfeld herauszunehmen. Ein Kontakt war also nur möglich, wenn die Probanden das Zimmer verließen, was einen Bruch der Regeln bedeutete.

Die vorgetäuschte Diskussion begann jeweils mit dem Beitrag eines bestimmten Studenten, der beiläufig erwähnte, er neige besonders in Zeiten hoher Belastung, vor Prüfungen zum Beispiel, zu epileptischen Anfällen. Alle am Gespräch Beteiligten redeten nacheinander, der Proband im Einzelzimmer jeweils zuletzt.[26] Als Nächster sprach dann wieder der angeblich epileptische Student, und nach wenigen belanglosen Sätzen schien es ihn tatsächlich erwischt zu haben. Er begann zu stottern, wurde lauter, würgte und stammelte Sätze wie:»Ich glaube, ich brauche ... könnte jemand ...«, und schließlich:»Ich sterbe ... Hilfe!« Es folgte weiteres Würgen, dann Stille.

Der Proband im Einzelzimmer war in folgender Situation: Er musste annehmen, dass einer seiner Mitstudenten an einem Ort, den er nicht kannte, in Lebensgefahr schwebte. Er wusste nicht, ob ihm dort jemand half oder auch nur helfen konnte. Allerdings wusste er genau, dass er selbst nur helfen konnte, indem er den Experimentator verständigte. Das aber war nur möglich, wenn er entgegen den Regeln das Zimmer verließ und ihn suchte. Also tickte die Uhr. Sechs Minuten maximal gewährten die Experimentatoren den Probanden, um eine Hilfsaktion einzuleiten. Und nur eine Variable änderte sich von Versuch zu Versuch: die Zahl der angeblich an der Diskussion beteiligten Kommilitonen. Spielte es eine Rolle, ob jemand allein der Notlage eines anderen gegenüberstand oder mehrere Menschen zugegen waren?

Das Ergebnis war schon bei diesem ersten einfachen Experiment eindeutig, und es sollte sich in vielen weiteren Studien bestätigen: Je höher die Zahl der Menschen um uns herum, desto geringer unsere Bereitschaft, in einem Notfall zu helfen. Hatten die Studenten im Experiment den Eindruck, sie allein wüssten von dem epileptischen Anfall des Kommilitonen, verständigten fünfundachtzig Prozent den Experimentator, durchschnittlich nach zweiundfünfzig Sekunden. Glaubten die Versuchspersonen aber, es seien außer ihnen noch fünf weitere an der Diskussion beteiligt und wüssten darum ebenfalls von dem Anfall, halfen nur noch einunddreißig Prozent. Die durchschnittlich benötigte Zeit in diesem Fall: hundertsechsundsechzig Sekunden, fast dreimal so lange wie bei der ersten Konstellation.[27]

Die Befragung der Probanden nach dem Versuchsende ließ keinen Zweifel daran zu, dass praktisch alle von einem tatsächlichen Notfall ausgegangen waren. Etliche fragten sofort, nachdem sie aus dem Zimmer geholt worden waren, ob es dem vermeintlichen Epileptiker gut gehe. Warum also halfen sie einem, der offenbar um sein Leben fürchtete, nicht?»Es ist unser Eindruck, dass nicht intervenierende Subjekte nicht entschieden hatten, *nicht* zu helfen.«[28] Das ist vermutlich der erstaunlichste Befund: Die Probanden hatten keine bewusste Entscheidung getroffen. Ihnen hatte nicht ihr Verstand gesagt, sie bräuchten nichts zu tun, denn sicher hätten schon andere eingegriffen. Vielmehr war einfach gar nichts passiert, obwohl sich praktisch alle um den angeblichen Epileptiker gesorgt hatten, wie Beobachtungen der Experimentatoren und während des Versuchs versteckt gedrehte Filmaufnahmen zeigten.

Eilig, nicht heilig

John Darley und Bibb Latané sprechen von einer»Diffusion der Verantwortung«, die sie in dem Experiment beobachtet hätten. Kein aktiver, kein bewusster Prozess führte offenbar zu diesem Verhalten. Vielmehr war es so, als sei das Verantwortungsgefühl in dem Wissen um andere mögliche Helfer wie ein Wasserfleck in der warmen Sonne verdampft. Natürlich halfen bei dem Experiment auch etliche Studenten, obwohl sie davon ausgingen, dass es noch andere gab, die eingreifen könnten. Aber sehr viele blieben in ihrem Zimmer. Und das, obwohl sie sich nicht explizit dagegen entschieden, dem womöglich Sterbenden zu helfen.

Das taten auch jene Theologiestudenten des Princeton Theological Seminary nicht, die ein paar Jahre später angeblich an einer Studie teilnahmen, mittels derer ihre Berufung für das geistliche Amt untersucht werden sollte.[29] Zu ihren Aufgaben gehörte ein kleiner Vortrag über das neutestamentliche Gleichnis vom »guten Samariter«,[30] der als Einziger einem Mann hilft, der von Räubern überfallen und an der Straße zurückgelassen worden ist. Religiöse Würdenträger hingegen gehen achtlos an dem Verletzten vorbei. Die Bewohner der Region Samaria galten unter orthodoxen Juden damals als Ketzer. Es geht in dem Gleichnis also darum, dass es in den Augen Gottes auf die guten Handlungen eines Menschen ankommt und nicht auf einen buchstabengetreuen Glauben. Jeder der Probanden bereitete sich auf seine Ansprache zu diesem Thema vor, durfte aber keine Notizen machen. Danach wurde er gebeten, zu einem anderen Gebäude zu laufen, in dem ein Raum mit einer Aufzeichnungsanlage eingerichtet sei. Der Text solle dort auf Band gesprochen werden. Eine Sekretärin werde sich um alles Technische kümmern. Die Versuchsteilnehmer wurden mit dem Hinweis losgeschickt, es sei schon spät, sie sollten sich also beeilen.

Bei dem Gebäude angekommen, trafen die Probanden dann auf das »Opfer«, das zusammengesunken im Hauseingang saß, die Augen geschlossen hatte, hustete und stöhnte. Sprachen sie den Mann an, erhielten sie zur Antwort, das sei nur wieder das alte Atemproblem. Die Pille, die er genommen habe, müsse erst wirken, dann sei sicher wieder alles in Ordnung.

Folgendermaßen fiel am Ende die Quote der Barmherzigen aus: Insgesamt boten nur vierzig Prozent der Theologiestudenten dem japsenden Menschen vor ihren Füßen Hilfe an. Von den sehr Eiligen stiegen einige buchstäblich über das Opfer hinweg, um ihre Ansprache über das Gleichnis vom »guten Samariter« vermeintlich noch rechtzeitig halten zu können. Manchmal mit einer Entschuldigung der Art: »Ich bin in Eile.«

Für das Verhalten der Theologen spielte es anscheinend keine Rolle, dass sie sich eben noch intensiv mit der in ihrem Glauben geforderten Nächstenliebe auseinandergesetzt hatten. Wie wenig sich die Norm, anderen in Not zu helfen, auf das tatsächliche Hilfsverhalten auswirke, sei auch für sie selbst überraschend gewesen, fassten die Autoren die Ergebnisse ihrer Studie zusammen. Und wie es scheint, hat sich an der Moral religiöser Menschen in den vergangenen dreißig Jahren nicht viel geändert.

Eine vor kurzem veröffentlichte Untersuchung der Universitäten von Chicago und Yale hatte zum Ziel, die als Hypothese angenommene besondere Hinwendung religiös motivierter Ärzte zu den Minderbemittelten zu testen. Das konnte im positiven Fall bedeuten, dass solche Ärzte in besonders armen Gegenden praktizierten oder dass mindestens die Hälfte der eigenen Patienten entweder nicht krankenversichert oder auf das staatliche Hilfsprogramm »Medicare« angewiesen war. Von den Ärzten, die sich selbst als besonders religiös (christlich oder jüdisch) einstuften und ihren Beruf als Berufung ansahen, erfüllten einunddreißig Prozent die genannten Kriterien. Bei den Medizinern ohne besondere religiöse Haltung und mit einer rein professionellen Sicht auf ihren Berufsstand waren es fünfunddreißig Prozent.[31]

Wie es drinnen aussieht ...

Für die Nichtgläubigen unter uns gibt es allerdings keinen Grund, sich über die inkonsequenten Christen und Juden zu erheben und sie als Heuchler abzutun. Wer vermeintlich keine Prinzipien hat oder auch nur andere, ist nämlich keinen Deut besser, wie wir sehen werden. Und das ist durchaus nicht als Vorwurf gemeint. Wir können wohl gar nicht anders. Denn oft ist uns nicht einmal bewusst, was wir tun.

Wenn Neuroforscher von impliziten Prozessen sprechen, dann meinen sie Prozesse, die zumindest anfangs unbewusst ablaufen und die dennoch einen erheblichen Einfluss darauf haben, wie wir miteinander umgehen, und vor allem, wie wir einander einschätzen.[32] Ein entscheidendes Merkmal impliziter Prozesse ist es, dass wir auf frühere Erfahrungen zurückgreifen und sie bei der Abwägung von Urteilen und Handlungsoptionen unbewusst berücksichtigen.

Gleichzeitig legen wir aber auch bewusste Kriterien an, um zu einer Entscheidung zu gelangen. Diese beiden Prozesse können sich ergänzen und gegenseitig verstärken oder aber auch in Konflikt miteinander geraten. Wir müssen nicht sehr tief in uns gehen, um zu erkennen, dass das Herz durchaus nicht immer will, was der Verstand ihm vorzuschreiben versucht. Als schön wahrgenommene Menschen zum Beispiel haben einen großen – ihnen unbewusst gewährten – Vorteil, wenn sie durch andere beurteilt werden. In der psychologischen Literatur wird diese sicher ungerechte, aber unübersehbare Bevorzugung schon seit den 1920er Jahren als »Halo-Effekt« beschrieben. Egal, was bei Tests gefragt wird, attraktive Menschen sind angeblich netter, interessanter, umgänglicher, glücklicher, stärker als hässliche. Und natürlich haben sie in der Fremdwahrnehmung auch die angeseheneren Berufe und sogar im Schnitt einen besseren Charakter als eher unansehnliche Mitmenschen. Sie üben aber offenbar noch einen anderen Effekt auf uns aus, und spätestens hier ist das Feld der Moral erreicht: Schöne Menschen schneiden vor Gerichten besser ab, und ihnen wird in einer Notlage auch eher geholfen als weniger attraktiven Zeitgenossen, wobei Frauen von solchen Halo-Effekten offenbar stärker profitieren als Männer. Natürlich könnten wir jetzt behaupten, dass uns so etwas nie passieren würde und wir selbstverständlich immer nach den wirklich wichtigen Kriterien und »rein sachlich« urteilen. Das wird uns nur kaum jemand glauben, der sich professionell mit dieser Materie befasst hat, denn offenbar ist jeder Mensch durch scheinbare Nebensächlichkeiten beeinflussbar, wenn auch unterschiedlich stark und nicht jeden Tag gleich. So brachten Telefonbefragungen, bei denen die Angerufenen ihre eigene Lebensqualität beurteilen sollten, im Schnitt positivere Werte, wenn am Tag des Anrufes die Sonne schien, als bei Regenwetter. Und einen Witz finden wir bei weitem lustiger, wenn wir ihn in heiterer Stimmung hören, als wenn wir schlechter Laune sind.[33] Wie wir selber »drauf« sind – und wie bei allen impliziten Prozessen spielen auch da frühere Erfahrungen eine große Rolle –, beeinflusst also ebenfalls unbewusst unsere Urteile und Handlungen.

Prinzipiell lassen sich solche Resultate zu »impliziten kognitiven Prozessen« und der Dominanz unbewusster Einflüsse in verschiedenen Kulturen und allen Altersgruppen reproduzieren, was wohl nur bedeuten kann: So ist der Mensch.[34]

Im Übrigen fallen wir natürlich nicht nur auf Attraktivität herein. Auch Titel und eine vermeintlich wichtige berufliche Position machen einen Rieseneindruck auf uns. Wer also zum Beispiel als Mr. Wichtig daherkommt und einen Tross von Untergebenen vor sich herschiebt, kann sich beim Umgang mit sozialen Regeln meist mehr herausnehmen als der unbedeutende, arme Schlucker. »Aliis si licet, tibi non licet«, schrieb der römische Dichter Terenz.[35] »Was anderen erlaubt ist, ist dir nicht erlaubt.« Daraus wurde dann: Wenn zwei dasselbe tun, ist es noch lange nicht dasselbe. Daran hat sich in über zweitausend Jahren Menschheitsgeschichte auch nichts geändert. Wen wir mögen, der darf sich mehr erlauben als jemand, den wir nicht ausstehen können. Und wen wir mögen, entscheidet sich innerhalb weniger Augenblicke schon bei der ersten Begegnung, wie eine Vielzahl entsprechender Untersuchungen gezeigt hat. Natürlich kann sich an unserer Einschätzung später noch etwas ändern, und das geschieht auch häufig. Aber fürs Erste sind die Karten gemischt, und damit ist entschieden, wer beim Umgang mit uns gute Karten hat und wer nicht.

Stereotype schließlich sind weitere wichtige Faktoren, die in unsere Urteile einfließen und sie nicht selten zu Vorurteilen machen. Der Harvard-Psychologin Mahzarin R. Banaji zufolge handelt es sich bei Stereotypen um in unserer Innenwahrnehmung nicht oder falsch identifizierte Spuren früherer Erfahrungen, die wie ein Katalysator dazu führen, dass wir Mitgliedern einer bestimmten sozialen Gruppe bestimmte Eigenschaften anhängen.[36] Einfach gesagt: Wir verallgemeinern ohne hinreichenden Grund, weil wir ein einmaliges Erlebnis überbewerten oder einer irrtümlichen Annahme Glauben schenken. Darum also gilt die weit verbreitete Überzeugung: Blondinen sind blöd, und »Der Schwarze schnackselt gerne«.[37] Dass die Zuschreibung derart stereotypischer Attribute offenbar unabhängig ist von sonstigen kognitiven Fähigkeiten, bewies jüngst der Medizin-Nobelpreisträger James Watson, einer der Entdecker der Struktur des Erbmoleküls, als er wiederholt die Meinung vertrat, die durchschnittliche Intelligenz von Menschen mit schwarzer Hautfarbe liege signifikant unter der von Weißen, und das müsse bei der Sozialpolitik berücksichtigt werden.[38]

Moralische Hühner

Es ist, wie das Beispiel von James Watson, dem kurz nach seiner Äußerung entlassenen Kanzler des Cold Spring Harbor Laboratory zeigt, offenbar nur ein kleiner Schritt vom Stereotyp zum moralischen Fehlurteil. Implizite Prozesse wie Stereotype und Gefühle können allerdings die Grenze zwischen sozialer Konvention und Moral, die bislang dadurch definiert war, dass eine Handlung zu Opfern führen kann, verschwimmen lassen.

Nehmen wir als Beispiel folgende Geschichte, die einer Studie des US-Psychologen Jonathan Haidt und zweier brasilianischer Kolleginnen aus dem Jahr 1993 zugrunde liegt: »Ein Mann geht einmal pro Woche in den Supermarkt und kauft ein totes Huhn. Bevor er das Huhn kocht, hat er sexuellen Verkehr mit ihm. Dann kocht er es und isst es.«[39]

Wer sofort »Igitt!« denkt, erfüllt genau die Erwartung der Experimentatoren, die herauszufinden versuchten, ob die subjektive Bewertung eines solchen Sachverhaltes in verschiedenen Kulturen womöglich unterschiedlich ist. Denn so abstoßend einem das Verhalten des Hühnchenkäufers auch vorkommen mag, objektiv gesehen wird dadurch niemand geschädigt. Gibt es aber keine Opfer, dürfte die Tat auch keinen moralischen Stellenwert haben.

Betrachten wir zunächst die Ergebnisse aus Brasilien. Besonders traf das auf Menschen mit einem niedrigen »sozio-ökonomischen« Status zu, wie es in der Fachsprache heißt. Die Armen und Machtlosen also zeigten sich besonders empört, wenn es um Sex mit einem toten Huhn ging. In Recife, im Nordosten Brasiliens, fanden neunundsiebzig Prozent der Befragten, das Verhalten des Mannes müsse sofort unterbunden und er selbst bestraft werden. Im südlich gelegenen Porto Alegre waren es sogar siebenundachtzig Prozent. Die Vermögenderen in beiden Millionenstädten sahen die Sache zwar entspannter, waren aber mit fünfzig und dreiundsechzig Prozent noch überwiegend der gleichen Meinung wie ihre ärmeren Landsleute.

Und welches Bild ergab sich in den USA? In Philadelphia, das ungefähr so viele Einwohner hat wie Recife und Porto Alegre, also etwa eineinhalb Millionen, äußerten sich die Menschen aus den ärmeren und eher bildungsfernen Schichten ziemlich einhellig: Achtzig Prozent sahen im sexuellen Verkehr mit dem Huhn eine Tat, die bestraft werden müsse. Wohlsituierte Nordamerikaner waren davon nur zu siebenundzwanzig Prozent überzeugt.[40] Der Rest empfand es zwar weitgehend als geschmacklos oder sogar widerwärtig, was in der Geschichte mit dem Huhn geschah, andererseits aber als harmlos, denn schließlich werde niemand geschädigt. Warum also eine Frage der Moral daraus machen?

Nun wäre es wohl übereilt, sogleich zu schließen, die Armen und Ungebildeten hätten einfach nicht begriffen, wo die Moral anfängt und die Konvention aufhört. Aus diesen Ergebnissen folgt zunächst nur, dass Menschen aus kulturell unterschiedlich geprägten Gruppen an ihre moralischen Urteile unterschiedliche Maßstäbe anlegen. Es gibt schließlich keine logische oder sonstwie begründbare Pflicht, einer Handlung oder einem Urteil erst dann eine moralische Wertigkeit zuzugestehen, wenn es nach klassischer Definition Geschädigte geben kann.

Jonathan Haidt und seine brasilianischen Kolleginnen zogen damals drei Schlussfolgerungen, die sie als Empfehlungen an die Forschergemeinschaft weitergaben: Legt bei der Suche nach den Kriterien moralischer Urteile weniger Wert darauf, ob es jemanden gibt, der objektiv geschädigt wird. Achtet vielmehr verstärkt darauf, welche Gefühle die Entscheidungen begleiten. Und, drittens, messt auch den jeweiligen kulturellen Gegebenheiten und Prägungen der Menschen größere Bedeutung bei.

Ähnliche Resultate zeigten sich nicht nur bei der Geschichte mit dem Huhn, sondern auch bei etlichen anderen konstruierten Situationen, die den Probanden in Nord- und Südamerika zur Bewertung vorgelegt wurden. Mal ging es um sich womöglich zu innig küssende Geschwister, mal um den überfahrenen Hofhund, den sich die Familie zum Abendessen zubereitet, mal um ein am Sterbebett der Mutter gegebenes und später gebrochenes Versprechen, ihr Grab jede Woche zu besuchen. In allen Fällen schädigte die Handlung selbst niemanden, galt aber vielen, die damit konfrontiert wurden, als eklig oder respektlos. Und oft reichte das, um die Täter so zu verurteilen, als hätten sie nicht nur konventionell, sondern moralisch gefehlt. Die durch klassische Feldforschung gewonnenen Resultate und die daraus folgenden Einschätzungen der menschlichen Moralität – der tatsächlich im Alltag praktizierten, nicht der philosophisch konstruierten oder geforderten – decken sich mit dem, was die Neurowissenschaften inzwischen mittels bildgebender Verfahren herausgefunden haben. Allen voran steht dabei der überragende Einfluss der Emotionen auf moralische Urteile. Denn um »Gutes« zu tun, so zeigte sich kürzlich in einer gemeinsamen Studie unter Leitung der Neurowissenschaftler Ralph Adolphs, Antonio Damasio und Marc Hauser, braucht es vor allem die passenden Gefühle.[41] Sehen wir uns diese wichtige Untersuchung im Folgenden genauer an.

Moralisch und persönlich

Es gibt viele verschiedene moralische Dilemmata, die sich Wissenschaftler weltweit überlegt haben, um ihre Probanden möglichst gekonnt auf die Probe zu stellen. Eine Untergruppe dieser fürs Labor konstruierten Probleme fordert die Versuchspersonen besonders heraus, da sie sich dabei entschließen müssen, um des größeren Guten willen Böses zu tun, oder aber sich als lupenreine Deontologen zu offenbaren, denen nichts über ihre Prinzipien geht. Es gibt jedoch noch eine dritte Möglichkeit: Jemand hält es vom Verstand her für richtig, das kleinere Übel zu wählen, bringt es aber nicht übers Herz, tatsächlich so zu handeln. Jeder kognitiv und emotional durchschnittliche Mensch wird so etwas für möglich halten. Denn niemand kann eine Aufgabe wie die folgende ohne schwere innere Konflikte lösen. Es sei denn, salopp gesprochen, in seinem Kopf stimmt etwas nicht.

»Sie haben die Nachtwache in einem Krankenhaus. Wegen eines Unfalls im Nachbargebäude verbreiten sich durch das Ventilationssystem des Krankenhauses tödliche Rauchschwaden. In einem bestimmten Zimmer liegen drei Patienten. In einem anderen ein einzelner Patient. Wenn Sie nichts unternehmen, wird der Rauch in das Zimmer mit den drei Patienten ziehen und sie töten. Der einzige Weg, die drei zu retten, besteht darin, einen Schalter zu betätigen, wodurch der Rauch um den Raum mit den drei Patienten herumgeleitet wird. Als Ergebnis dieses Handelns wird der Rauch den Raum mit dem einzelnen Patienten erreichen und diesen töten. Würden Sie den Schalter betätigen, um den Tod der drei Patienten zu vermeiden?«[42]

Ein solches Szenario nennen die Autoren der Studie, die Neurowissenschaftler um Ralph Adolphs, Antonio Damasio und Marc Hauser, »unpersönlich moralisch«. Die geforderte Entscheidung ist eine »moralische«, weil potenziell mit Opfern verbunden. Und sie ist »unpersönlich«, weil nicht die eigene Handlung den Tod herbeiführt, sondern in diesem Beispiel der Rauch. Eine erhebliche Steigerung des moralischen Konfliktpotenzials wird in den so genannten »persönlich moralischen« Szenarien erreicht. Dazu zählt folgende Situation aus derselben Studie:

»Feindliche Soldaten haben Ihr Dorf eingenommen. Sie haben angeordnet, alle noch anwesenden Zivilisten zu töten. Sie und einige Ihrer Mitbürger haben im Keller eines großen Hauses Zuflucht gefunden. Von draußen hören Sie die Stimmen der Soldaten, die gekommen sind, um das Haus nach Wertsachen zu durchsuchen. Ihr Baby beginnt laut zu schreien. Sie halten ihm den Mund zu, damit kein Laut mehr herausdringt. Wenn Sie Ihre Hand von seinem Mund wegziehen, wird das Schreien die Soldaten aufmerksam machen, die dann Sie, Ihr Kind und die anderen, die sich im Keller verstecken, töten werden. Um sich selbst und die anderen zu retten, müssen Sie Ihr Kind ersticken. Würden Sie Ihr Kind ersticken, um sich selbst und Ihre Mitbürger zu retten?«[43]

Wie soll ein Mensch in einer derart albtraumhaften Lage reagieren?

Kalte Logik

Zwölf psychisch gesunde Freiwillige stellten sich diesen und noch etlichen weiteren Aufgaben, die unterschiedlich stark emotional gefärbt und ihrer Konstruktion nach mit mehr oder weniger schweren inneren Konflikten verbunden sein sollten. Zu den Gesunden kamen sechs Patienten mit beidseitigen Schäden des ventro-medialen präfrontalen Kortex, also in etwa jener Hirnregion hinter der Stirn, die beim spektakulären Unfall von Phineas Gage von einer Eisenstange durchbohrt worden war. Als Kontrollgruppe wurden schließlich zwölf weitere Hirnpatienten rekrutiert. Diese hatten aber nur in Arealen Schäden erlitten, die nach derzeitigem Kenntnisstand für Emotionen unerheblich sind. Das Ergebnis der Studie war überraschend klar. War der zu erwartende innere Konflikt in einem bestimmten Dilemma gering, entschieden sich praktisch alle Probanden gleich. Zum Beispiel, wenn die hübsche Lederausstattung des eigenen Autos darunter leiden würde, dass man einen stark blutenden Verletzten zum Krankenhaus bringt. Klare Sache, entschieden alle, auch die Frontalhirn-Patienten, und opferten ihre Ledersitze.[44]

Bei Aufgaben mit einem hohen Konfliktpotenzial aber unterschieden sich die Resultate der Patienten mit präfrontalem Schaden von denen der Probanden aus den beiden Kontrollgruppen erheblich. Während sich Letztere in Gewissenszweifeln wanden und offenbar nicht wussten, mit wem sie mehr Mitleid haben sollten, lösten Probanden mit einer Schädigung des ventro-medialen präfrontalen Kortex die moralischen und zugleich persönlichen Dilemmata, das mit dem schreienden Baby beispielsweise, »konfliktfrei« und wie mit dem Taschenrechner. Die Zahl möglicher Opfer war ausschlaggebend für die Entscheidung. Und die wurde schnell und ohne größere Rührung gefällt.

Damit keine Missverständnisse aufkommen: Es geht bei dieser Studie nicht darum, ob es richtig oder falsch ist, zum Beispiel das Baby im Interesse der anderen zu opfern. Die Frage der Forscher war vielmehr: Wie kommen Menschen überhaupt zu einer solchen Entscheidung? Was leitet sie, wenn sie zwischen zwei Übeln wählen müssen? Und genau so sind ja die wirklichen moralischen Probleme, vor denen wir stehen. Zum Beispiel in der Stammzellendebatte: Darf ein aus erst rund hundert Zellen bestehendes menschliches Wesen geopfert werden, um daraus therapeutische Verfahren entwickeln zu können, die später vielleicht Millionen das Leben retten? Spielt es dabei eine Rolle, dass ein solcher Embryo nichts fühlt und denkt?

Die Studie, die wir uns angesehen haben, verdeutlicht, wie sehr es die Gefühle sind, die uns in solche Gewissenskonflikte stürzen. Aufgrund eines Frontalhirnschadens waren die emotionale Kompetenz und das empathische Vermögen von sechs Probanden massiv gestört. Subjektiv waren sie dadurch sogar im Vorteil und konnten sich als reine Utilitaristen darstellen: Problemlos wählten sie das kleinere Übel. Selbst dann, wenn das (zumindest in der Theorie) eine Tat von ihnen verlangte, zu der sich Menschen ohne solche Hirnschädigungen kaum oder gar nicht durchringen können. Denn Gesunden stehen ihre Gefühle selbst dann oft im Wege, wenn jemand, der eine solche Situation als Unbeteiligter bewertet, sich vielleicht wünschte, sie könnten sie überwinden. Denn wer wollte bestreiten, dass es rein rational gesehen besser ist, wenn in dem Krankenhaus-Dilemma möglichst wenige Menschen durch den giftigen Rauch getötet werden? Aber wie würden wir tatsächlich handeln, wenn wir dafür per Knopfdruck einen anderen Menschen opfern müssten?

Die mächtigen Gefühle der Moral

Die Beweise dafür, dass Emotionen bei unseren moralischen Entscheidungen eine große, wenn nicht die entscheidende Rolle spielen, sind inzwischen erdrückend. Sie stammen sowohl aus Studien der Hirnforschung mit bildgebenden Verfahren wie auch aus Untersuchungen, in denen die emotional bedingten Kniffe und Tricks unseres Gehirns bei der Entscheidung moralischer Probleme mit psychologischen Methoden erforscht wurden.[45] Es zeigte sich, wie präfrontale Hirnschäden zu einer so schweren Störung der emotionalen Prozesse führen können, dass die moralischen Urteile von Patienten mit solchen Beeinträchtigungen für gesunde Beobachter als nicht »normal« empfunden werden. Auffallend ist, wie stark Gefühle uns besonders dann in Gewissenskonflikte stürzen, wenn es darum geht, Entscheidungen zu treffen, die so oder so Opfer verlangen. Das sind die schwersten moralischen Entscheidungen, vor die wir gestellt werden können. Wir sind einfach nicht fähig, kühl die verschiedenen Risiken gegeneinander abzuwägen und dann entsprechend unserer »rechnerischen« Bilanz zu urteilen. Aber sind wir deswegen »gut«?

Ob es »gut« sein kann, das Leben fremder Menschen zu opfern, um zum Beispiel nicht selber buchstäblich Hand an das eigene Kind legen zu müssen, ist zweifellos eine philosophische Frage, keine der Hirnforschung. Die kann uns nur zeigen, was in unseren Köpfen vorgeht. Was dabei entdeckt wird, müssen Philosophen allerdings zur Kenntnis nehmen, wenn sie nicht völlig realitätsfernen Hypothesen und Theorien anhängen wollen. So viel zeichnet sich jedenfalls schon ab: Reiner Utilitarismus, der nach dem Prinzip maximalen Glücks für die größtmögliche Zahl vorgeht und fordert, in jedem Fall entsprechend moralisch zu handeln, mag philosophisch richtig oder zumindest nachvollziehbar sein. Trotzdem überfordert er nicht nur die *meisten* Menschen, sondern offenbar den Menschen *an sich*. Unsere Natur gibt eine solche Haltung im Normalfall einfach nicht her, denn unsere Gefühle richten sich nicht nach dem kalkulierenden Verstand. Was wir als Gewissenskonflikt erleben, ist häufig genau dieser Widerstreit zwischen kühler Ratio und heißem Herzen, wobei natürlich beide in unserem Kopf angesiedelt sind.

Nun könnte man es als voreilig ansehen, aus den bunten Bildern der Hirnforschung zweifelsfrei schließen zu wollen, dort sei unsere Moral bei der Arbeit zu beobachten. Denn dass zum

Beispiel bei der Konfrontation mit einem moralischen Dilemma bestimmte emotionale Aktivierungsmuster im Gehirn auftreten, kann zweierlei bedeuten: Diese emotionalen Muster sind *Folge* der Entscheidung oder aber wirklich deren *Ursache*. Verhaltensstudien allerdings bestätigen, wie wir gesehen haben, dass Gefühle nicht nur auf moralische Urteile folgen, sondern ihnen vorausgehen und sie bewirken. Darum werden zum Beispiel schöne Menschen oft auch dann bevorzugt, wenn es gar nicht um die Partnerwahl geht. Und darum ist uns im Notfall das eigene Kind auf dem Schoß so unendlich viel wichtiger als das Leben von Dutzenden oder gar Tausenden, wenn es sein muss.

Dass unsere Moral also im Kern eine *gefühlte* ist, bedeutet keineswegs, dass sie deshalb warm, mitfühlend, »menschlich« ist. Denn durch die überragende Rolle der Emotionen wird die Moral nicht »besser«, sondern zunächst einmal nur unlogisch. Mit allen Folgen, die das haben kann.

Zusammenfassende Thesen:

1. Schon als Kleinkinder lernen wir aus dem Verhalten der Eltern moralische Standards. Wie gut der Prozess ihrer Verinnerlichung und der daraus folgenden Gewissensbildung gelingt, hängt vor allem davon ab, ob die Beziehung vom Kind als »sicher« empfunden wird.
2. Gefühle tragen entscheidend – und unbewusst – dazu bei, wie wir uns in einer bestimmten Situation verhalten.
3. Eine »gefühlte« Moral macht die Menschheit nicht zwangsläufig glücklicher als eine »kühl kalkulierende«. Denn was sich gut anfühlt, muss nicht gut sein.

Miteinander und gegeneinander

Moralisches Verhalten als Weg zu sozialer Anerkennung

Vertrauen ist der Anfang von allem.

Werbeslogan der »Deutschen Bank«[1]

In den vergangenen Jahrzehnten hat sich durch eine Vielzahl psychologischer Studien herausgestellt, dass die Vorstellung vom alles beherrschenden Verstand im Menschen eine Mär ist. Eine alte zwar und eine, die sich lange gehalten hat, mindestens seit Descartes im siebzehnten Jahrhundert eine scharfe dualistische Trennung zwischen Leib und Seele verkündete und dem denkenden Verstand den absoluten Vorrang beim menschlichen Handeln einräumte. Doch nun ist es wohl wirklich an der Zeit anzuerkennen, dass wir »nicht der Kapitän an Bord unserer Seele« sind, sondern nur »der lauteste Passagier«.[2] Mit diesem Bild kann der englische Schriftsteller Aldous Huxley 1956 noch nicht die Erkenntnisse der modernen Neurowissenschaften gemeint haben, aber eine ihrer Kernaussagen hat er damit bereits vorweggenommen. Freud hatte Ähnliches behauptet und in seinen Werken die vielfältige Macht des Unbewussten beschrieben. Und haben wir nicht, wenn wir ehrlich sind, alle schon die Erfahrung gemacht, dass wir manchmal Dinge tun, die wir, bei rechtem Lichte betrachtet, gar nicht tun wollten?

Wir haben in den vorangegangenen Kapiteln an vielen Stellen gesehen, wie sehr unser Verhalten, wie sehr jede einzelne Entscheidung von Vorgängen geprägt wird, die automatisch ablaufen, darum unbewusst sind und oft auch unbewusst bleiben.

Unser Mitgefühl zum Beispiel hängt davon ab, wie nah uns der Mensch steht, dessen Schicksal eine empathische Reaktion in uns hervorruft. Wir sind also voreingenommen. Haben wir noch kein »fertiges« Urteil über einen bestimmten Menschen, dann genügt schon eines, das wir uns über »Leute wie ihn« oder aber über die ethnische oder irgendeine andere Gruppe gebildet haben, der wir diesen Menschen zurechnen. Und das Vor-Urteil über die Gruppe trifft fürs Erste dann auch diesen Unbekannten. Genau genommen kennt unser Gehirn also keine Neutralität. Zu unserer Entschuldigung sei gesagt, dass wir schnelle, nicht erst auf vielen Erfahrungen und langen Überlegungen basierende Urteile brauchen, damit wir uns in der Welt zurechtfinden und vorausahnen können, was uns im nächsten Augenblick erwarten wird oder was uns zumindest erwarten könnte. Dazu müssen wir von Annahmen ausgehen, die uns die Informationsflut aus der Welt da draußen geistig verdaubar machen. Die so entstehenden inneren Modellvorstellungen – auch über bestimmte Menschen und deren Verhalten – können einigermaßen richtig sein, womöglich aber auch grundfalsch. Trotzdem haben wir keine andere Methode, um bei einer ersten Begegnung miteinander umgehen zu können. Wir müssen von dem ausgehen, was wir bereits aus der Vergangenheit wissen, und daraus wie ein Simulationscomputer auf Gegenwart und Zukunft schließen. Nur dass bei uns, anders als beim Simulationscomputer, viele in die Einschätzung einfließende Faktoren emotionaler Natur sind und in Bezug auf das Bild, das wir uns von einem Menschen machen, deshalb mehr einem vagen Farbton entsprechen als einer scharfen Konturlinie.

Experten sprechen in diesem Zusammenhang vom »Priming«, von einer vorausgehenden Prägung unserer Urteile also, die durchweg auf Erfahrungen aufbauen, die wir zuvor gemacht haben.[3] Die allermeisten davon sind uns nicht bewusst, und doch bestimmen solche Priming-Prozesse automatisch, implizit und maßgeblich unser Handeln. Wie könnten wir da Kapitän unserer Seele sein? Und welche Bedeutung kommt in diesem Zusammenhang der vor allem unter Akademikern und Feuilletonisten immer wieder einmal hitzig geführten Debatte über den »freien Willen« zu?[4] Welchen Nutzen könnten wir überhaupt daraus ziehen, wenn uns von den Theoretikern am Ende doch noch ein freier Wille bescheinigt würde, wie auch immer der dann definiert werden müsste? Allenfalls ein gutes Gefühl könnte der Glaube an einen freien Willen vielleicht auslösen. Selbst in der Rechtsprechung ist das Konzept vom freien Willen nicht nötig, da es dort ausreicht, allgemein von der Verantwortlichkeit eines Täters auszugehen. Hinter dieser Annahme steckt zunächst nur die gesellschafliche Vereinbarung, dass Mitglieder dieser Gesellschaft für ihr Handeln zur Rechenschaft gezogen werden können und in diesem Sinne verantwortlich dafür sind. Wie das Tun im Einzelnen zustande gekommen ist, spielt für die grundsätzliche Entscheidung keine Rolle. Vor Gericht können zwar »mildernde Umstände« berücksichtigt werden, die bereits auf eine eingeschränkte Entscheidungsfreiheit deuten. Aber auch wenn solche Umstände nicht eingeräumt werden, würde vermutlich kein Richter oder Staatsanwalt bezweifeln, dass das Tun und Lassen eines Menschen immer auch unter dem Einfluss von Gefühlen und unbewussten psychischen Prozessen stehen. Was also wäre dann frei am Willen? Für Philosophen mag das eine spannende theoretische Frage sein. Praktisch aber bliebe der Glaube an einen freien Willen so gut wie folgenlos. Denn inzwischen vielfach experimentell überprüfte und immer wieder bestätigte Prozesse wie das Priming und andere unbewusste emotionale Wallungen, die unserem Denken und Handeln eine Richtung geben und unsere Erinnerungen umhüllen, könnten wir doch nicht einfach abschalten, nur weil es uns selbst gefiele und manchem Philosophen oder Theologen besser in die Theorie passte. Trotzdem werden wir hier, schon aus Gewohnheit, weiter von »Entscheidungen« und »Urteilen« sprechen, dabei aber nicht voraussetzen, dass es ein *freier* Wille ist, der sie hervorbringt. Betrachten wir konkrete Entscheidungen, so ist es »die Situation«, aus der sich entwickelt, was wir tun. Und aus dieser Situation, aus den Umständen, erwächst auch, wer wir dann, in diesem Augenblick, moralisch gesehen sind: mehr Engel oder eher Teufel. Der

»Situation«, sagt der Psychologe Philip Zimbardo von der Stanford University, wohne die Macht der Götter und des Schicksals inne, wie in einer modernen Version der antiken griechischen Tragödie. Die Frage sei immer dieselbe: Was kommt dabei heraus, wenn gute, anständige Menschen in eine böse Lage geraten?[5]

Luzifers Werk

Auf eine Anzeige in der Lokalzeitung von Palo Alto, etwa eine halbe Autostunde südlich von San Francisco gelegen, meldeten sich 1971 ungefähr hundert Studenten, die für ein paar Dollar an einem spannenden Experiment teilnehmen wollten: Eine Gefängnissituation sollte simuliert werden. Vierzehn Tage etwa, so hatte Philip Zimbardo mit seinen Kollegen von der Stanford University überlegt, würde man wohl brauchen, damit sich alle in ihre Rolle hineinfinden und sie ganz ausfüllen könnten. Die einen als Gefangene, die anderen als Wärter.[6]

Alles war täuschend echt hergerichtet für die vierundzwanzig Probanden, die nach eingehenden Tests auf psychische Gesundheit und Stabilität schließlich für die Studie ausgewählt worden waren. Sogar eine »echte« Verhaftung wurde organisiert, bei der die Polizei von Palo Alto die Handschellen wie im Ernstfall zuschnappen ließ und die Fingerabdrücke der völlig überraschten Inhaftierten nahm. Auch die Gefängniswärter wurden mit Liebe zum Detail ausstaffiert: Sie erhielten militärähnliche Uniformen, verspiegelte Sonnenbrillen, Trillerpfeifen, Schlagstöcke und Titel, mit denen sie von den Häftlingen angeredet werden mussten.

Die Insassen hingegen wurden ihres Namens beraubt und liefen stattdessen unter einer Nummer. Als Gefängniskleidung dienten Kittel, die an OP-Hemden erinnerten. Dazu mussten Kappen getragen werden als symbolischer Ersatz für eine komplette Rasur des Schädels. Ziel all dieser Maßnahmen war es, den Probanden, die als Gefangene teilnahmen, möglichst viel von ihrer Individualität zu nehmen und sie zu demütigen. Ein nur zu bekanntes Verfahren in Situationen, in denen eine Gruppe ihre Macht über eine andere ausspielen und auch zur Schau stellen will. So also waren die Ausgangsbedingungen an dem »bösen Ort«, den Philip Zimbardo in einem Keller der Psychologischen Fakultät von Stanford eingerichtet hatte.

Vierzehn Tage sollte das Experiment dauern, nach sechs Tagen schon musste es abgebrochen werden. Aber nicht, weil es fehlgeschlagen wäre, sondern weil es die Erwartungen der Experimentatoren bei weitem übertroffen hatte. Niemand hätte zuvor damit gerechnet, dass ordentliche, gebildete und geistig gesunde Studenten innerhalb weniger Tage zu grausamen Sadisten mutieren könnten. Aber genau das war geschehen. Hinter ihren silbern verspiegelten Sonnenbrillen heckten die Wärter immer neue Methoden aus, um ihre Untergebenen zu schikanieren und zu erniedrigen. Wer die Bilder von damals sieht, auf denen verstörte Gefangene in weißen Kitteln mit Papiertüten über dem Kopf und Ketten an den Füßen durch den Korridor getrieben werden, denkt unwillkürlich an das Horrorgefängnis von Abu Ghraib im Irak. Zum Teil gleichen sich die Szenen der gedemütigten Opfer bis ins Detail, obwohl es den Probanden in Stanford untersagt war, andere Versuchsteilnehmer körperlich anzugreifen. Einen einzigen Tag dauerte es, bis die Wärter noch die elementarsten Rechte zu Privilegien erklärt hatten, die es sich durch Gehorsam zu verdienen galt. Auch den Gang zur Toilette beispielsweise.[7]

»Die böse Situation hatte über die guten Menschen triumphiert«, fasst Zimbardo das Ergebnis zusammen. Auch über ihn selbst hatte »die Situation« gesiegt, wie eine Kollegin damals entsetzt feststellte, als sie das Experiment im gut zehn Meter langen Kellerflur mit seinen drei Zellen inspizierte. Aus dem Psychologieprofessor einer amerikanischen Eliteuniversität war ein brutaler Gefängnisdirektor geworden, dem nichts wichtiger zu sein schien, als dass »sein Gefängnis« funktionierte. Dass es unter den Gefangenen schließlich zu mehreren schweren Nervenzusammenbrüchen kam, weil aus der Simulation längst bittere Realität geworden war, spielte für Zimbardo damals offenbar keine Rolle. Denn die »kühle« Neutralität eines Experimentators hatte er längst verloren. Wichtig war nur, dass die Regeln des Experiments eingehalten wurden, egal, was dabei herauskam. Heute schätzt der mittlerweile emeritierte Professor sich glücklich, dass keiner der Versuchsteilnehmer unter bleibenden psychischen Schäden leidet.[8]

Vom Luzifer-Effekt spricht Zimbardo, wenn er zu beschreiben versucht, wie sich normale, »gute« Menschen unter bestimmten Bedingungen in sadistische Teufel verwandeln lassen. So wie im Stanford-Keller, in Lagern wie Auschwitz oder auf dem Archipel Gulag, auch in Abu Ghraib. Und ebenso in Trainingscamps der Al Kaida, wo innerhalb weniger Wochen oder Monate aus Menschen Bomben werden. All das ist möglich, wenn der Preis stimmt, den das Gehirn für seine Leistung einstreichen kann. »Reward« nennen Forscher, wonach das neuronale Netz im Kopf unablässig strebt, »Belohnung«. Und noch die schrecklichste Tat findet einen, der sie mild lächelnd gutheißt und anerkennt, der Lob spendet und vielleicht sogar Liebe. Denn die Täter haben ja ihre »Pflicht« getan. Für die Forschung in Stanford, für Volk und Führer in Auschwitz und den Sieg der Arbeiterklasse auf dem Gulag, für Freiheit und Demokratie im Irak oder »im Namen Allahs, des Erbarmers, des Barmherzigen«.[9] Jedes Ziel lässt sich rechtfertigen und jeder Mensch zur Grausamkeit verführen, wenn er nur glauben darf, dass sein Tun der »Ehre« dient und jemand, vielleicht ja sogar Gott, deshalb auf ihn stolz ist. Und je ausgetrockneter eine Seele ist, desto dankbarer nimmt sie jedes Zeichen von Zuwendung an.

Gute Gefühle

Schon einfache Situationen verlangen, dass das Gehirn eine Meisterleistung vollbringt, weil in einem unablässigen Strom endlos viele Informationen gesammelt, gesichtet, bewertet und sortiert werden müssen. Geht es darum, eine konkrete Handlung vorzubereiten, gehört zu diesem Prozess auch, dass aus allen Informationen herausgelesen wird, inwieweit sie mit Belohnungssignalen verbunden sind, wie groß die zu erwartende Belohnung ist und welche Kosten es auf der anderen Seite mit sich bringt, sie zu erwerben.[10] Und worin besteht die Belohnung? In Wohlgefühl, Glück, wie immer wir den Zustand beschreiben wollen, in dem es uns richtig gut geht, oder wenigstens besser als zuvor.

Das Hauptkennzeichen von Dingen oder Ereignissen, die eine Belohnung versprechen (»Rewards«): Wir wollen mehr davon. Weil wir uns dabei belohnt fühlen, essen wir, trinken wir, haben wir Sex. Auch wenn diese Dinge, salopp ausgedrückt, Spaß machen, dient dieses Glück schaffende Verhältnis zwischen Ereignis und Wohlgefühl in erster Linie unserem Überleben, nicht unserer Unterhaltung. Dass wir auf »Rewards« aus sind, sollte uns also niemand zum Vorwurf machen. Es entspricht einfach unserer Natur. Und die beeinflusst massiv unser Verhalten: Wenn ich etwas Bestimmtes getan habe und mich dabei gut fühle, werde ich wieder und wieder versuchen, genauso zu handeln, damit ich mich erneut so gut fühle wie beim ersten Mal. Ein Lernprozess hat stattgefunden, und ein bestimmtes Verhaltensmuster kann sich durch die Belohnungserfahrung verfestigen. Streng genommen handelt es sich hier um eine Konditionierung, die in ihrem Ergebnis nicht völlig verschieden von dem ist, was Laborratten zum Beispiel alles für einen Schluck Zuckerwasser oder eine Dosis Kokain zu tun bereit sind.

Nicht nur bewusste, auch unterschwellige Gefühle können unser Verhalten in eine bestimmte Richtung lenken. Der Psychologe Piotr Winkielman von der University of California in San Diego führte dazu mit zwei Kollegen ein einfaches Experiment durch.[11] Die Versuchspersonen sollten das Geschlecht einer Person bestimmen, von der nur das Gesicht mit neutraler Miene für eine knappe halbe Sekunde auf einem Monitor eingeblendet wurde. Danach wurde den Probanden eine Karaffe mit Fruchtsaft serviert. Sie sollten sich einschütten und trinken, so viel sie wollten, und dann ein Urteil über die Qualität des Getränks abgeben. Als letzte Aufgabe sollten sie ihre eigene Stimmung beurteilen und bewerten, wie aufgeregt sie in diesem Augenblick waren.

Was die Probanden nicht wussten: Beide Teile des Experiments waren durch einen dritten, verborgenen Teil miteinander verbunden. Für nur sechzehn Millisekunden, und damit unterhalb der bewussten Wahrnehmungsschwelle, wurde vor dem Zeigen des durchweg neutralen Porträts, der »Maske«, ein anderes eingeblendet, auf dem ein Gesicht mit unterschiedlicher Stimmung abgebildet war. Mal neutral, mal freundlich oder verärgert. Die Wirkung dieser unbewussten Manipulation war enorm. Fröhlich lachende Gesichter in der Blitzeinblendung führten gegenüber den ärgerlichen Mienen dazu, dass die Versuchsfreiwilligen sich ungefähr doppelt so viel Fruchtsaft einschenkten und auch doppelt so viel davon tranken. Dabei schätzten sie dessen Qualität aber durchweg etwa gleich ein. Und auch ihre eigene Stimmung und Erregtheit war in der Selbstwahrnehmung in allen Fällen ungefähr gleich. Doch durch einen sechzehn Millisekunden während Blick auf ein emotionales Gesicht steigerte sich das Konsumvolumen etwa auf das Doppelte. Für Werbeprofis jedenfalls dürfte diese Studie von großem Interesse sein. Und auch für Wissenschaftler ist sie bedeutsam, denn es gab bislang kaum überprüfbare Antworten auf die Frage, ob komplexe Handlungen, wie in diesem Fall das Konsumverhalten, durch unbewusste Affekte ebenso beeinflusst werden können wie einfachere Handlungen, etwa wenn wir unsere Sitzhaltung der unseres sympathischen Gegenübers angleichen.

Lust auf Lust

Was unser Verhalten lenkt, so scheint es also, ist der Wunsch nach guten Gefühlen. Bei dieser Vorstellung werden nicht wenige aufbegehren, die den Ernst des Lebens in Gefahr sehen. Kann es denn tatsächlich sein, dass wir Menschen uns allein vom Lustprinzip leiten lassen? Sind wir wirklich alle hoffnungslose Hedonisten?

Hedonisten sicher, hoffnungslose aber nicht unbedingt. Denn wer vor allem sein Glück vermehren will, muss deshalb noch kein schlechter Mensch sein.

In zwei Zustände, so sahen es die klassischen Hedonisten, könne die menschliche Seele geraten: in Lust und Schmerz.[12] Als »souveräne Meister« bezeichnete der Philosoph Jeremy Bentham diese beiden emotionalen Zustände 1781 in der berühmt gewordenen Einleitung zum ersten Kapitel seines Werkes über die Prinzipien der Moral und der Gesetzgebung. Allein Lust und Schmerz komme es zu, zu gebieten, was wir tun sollen, und dann ebenso zu bestimmen, was wir tun werden. »Sie beherrschen uns bei allem, was wir tun, allem, was wir sagen, allem, was wir denken.«[13]

Dass Gefühle unverzichtbar für moralische Urteile sind, wissen schon Kinder.[14] Judith H. Danovitch und Frank C. Keil von der Yale University stellten etwa gleich viele Mädchen wie Jungen im Alter von knapp sechs bis gut neun Jahren vor die Wahl, von wem sie sich in Sachen Moral beraten lassen wollten. Sie stünden zum Beispiel vor folgendem Problem: Einem Freund hätten sie das Versprechen gegeben, zu ihm zu kommen. Nun aber wollten sie zu Hause bleiben und der Mutter helfen. Darf das dem Freund gegebene Versprechen gebrochen werden?

Zwei Berater in Sachen Moral standen hypothetisch zur Verfügung: ein intelligenter, gebildeter Erwachsener, der mit vielen Menschen zu tun hat »und weiß, wann jemand fröhlich oder traurig ist«, oder alternativ eine Maschine mit einem eingebauten Computer, der alles weiß und viel dazulernt, aber nicht erkennt, ob jemand traurig oder fröhlich ist.

Schon die Kleinsten entschieden sich zu mehr als achtzig Prozent für den Rat eines fühlenden Menschen, selbst wenn der nicht alles wusste. Je älter die Kinder wurden, desto klarer fiel diese Entscheidung zugunsten des empathischen Beraters aus. Bei den etwa Siebenjährigen waren es schon fast neunzig Prozent, bei den Neunjährigen sogar hundert Prozent. Ging es dagegen um reine Wissensfragen, fiel das Ergebnis genauso klar für die wissende, aber nicht mitfühlende Maschine aus.

Dass es wirklich die Gefühle waren, auf die es den Kindern ankam, zeigte der Kontrollversuch. Diesmal wurde von dem menschlichen Berater behauptet, er könne nie erkennen, ob jemand traurig oder fröhlich ist. Dem Computer hingegen wurde eben diese Eigenschaft zugesprochen. Und schon kehrte sich das Ergebnis um. Jetzt entschieden sich die kleinen Probanden für den Computer als moralischen Berater.

Wenn das Gewissen zu uns spricht

Moralische Entscheidungen treffen wir ähnlich wie ästhetische: Wenn wir etwas Schönes sehen, müssen wir nicht lange überlegen, ob es uns zusagt. Viele Kaufentscheidungen werden so gefällt: durch Liebe auf den ersten Blick. Ob etwas moralisch gut oder schlecht ist, wissen wir ebenfalls oft schon in dem Augenblick, in dem sich uns ein Problem stellt. Selbst wenn wir unser Urteil rational noch gar nicht oder überhaupt nur schwer begründen können.

Der Psychologe Jonathan Haidt von der University of Virginia, einer der führenden Köpfe des modernen »soziologischen Intuitionismus«,[15] macht das am fiktiven Beispiel eines Geschwisterpaares klar, das in den Semesterferien gemeinsam durch Frankreich reist. Eine Nacht verbringen sie allein in einer Hütte nah am Strand. Da kommen sie auf die Idee, miteinander zu schlafen. Sex könnte interessant sein und auch noch Spaß machen, denken sie. Verhütet wird gleich doppelt: Julie nimmt seit längerem die Pille, ihr Bruder Mark entscheidet sich zusätzlich für ein Kondom. Sie genießen diese Nacht, entscheiden aber, so etwas nie wieder zu tun. Sie wollen das Erlebnis auch strikt geheim halten, was sie als Bruder und Schwester nur noch enger zusammenschweißt. Wie also urteilen wir? War es in Ordnung, dass die beiden miteinander geschlafen haben?[16]

Beinahe alle Menschen, so zeigen auch internationale Vergleiche, reagieren auf diese und ähnliche Geschichten gleich: Sie halten für falsch, was Julie und Mark getan haben. Und dann, so Haidt, beginnen sie nach Begründungen zu suchen. Sie verweisen auf die Gefahren der Inzucht, obwohl sie wissen, dass gleich zwei Verhütungsmittel eingesetzt wurden. Die Geschwister könnten psychisch Schaden nehmen, lautet ein anderes Argument. Und doch sagt die Geschichte, beide seien sich danach noch näher als zuvor, und es habe ihnen sogar Spaß gemacht, miteinander zu schlafen. Da alle Verstandesargumente versagen, wie könnte sich das verbreitete negative Urteil über diese Episode geschwisterlicher Liebe also anders erklären lassen als durch Intuition? Niemand wird geschädigt, wenn wir vom biblischen Verbot des Inzests hier einmal absehen, bei dessen Überschreitung Gott durch Ungehorsam und Missachtung seiner Autorität zum Opfer würde. Im Szenario weiß sogar niemand außer den beiden – und womöglich Gott –, dass sie miteinander geschlafen haben. Und doch bewerten viele Menschen diese Handlung offenbar als »in sich« schlecht. Sie fühlen zweifellos, dass man das nicht tut, dass man es nicht tun *sollte*.

Bei der moralischen Urteilsfindung gibt es also offenbar so etwas wie einen Kanon von Verhaltensregeln, den wir von Kindheit an gebildet haben und in unseren Köpfen mit uns tragen. Dieser Satz verinnerlichter Regeln wird zum Leitfaden für alle Urteile, die wir in Bezug auf eigenes Handeln oder auch das Handeln anderer fällen müssen. Jede Sekunde müssen wir das tun, weil ja nicht von vornherein klar ist, ob das, was wir vorhaben, eine moralische Relevanz hat oder nicht. Wie wir im vorigen Kapitel schon gesehen haben, checkt eine innere Instanz, das »Gewissen«, inwieweit wir mit dem verinnerlichten Verhaltenskodex im Einklang sind, oder ob, und wenn ja, wie stark, wir dagegen verstoßen. Das geschieht automatisch, unbewusst, und das Ergebnis der Abschätzung erreicht uns unmittelbar: »Gewissensbisse« nennen wir die Gefühle, die uns überkommen, wenn wir nach eigenem Urteil moralisch danebenliegen. »Warm glow« hingegen durchströmt uns, wenn wir uns wieder einmal beweisen konnten, wie gut wir doch sind. Wir könnten natürlich auch altmodischere Ausdrücke verwenden und mit Jeremy Bentham sagen: Es bereitet uns *Schmerz*, moralisch zu versagen, und *Lust*, wenn unser Verhalten unseren inneren Normen oder Standards entspricht. Genau genommen ist solches Wohlgefühl aber eine Vorfreude. Denn der eigentliche Lohn steht noch aus, weil wir ihn uns nicht selbst geben können.

Anwälte, nicht Wissenschaftler

Auf den ersten Blick folgen wir also unserem Gewissen, um seinen Bissen zu entgehen und den angenehmen »warm glow« hervorzurufen. Aber da ist noch etwas anderes: Wir sind nie allein, sondern sozial eingebunden, und darum hat unser Handeln nicht nur eine innere Wirkung, sondern auch eine äußere. Es wird wahrgenommen, wie wir uns anderen gegenüber verhalten. Und das geschieht nicht auf neutrale Weise, sondern ebenfalls urteilend. So wie wir andere ständig beurteilen, stehen auch wir selbst unablässig auf dem Prüfstand.

Und genau hier scheint der bewusste Verstand ins Spiel zu kommen, vermuten Psychologen wie Jonathan Haidt. Denn was machen wir, wenn jemand infrage stellt, wie wir uns in einem bestimmten Fall entschieden haben? Denken wir zum Beispiel an das inzestuöse Geschwisterpaar. Es geht zu wie bei Gericht: Erst wird das Urteil gesprochen – »Das ist nicht richtig!« –, dann folgt die Urteilsbegründung. Einen wesentlichen Unterschied gibt es aber doch: Bei Gericht werden Urteile – nehmen wir den Idealfall an – nach einer klugen, rationalen Abwägung gefällt. Das Urteil ergibt sich also aus der Begründung, auch wenn es dann vor ihr verkündet wird. Wenn wir moralisch urteilen, scheint das genau umgekehrt abzulaufen. In dem Augenblick, in dem wir unseren Verstand aktivieren, wissen wir längst, was wir wollen und wohin der Denkprozess führen soll: zu einer für andere nachvollziehbaren, darum möglichst logischen Begründung eines Urteils, das wir da schon lange aus einem Gefühl heraus gefällt haben. Jonathan Haidt fasst diese Reihenfolge in das schöne Bild vom »emotionalen Hund«, der mit seinem »rationalen Schwanz« wedelt.[17] Gefühl vor Verstand und fertiges Urteil vor sachlicher Begründung – so sieht die zeitliche Abfolge moralischer Schlüsse aus, wie sie sich Wissenschaftlern, die sich mit solch hochkomplexen kognitiven Prozessen befassen, derzeit darstellt. Das heißt aber auch, wir sind Gut und Böse in unserem Alltag nicht wie Wissenschaftler auf der Spur, die – auch das der Idealfall – ohne Voreingenommenheit auf der Suche nach der Wahrheit sind, nach dem, was ist, sondern wir agieren wie (alle) Anwälte und (viele) Politiker: Wir argumentieren in einem konkreten Fall in eigener Sache und versuchen, die Dinge so darzustellen, wie sie uns am besten in den Kram passen. Unser Verstand ist also vor allem eine Propaganda- oder Werbemaschine für das, was unsere Gefühle zusammenbrauen und was wir anderen als sinnvoll, ja logisch verkaufen müssen.

Ein Team der Emory University in Atlanta unter der Leitung des Psychologen Drew Westen nutzte den amerikanischen Präsidentschaftswahlkampf 2004, aus dem George W. Bush wiedergewählt hervorging, um zu testen, wie weit sich der menschliche Verstand parteiisch vereinnahmen lässt.[18] Dazu wurden die Probanden – je fünfzehn Mitglieder der demokratischen und der republikanischen Partei – mit Sets von jeweils drei inhaltlich zusammengehörenden Aussagen der beiden Kandidaten konfrontiert. So sahen sie anfangs zum Beispiel auf einem Bildschirm eine Aussage, in der George W. Bush den Chef des Enron-Konzerns, Ken Lay, als sein Vorbild darstellt und verspricht, er werde das Land als Präsident so führen, wie Lay sein Unternehmen leite.

Enron ging später aufgrund eines groß angelegten Schwindels mit frisierten Büchern und vorgetäuschten Sicherheiten pleite, und Ken Lay wurde als verantwortlicher Vorstandschef schuldig gesprochen, starb aber, bevor er zu einer vermutlich hohen Haftstrafe verurteilt werden konnte.

Vor diesem ihnen bekannten Hintergrund folgte für die Probanden die zweite Aussage: »Mr Bush vermeidet heute jede Erwähnung von Lay und äußert sich kritisch zu Enron, wenn er gefragt wird.«[19] Im nächsten Schritt mussten alle Probanden bewerten, ob sie zwischen den beiden Aussagen einen Widerspruch entdeckten. Schließlich wurde noch eine dritte Aussage eingeblendet, die einen möglichen Widerspruch zwischen den beiden ersten Statements aufklären und so jeweils den Politiker entschuldigen sollte, der sie abgegeben hatte. Bush also oder Kerry. In unserem Beispiel: »Menschen, die den Präsidenten kennen, berichten, dass er sich von Ken Lay verraten fühlt und sich zutiefst geschockt darüber zeigte, dass die Führung von Enron korrupt war.« Auch diese dritte Aussage sollte auf ihre Glaubwürdigkeit hin bewertet werden.

Das Ergebnis des Tests war eindeutig und für die Experimentatoren nicht unerwartet: Parteifreunde der Kandidaten Bush und John Kerry entdeckten beim jeweiligen Gegner eine Fülle von Widersprüchen, fanden für die Ungereimtheiten im Verhalten ihres eigenen Mannes aber ebenso viele entschuldigende Erklärungen.

Diese Art von Voreingenommenheit hatten auch schon frühere Studien zutage gebracht. Der Forschergruppe von der Emory University gelang es aber zudem, die den jeweiligen Urteilen zugrunde liegenden Hirnprozesse im funktionellen Kernspintomografen sichtbar zu machen. Und was da auf den Monitoren auftauchte, war spannender als der Wahlkampf: Abgesehen von der erwartbaren Aktivierung »alter Bekannter« wie des ventralen präfrontalen Kortex, der Herz und Verstand in Einklang zu bringen versucht, und der Amygdala, ohne die es keine starken Gefühle gibt, leuchtete zum Erstaunen der Wissenschaftler auch ein Areal im Scanner auf, das uns in einem früheren Kapitel ebenfalls schon begegnet ist: das ventrale Striatum. In diesem Gebiet zeigte sich eine besonders starke Aktivität, wenn eine emotional als bedrohlich empfundene Situation – der so sympathische eigene Kandidat verstrickt sich in Widersprüche – durch eine logische Erklärung entschärft werden konnte. Im folgenden Zustand der Erleichterung leuchtete das ventrale Striatum auf und verriet, was die Probanden jetzt fühlten: »Reward«, Belohnung.

Die Psychologie kannte ein solches Verhalten auch schon zu

Zeiten, als es noch nicht möglich war, es im Scanner zu beobachten.[20] So genannte Defensivmechanismen, die bereits Sigmund Freud untersuchte, dienen letztlich dem Zweck, das eigene Weltbild – samt seiner Vorurteile – zu erhalten. Darunter fallen alle möglichen Formen von Ausreden und Rationalisierungen, bei denen es nur darum geht, Logik oder Kausalität zu suggerieren, wo keine ist. Und in den Köpfen der Gefolgsleute von Bush und Kerry zeigte sich noch etwas anderes: wie gut es Menschen offenbar tut, mit ihren Täuschungsversuchen durchzukommen und zumindest in der eigenen Einschätzung damit Erfolg zu haben. Können die womöglich zunächst als unangenehm empfundenen Verhältnisse so interpretiert werden, dass nicht nur die eigene Einstellung gestützt wird, sondern die Interpretation auch noch für andere plausibel ist, fühlen wir uns gut. Nicht die Wahrheit macht also glücklich, sondern recht zu haben.

Gut ist, was stützt

Defensivmechanismen sind eine weitere Möglichkeit, Lust- oder Zufriedenheitsgefühle in uns zu wecken. Wie es scheint, gehen wir zunächst immer davon aus, auf der richtigen Seite zu stehen. Ganz gleich, ob es sich um faktische Aussagen handelt, um emotional gefärbte im weiteren Sinne, wenn wir uns verliebt haben vielleicht, oder eben auch moralische. Bis zum Beweis des Gegenteils haben wir selbst und unseresgleichen recht und auch alles richtig gemacht. Unser Bild von der Welt und uns selbst ist so schwer zu verändern wie der Kurs eines Ozeanriesen. Erst wenn alle Defensivmaßnahmen nichts mehr nützen, keine Ausreden und keine Rationalisierungen, sind wir bereit, von unserer Position abzurücken und eine neue zu beziehen, die uns plausibel erscheint. Bis zum Beweis des Gegenteils jedenfalls. Und bis dahin werden wir wieder dankbar für jedes Argument sein, das unsere Position stützt.

Nicht nur bei politischen Entscheidungen sind wir in diesem Sinne parteiisch und träge, sondern auch bei moralischen Urteilen, wie einige ältere Untersuchungen gezeigt haben. So nahmen 1979 Studenten, die sich entweder klar für oder gegen die Todesstrafe ausgesprochen hatten, Argumente, die ihre eigene Haltung stützten, unkritisch entgegen, suchten aber bei Statements, die ihrer Position zuwiderliefen, akribisch nach Fehlern. Am Ende waren sich beide Gruppen sicher, dass die Sichtung der ihnen präsentierten, unterschiedlich ausgerichteten, aber in beiden Fällen nicht schlüssigen Forschungsarbeiten und auch der wissenschaftlichen Stellungnahmen, die später dazu erschienen waren, ihre ursprüngliche Einstellung zur Todesstrafe nur noch verstärkt hätte.[21] Es hat den Anschein, dass auch moralische Urteile nicht mit dem hehren Bestreben gefällt werden, der Wahrheit zu dienen, sondern vor allem der eigenen Haltung.

Nun mag diese Form der Selbstbestätigung zwar befriedigend sein und das ventrale Striatum im Scanner zum Strahlen bringen. Doch dürften die Glücksgefühle bald umschlagen, wenn wir für unsere Haltung nicht auch den Zuspruch der anderen erhalten. Für moralische Urteile gilt das in besonderem Maße, denn dabei geht es ja gerade um die Regeln, die unseren Umgang miteinander in für alle plausible Bahnen lenken sollen. Es spielt also eine erhebliche Rolle, was andere über meine Entscheidungen denken. Allerdings sind diese anderen nicht der Rest der Menschheit, sondern die, zu denen ich mich zähle. Meine Gruppe.

Spiel mit Grenzen

Geht es um das Zusammengehörigkeitsgefühl, den Wunsch nach einer Beheimatung, sind wir offenbar schneller als sonst bereit, eigene Positionen aufzugeben oder zu korrigieren, bevor wir auch nur explizit herausgefordert werden. Es reicht manchmal schon, wenn wir wissen, dass ein Partner eine bestimmte Haltung vertreten hat, um der Harmonie und des lieben Friedens willen auf genau diese Position einzuschwenken. Das bewirkt zweierlei: Es erspart uns unerwünschte Konflikte, außerdem fördert es den Zusammenhalt zwischen uns und unserem Partner. Eine Vielzahl von Studien bestätigt dieses Verhalten, das man streng genommen als »korrupt« bezeichnen könnte.[22] Für die Zugehörigkeit zu einer bestimmten Gruppe sind wir zu mancherlei Zugeständnissen bereit. Und gehören wir erst einmal dazu, lässt unser Verhalten gegenüber deren Mitgliedern einerseits und Außenstehenden andererseits darauf schließen, dass wir genau wissen, wo die Grenze verläuft. Auch dann, wenn es darum geht, einander zu helfen, gerecht zu sein und zu teilen.

Eine 2006 veröffentlichte Studie des Instituts für empirische Wirtschaftsforschung der Universität Zürich unter der Leitung von Ernst Fehr untersuchte das Gruppenverhalten zweier kleiner Stämme im Hochland von Papua-Neuguinea, die getrennt voneinander lebten und nicht verfeindet waren.[23] Die Forscher luden die Stammesmitglieder zu einem Spiel ein, hinter dem sich ein ausgeklügeltes Studiendesign verbarg, eine Variante des aus der Spieltheorie bekannten »Diktatorspiels«.

Drei Spieler kamen jeweils zusammen, von denen einer mit zehn Kina, der lokalen Geldeinheit, ausgestattet wurde, was etwa einem guten Tagesverdienst für einen Arbeiter entspricht. Davon sollte er eine beliebige Menge an den zweiten Spieler abgeben. Ein dritter Spieler schließlich übernahm die Rolle des Bestrafers. Nachdem er darüber informiert worden war, wie viel der reiche Spieler dem Habenichts gegeben hatte, entschied er, ob das seiner Meinung nach zu wenig und damit strafbar war oder nicht. Auch die Höhe der Strafe konnte er festlegen, sie kostete ihn aber einen bestimmten Betrag von seinem eigenen Kapital. Gab er einen Kina aus, wurden dem zu bestrafenden Spieler drei Kina vom Vermögen abgezogen. In diesem Verhältnis konnte er die Strafe auch erhöhen. Das Spiel endete nach nur einer Runde. Es gab also keine Möglichkeit zur Wiedergutmachung oder Rache.

Die Dreiergruppen wurden nun unterschiedlich gemischt. Mal

gehörten alle drei Spieler demselben Stamm an. In anderen Fällen wurde jeweils ein nicht zum Stamm der beiden anderen gehörender Spieler eingesetzt, entweder als Reicher, als Habenichts oder als Bestrafer. Die Frage lautete also nun, ob sich das Verhalten der Spieler in Abhängigkeit von der Stammeszugehörigkeit ändern würde. Interessanterweise fiel das Strafverhalten praktisch immer gleich aus. Gestraft wurde bis auf wenige Ausnahmen nur, wenn der Spieler mit den zehn Kina Anfangskapital weniger als fünf Kina abgab. Je mehr er für sich behielt, desto härter aber war die verhängte Strafe. Besonders hart fiel sie immer dann aus, wenn der Bestrafer und der Habenichts zum selben Stamm gehörten und der Anfangskapitalist zum anderen. Und damit schien der auch zu rechnen. Fragte man die Erwartungen ab, rechneten dreiundsiebzig Prozent der Spieler, die keinen einzigen Kina abgaben, mit der Höchststrafe, falls der Bestrafer zum selben Stamm gehörte wie der nun leer ausgehende Empfänger. Gehörte der Richter aber zur selben Gruppe wie die habgierigen Spieler, erwarteten die nur zu einundvierzig Prozent die Höchststrafe. Und so trat es jeweils auch ein.

»Parochialer Altruismus« wird dieses parteiische kooperative Verhalten zugunsten der eigenen Gruppe in der Fachsprache genannt. »Parochie« bedeutet im Griechischen eigentlich »Pfarrgemeinde«. In unserem Zusammenhang aber bezieht sich der Begriff auf jede Gruppe, die sich als zusammengehöriger Verband versteht und entsprechend handelt.

Nun werden nicht nur bei den Stämmen Papua-Neuguineas die eigenen Gruppenmitglieder grundsätzlich bevorzugt, sondern schon jedes Baby und jedes Kleinkind tut dies, wie wir zuvor gesehen haben. Und ist nicht klar, zu welcher Gruppe ein Kind gehört, dann ist es die Sprache oder auch die Hautfarbe, die der ersten Kategorisierung dienen. »Wie ich« zu sein, so haben wir gesehen, ist das erste wichtige Kriterium für den Menschen, um zwischen dem eigenen sozialen Verband und den anderen zu unterscheiden. Ein weiteres Beispiel für die tief sitzende Voreingenommenheit, die wir offenbar mit uns durchs Leben schleppen.

Vieles deutet inzwischen darauf hin, dass wir eine Veranlagung

für den parochialen Altruismus in uns tragen. Denn unser Wohl-
verhalten, zum Beispiel die Bereitschaft zum Teilen, richtet sich
bevorzugt auf die eigene Gruppe. Natürlich schließt das nicht
aus, dass wir auch Fremden helfen oder Partner im Stich lassen.
Es geht hier um Tendenzen im Verhalten lebender Wesen und
nicht um determinierte Abläufe in einer Gruppe von einfach pro-
grammierten Robotern. Wir sind nicht ein für alle Mal festgelegt,
und wir sind auch nicht alle gleich. Aber wir leben mit mehr oder
weniger mächtigen evolutionären Randbedingungen, auf die wir
selbst direkt keinen Einfluss haben und die zu jeder Zeit in die
Entscheidungsprozesse, an deren Ende Urteile und Handlungen
stehen, als gewichtiger Faktor mit einfließen.

Die Kehrseite der Selbstlosigkeit

Dass zu diesen evolutionären Randbedingungen eher der parochiale Altruismus als Schillers freudvolle Hoffnung »Alle Menschen
werden Brüder«[24] gehört, dafür gibt es inzwischen auch theoretische und aus Computersimulationen gewonnene Argumente.

Jung-Kyoo Choi von der Kyungpook National University in
Südkorea und Samuel Bowles vom Santa Fé Institute in New Me-
xico haben in einer Kunstwelt verschiedene Konstellationen von
Gesellschaften durchgespielt, um zu verstehen, wie sich der Altruismus, also die Bereitschaft, zugunsten anderer auf eigene Ressourcen zu verzichten, in der Menschheitsgeschichte entwickelt
haben könnte.[25] Dabei fassten sie den Begriff des Parochialismus
schärfer, als wir das bisher getan haben: Er beinhaltet nun nicht nur
Solidarität nach innen, sondern zugleich Feindschaft nach außen,
wobei sich diese Feindschaft nicht unbedingt in physischer Gewalt
äußern muss, aber sehr wohl kann. Wie also könnten sich Gesellschaften, die aus unterschiedlich handelnden, mehr oder weniger
netten Individuen bestanden, evolutionär über viele Generationen
entwickelt haben?

Choi und Bowles wählten für ihre Simulationen ein Szenario, in dem mit nur zwei hypothetischen Genen ausgestattete Individuen »lebten« und sich nach den Regeln der Vererbungslehre entwickelten. Je nach vom Experimentator vorgegebener Veranlagung waren sie also anfangs entweder egoistisch oder altruistisch (erstes Gen) und parochial oder weltoffen gestimmt (zweites Gen). Somit kamen insgesamt vier Kombinationen der beiden Eigenschaften vor. Die Experimentatoren konnten nun in ihrer Computerwelt wie der liebe Gott wirken und sie für den Anfang nach Art und Zahl besiedeln, wie es ihnen gefiel.

Zwanzig kleine Gruppen wurden jeweils aus solchen Individuen mit nur zwei Eigenschaften gebildet und über fünftausend Generationen hinweg beobachtet. Das entspricht in diesem Computermodell einem Zeitraum von hundertfünfundzwanzigtausend Jahren. Nach den Regeln der Simulation wurden in jeder Generation alle zwanzig Gruppen per Zufall zu Paaren zusammengeführt. Im wirklichen Leben vor Beginn des Ackerbaus vor etwa zehntausend Jahren hätte dem zum Beispiel ein Zusammentreffen von Stammesgruppen in der Savanne Afrikas oder den Steppen Asiens entsprochen. Und auch damals hätte die Gesinnung der Beteiligten darüber entschieden, wie ein derartiges Treffen ausgegangen wäre. Was bei einer solchen Konfrontation passiert, hängt primär davon ab, ob die betreffenden Gruppen zum größeren Teil aus Rambos, aus Trumps oder Gandhis bestehen. Wie in Wirklichkeit kann es auch in der Computersimulation zu friedlichen Handelsbeziehungen kommen oder zu tödlichen Kriegen.

Im Anschluss an diese Konfrontationen wurde im Computer in jeder Generation nach Regeln, die der natürlichen Vererbung entsprechen, gezeugt und gestorben. Dann begann eine weitere Runde, und es folgte die nächste Konfrontation der zwanzig Gruppen nach dem Zufallsprinzip.

So zeichneten sich nach einer Weile Veränderungen in der Entwicklung des gesamten Ensembles der zwanzig Gruppen ab, die so etwas wie ein Computerpendant zur spätsteinzeitlichen Menschheit darstellen. Bestimmte Eigenschaften – Kombinationen aus

Egoismus oder Altruismus und parochialem oder weltoffenem, »tolerantem« Denken – setzten sich unter den simulierten Individuen durch. Und die auf diese Weise entstehenden Gesellschaften, so konnten Choi und Bowles zeigen, waren unter zwei Bedingungen evolutionär stabil, veränderten sich in Bezug auf die Haltungen ihrer Mitglieder in der folgenden Zeit also kaum noch: entweder, wenn die Händlertypen (egoistisch und weltoffen) überwogen, die sich für Gruppengrenzen nicht interessierten, solange sie nur ihren Profit machten, oder aber, wenn die selbstlosen Kriegertypen (altruistisch und parochial) dominierten. Ein paar unausstehliche Rowdys und uneingeschränkte Gutmenschen durfte es in dieser Mischung auch noch geben, ohne die Gesellschaft zu gefährden. Eine Gesellschaft, deren Mitglieder, wie im ersten Fall evolutionärer Stabilität, vor allem am Profit interessiert waren, nicht aber an Gruppengrenzen – es fällt schwer, bei dieser Entwicklung nicht an »Globalisierung« zu denken –, erwies sich in der Simulation als weitgehend friedlich.

Anders sah es beim parochialen Altruismus aus, der sich in der Simulation als zweite stabile Lösung herausstellte. Kriege, sowohl siegreiche als auch unentschieden endende, waren in diesem Szenario häufig. Aber auch diese simulierte Welt wurde nicht von andauernden Konflikten beherrscht, wie man vielleicht vermuten könnte. Wenn es in zehn bis zwanzig Prozent der Begegnungen mit anderen Gruppen zu einem Gefecht kam, so zeigte das Modell, genügte das, um einen stabilen Altruismus nach innen zu sichern.

Als so etwas wie die Kehrseite des Altruismus hat die Kognitionsforscherin Holly Arrow von der University of Oregon in Eugene dieses Resultat einer Parallelentwicklung von parochialem Altruismus und Krieg in einem Kommentar zu der Arbeit von Choi und Bowles bezeichnet.[26] Damit meint sie allerdings nicht, dass es aus dem ungemütlichen Nebeneinander von Nettigkeit und Säbelrasseln keinen Ausweg mehr gibt und wir uns demnach mit einem solchen Menschheitsschicksal abfinden müssten. Denn Choi und Bowles haben in ihrem Modell zwar eine genetisch gesteuerte Evolution zugelassen, aber keine kulturelle, was sie selbst einräumen.

Demnächst sollen genau diese Faktoren sozialen Lernens in die Modelle einbezogen werden, um zu sehen, ob eine Gesellschaft nicht auch ohne Helden in Rüstung auskommen kann.

Trotz relativ einfacher Simulationsbedingungen verdeutlicht die Studie einen wichtigen Aspekt des Altruismus, der leicht übersehen wird: Freundlich, selbstlos und hilfsbereit zu sein ist zweifellos ein Verhaltensmuster, das in uns evolutionär angelegt sein kann. Daraus aber direkt zu schließen, nette Menschen seien immer nett und ihre Selbstlosigkeit beziehe selbstverständlich alle Menschen ein, ist ein gefährlicher Irrtum. Wen altruistisches Verhalten einbezieht, entscheidet sich offenbar in einem von der grundsätzlichen Freundlichkeit eines Menschen oder einer Gruppe unabhängigen Prozess. Die genannten Arbeiten und auch Ergebnisse der Verhaltensforschung lassen vermuten, dass unser »natürlicher« Altruismus von der Anlage her ohne eine entsprechende kulturelle Gegensteuerung jedenfalls nicht auf ein »Seid umschlungen, Millionen« zuführt, sondern aufs Schlachtgetümmel. Wer die Geschichtsbücher aufschlägt, wird daran kaum zweifeln. Klar ist aber auch, dass die Welt und die Menschen, die in ihr leben, nicht unter reinen Laborbedingungen oder gar den simplen Verhältnissen in einer Computersimulation existieren. Es sind also immer, wissenschaftlich gesehen, »schmutzige«, das heißt unscharfe und nicht genau bestimmbare Bedingungen und Wechselwirkungen, die das wirkliche Leben ausmachen. In der Kombination mehrerer Methoden und Disziplinen von der Evolutionsbiologie über die Neuro- bis zu den theoretischen Wirtschaftswissenschaften lässt sich dieses schwer zu entwirrende Netz von sozialen Beziehungen aber doch so genau erforschen, dass Aussagen wie die von Choi und Bowles über den parochialen Altruismus und seine kriegerische Kehrseite möglich werden.

Bin ich gut, bist du gut

Allmählich zeigt sich, welch enge Verbindung zwischen Moral und Gruppenbildung besteht. Schon wegen unserer eingeschränkten kognitiven Möglichkeiten, der fehlenden Fähigkeit zum Beispiel, mehrere Dinge gleichzeitig zu erledigen, geschweige denn, uns zur selben Zeit auf mehrere Menschen zu konzentrieren, steht am Anfang jedes sozialen Verbandes die so genannte Dyade, also der Umgang zweier Menschen miteinander in einer bestimmten Situation.

Um an aussagekräftige Ergebnisse über das Sozialverhalten zu gelangen, sind Forscher darauf angewiesen, solche Situationen im Experiment möglichst genau zu kontrollieren und zu entscheiden, welche Faktoren auf den Verlauf eines Experiments einwirken dürfen. Wir haben schon gesehen, dass bestimmte Spiele, in denen die alltägliche Wirklichkeit vereinfacht simuliert wird, diesen Zweck recht ordentlich erfüllen können. So sind es zumeist Verteilungsspiele wie die Variante des Diktatorspiels, das die Schweizer Wissenschaftler auf Papua-Neuguinea eingesetzt haben, aus denen Schlüsse auf unsere von Geburt an angelegten oder auch später sich entwickelnden Verhaltensstrategien gezogen werden.

Experimente mit solchen Spielen waren es auch, in denen sich schon vor einigen Jahrzehnten herausstellte, dass unsere Art im Kern freundlicher gesinnt ist, als man erwarten würde, wenn man einer kruden Evolutionstheorie glaubt, die biologisch wie sozial immer nur die am besten Angepassten überleben lässt. Auch ohne jeden äußeren Druck teilten Probanden ihre Habe mit anderen, ja sogar mit anonymen Mitspielern, von denen sie nicht mehr wussten, als ihnen ihre »Theory of Mind« sagen konnte, und von denen sie daher vermuteten, dass sie in etwa so gestrickt waren wie sie selbst. Wie auch sonst im Leben bildete die Grundannahme, er oder sie ist »wie ich«, die Basis für das eigene Handeln. Und – das ist im Folgenden ein wichtiger Aspekt – auch für die erwartete *Reaktion* auf das eigene Handeln war das die Voraussetzung. Zum

Beispiel in der Form: Bin ich nett, wird er oder sie es wohl auch sein.

In ein noch nicht durch Erfahrungen geprägtes, frisches Verhältnis zu einem Unbekannten wird also ein sozial ausgesprochen wichtiges Kapital investiert: Vertrauen. Das ist möglich, weil wir von der Annahme ausgehen, dass altruistisches Verhalten zu altruistischem Verhalten führt. Und in sehr vielen Fällen bestätigt sich diese Erwartung tatsächlich, nicht nur im Hirnlabor und im Computer, sondern auch im wirklichen Leben. Wir reisen zum Beispiel in ein fernes Land, treffen dort auf Menschen mit seltsamen Gebräuchen, die vielleicht auch noch in großer Armut leben, durch die ihnen alles, was wir in den Taschen mit uns tragen, wie ein kleines Vermögen vorkommen muss. Und trotzdem gehen wir nicht davon aus, im nächsten Augenblick ausgeraubt oder gar ermordet zu werden. Wir begegnen einander mit einem Grundvertrauen. Naiv wäre es allerdings, dieses Vertrauen unnötig zu strapazieren. Denn bei einem solchen Besuch auf einem fernen Kontinent bewegen wir uns trotz allem auf heiklem Terrain. Oder steckt uns etwa das Wissen in den Genen, dass Besucher, die sich in einem asiatischen Tempel zum Erinnerungsfoto niederhocken und dabei ihre Fußsohlen Richtung Altar strecken, Buddha schwer beleidigen und damit womöglich alle, die ihn verehren? Ohne uns etwas dabei zu denken, können wir uns also nicht nur »daneben«- benehmen, sondern womöglich gar ein Verbrechen begehen. Das ist die moralische Welt, in der wir uns wirklich bewegen, nicht die Laborrealität mit ihren Verteilungsspielen, so sinnvoll diese auch für erste Erkenntnisse über moralisches Verhalten sein mögen. Da sie sich dafür besonders eignen, geht es bei solchen Experimenten fast immer um Verteilungsgerechtigkeit und Fairness. Aber das Spektrum moralischen Handelns ist natürlich viel breiter.

Wert und Wohl

Wie wir an früherer Stelle gesehen haben, fasst die »CAD«-Theorie drei Themenkomplexe zusammen, von denen angenommen wird, dass sie für Menschen überall auf der Welt mit einem bestimmten Moralkodex verbunden sind: Gemeinschaft (Community), Individualität (Autonomy) und den Bereich des Reinen und Heiligen, Göttlichen (Divinity). Ein Experiment, das Studenten in Japan und den USA mit Situationen konfrontierte, die aus diesen drei Bereichen stammten, zeigte, dass sich den drei Themenfeldern drei ebenso klar zu unterscheidende Gefühle zuordnen lassen.[27] Diese Gefühle werden bei einer Verletzung des jeweiligen moralischen Kodex in all denen hervorgerufen, die den jeweiligen Kodex teilen. Eine Missachtung der Rechte des Einzelnen führt zu Ärger. Auf eine Verletzung der Gemeinschaftsregeln wird mit Verachtung reagiert. Und wer gegen die Regeln der Heiligkeit und Reinheit verstößt, ruft damit Ekel hervor. Genau dieses Gefühl spürten zum Beispiel viele, denen die Geschichte vom inzestuösen Geschwisterpaar erzählt wurde oder die von dem Mann, der einmal die Woche mit einem Suppenhuhn Sex hat.

Und was ist mit denen, die die betreffende moralische Regel verletzt haben und das auch einsehen? Sie fühlen sich schuldig, schämen sich, oder es ist ihnen peinlich, was vorgefallen ist.

All diese Gefühle, also Ärger, Verachtung, Ekel auf der einen, der bewertenden Seite und Schuld, Scham, Peinlichkeit auf der anderen, der Täterseite, haben dieselbe Zielrichtung: Sie stärken den Zusammenhalt einer bestehenden moralischen Gemeinschaft. Denn der Zusammenhalt wird in dem Maße gefährdet, wie der soziale Klebstoff Vertrauen verloren geht. Wieder ist es die Dyade, die Zweierbeziehung also, die am Anfang eines solchen Prozesses steht. Und dieser Prozess läuft nicht abstrakt ab, sondern entwickelt sich aus der Enttäuschung oder Erfüllung der sozialen Erwartungen Einzelner gegenüber bestimmten anderen.

Nehmen wir das Beispiel des Ärgers, der immer dann hochkocht, wenn meine individuellen sittlichen oder moralischen Rechte verletzt werden, wie die Theorie besagt. Wir müssen wohl nicht lange überlegen, um uns an eine Situation zu erinnern, die das bestätigt. Tatsächlich ließ sich in vielen Untersuchungen belegen, wie empfindlich wir darauf reagieren, wenn es ungerecht zugeht. Genauer muss es heißen: wie empfindlich wir reagieren, wenn wir *selbst* ungerecht behandelt werden oder zumindest durch eine allgemeine Situation in die Gefahr geraten, dass eine Ungerechtigkeit auch uns selbst treffen könnte.

Die Bonner Untersuchung zum Beispiel, bei der Probanden im Hirnscanner für die richtig geschätzte Zahl von Punkten auf einem Bildschirm finanziell belohnt, aber durchaus nicht immer *gerecht* belohnt wurden, hat eindrucksvoll gezeigt, dass es uns fürchterlich auf die Nerven geht, wenn andere bevorzugt werden. Andererseits hatte das Gehirn der Versuchspersonen aber keine moralischen Probleme damit, wenn die Ungerechtigkeit sich umkehrte. Selbst mehr zu haben als andere, auch unter Verletzung des Prinzips der Gleichbehandlung, schafft zumindest im ersten Moment Glücksgefühle, nicht Gewissensbisse.

Wirklich verstehen kann man diese Empfindlichkeit gegenüber selbsterfahrener Ungerechtigkeit nur, wenn man darin ein Symptom für die Bedeutung der eigenen Wertschätzung durch andere sieht. Wer uns belohnt, mag uns, schätzt uns, will mit uns kooperieren. Entsprechend gilt die Umkehrung: Wer uns nicht oder weniger belohnt als andere, zieht andere vor, schätzt sie mehr, ist lieber mit ihnen zusammen. Es ist der soziale Liebesentzug, der uns wirklich zu schaffen macht und direkt auf die Quelle unserer Moralität verweist: Wir können nicht, oder so gut wie nicht, allein und ohne die Anerkennung und Wertschätzung von anderen sein. Es kann sogar körperlich richtig wehtun, wenn wir in eine für uns derart verzweifelte Lage geraten.

Epidemiologen des University College London nahmen sich kürzlich die so genannte Whitehall-II-Studie vor, in der in einer ersten Phase schon seit 1967 die Gesundheit von Tausenden von Beschäftigten der britischen Zivilverwaltung erfasst und möglichst genau auf Risikofaktoren untersucht wurde. Whitehall II begann 1985. Roberto de Vogli und seine Mitarbeiter wollten nun wissen, ob sich das Empfinden, unfair behandelt zu werden, auch in medizinisch messbaren Effekten niederschlägt. Den Grad der ungerechten Behandlung bestimmte jeder der Probanden auf einer Skala von eins bis sechs. Was die Londoner Mediziner fanden, war gravierend: Es besteht eine »dosisabhängige« Beziehung zwischen empfundener Ungerechtigkeit und Herzerkrankungen. Wurden alle möglichen anderen Faktoren statistisch gewichtet und herausgerechnet, blieb ein um fünfundfünfzig Prozent erhöhtes Erkrankungsrisiko für jene Befragten, die sich starker Ungerechtigkeit ausgesetzt sahen, verglichen mit ihren zufriedenen Kollegen. Selbst wenn es also nur eine eingebildete Ungerechtigkeit sein sollte, geht sie uns doch buchstäblich zu Herzen. Das bestätigt auch das Fazit der Forscher: Sie sahen einen direkten Zusammenhang zwischen der unfairen Behandlung und dem Gefühl der Betroffenen, dass ihre Würde angegriffen oder wenigstens bedroht sei. Und was ist diese »Würde« nach Beobachtung der Wissenschaftler? Der Grad von »Respekt oder ›öffentlichem Wert‹, den einem andere zugestehen«.[28]

Ich gebe, damit du gibst

Der Kreis schließt sich. Zu Beginn dieses Kapitels haben wir uns gefragt, wie es möglich ist, dass »gute Menschen« sich in einer Weise verhalten, die sie zu einem anderen Zeitpunkt und in einer anderen Umgebung moralisch verurteilen würden. Das »Stanford Prison Experiment« von Philip Zimbardo zum Beispiel hatte genau das zutage gebracht, und Zimbardo hatte davon gesprochen, »die Situation« habe diesen Wandel verursacht. Der »Luzifer-Effekt«.

Mittlerweile sehen wir klarer: Es ist tatsächlich möglich, uns zu verführen, ja moralisch geradezu umzudrehen, wenn das für uns der einzige oder der vielversprechendste Weg ist, uns zu einer Gruppe gehörig zu fühlen und von ihr anerkannt zu werden. Etliche Experimente haben anhand sehr viel harmloserer Beispiele gezeigt, wie sehr die bloße Anwesenheit anderer unser Urteil und unser Verhalten in einer bestimmten Situation verändern kann. Bis in die Gestik und Mimik hinein passen wir uns unserer Umgebung an, wie der von Tanya L. Chartrand und John A. Bargh entdeckte »Chamäleon-Effekt« zeigt.[29] Es gibt also eine machtvolle Verknüpfung zwischen dem, was wir sozial um uns herum wahrnehmen, und dem, was wir daraus in unserem eigenen Verhalten machen. Solange wir in der Lage sind, die Folgen unseres Handelns – auch die längerfristigen – mit einem intakten Gehirn abzuschätzen, wollen wir vor allem eins bewirken: Was wir tun, soll den Erwartungen derer entsprechen, auf die es uns ankommt und deren Wertschätzung wir brauchen wie die Luft zum Atmen. Gelingt es uns dabei auch noch, unsere soziale Position zu verbessern und in der Hackordnung unserer Firma oder des Vereins aufzusteigen, ist das Glück vollkommen, und unser ventrales Striatum kann wieder einmal im Hirnscanner erstrahlen. Jedenfalls bis zur nächsten besorgten Frage unseres Egos: Werde ich noch gemocht? Sind »sie« mit mir zufrieden? Wie hoch ist mein »Wert«?

So verlässlich also sind unsere hehren moralischen Überzeugungen. Natürlich schwanken sie selten von einem Tag zum anderen hin und her, da wir uns in Gesellschaften und Gruppen bewegen, die eine gewisse soziale Trägheit haben und sich eben auch nicht von heute auf morgen ändern. Aber glücklich und zufrieden sind wir nur, wenn unser sozialer Status nach unserer eigenen Einschätzung unserem »prosozialen« Verhalten angemessen ist.

John F. Kennedys berühmter Satz aus der Rede am Tag seiner Amtseinführung als amerikanischer Präsident im Januar 1961 wird von Politikern oft und gern zitiert, um die Bürger an ihre Pflichten zu erinnern: »Frage nicht, was dein Land für dich tun kann, sondern frage dich, was du für dein Land tun kannst.«[30] Fasst man die Forschungen zu unserem sozial-moralischen Verhalten zusammen, so handeln wir wohl eher nach dem folgenden Motto: »Frage dich, was du für dein Land/deine Gruppe tun kannst, damit dein Land/deine Gruppe möglichst viel für dich tut.«

Zusammenfassende Thesen:

1. Nach dem »Reward« im Gehirn, dem Gefühl der Belohnung, richtet sich der Kompass unseres Verhaltens, auch des moralischen.
2. In der Moral ist der Verstand der Anwalt unserer Gefühle. Er muss rechtfertigen und begründen, was emotional schon entschieden wurde.
3. Wenn wir uns durch unsere Taten als »prosozial« erweisen, erwarten wir, dass das von den anderen anerkannt und angemessen und gerecht belohnt wird.

Von Werten, Vorbildern und Tugenden

Der Verlust der Moral, eine Gefahr für jede Gemeinschaft

> Die menschliche Tugend ist eine Gewohnheit, die den Menschen
> in Hinsicht auf seine guten Taten vervollkommnet.
>
> *Thomas von Aquin*[1]

Lust und Schmerz sind die beiden mächtigen Grundgefühle, die unser Verhalten leiten. Weg vom Schmerz und hin zur Lust. Hin zum Glück könnten wir auch wie manche Philosophen sagen. Aristoteles spricht zum Beispiel von der »Eudaimonia«, der Glückseligkeit, in die ein tugendhaftes Leben mündet.[2]

Wir bleiben hier bescheidener und meinen mit Lust oder Glück in diesem Zusammenhang schlicht die guten Gefühle, die es bereitet, wenn wir uns als Teil einer Gemeinschaft oder Gruppe erleben können, in der es uns (möglichst hoch) angerechnet wird, wenn wir die geltenden Regeln der Gruppe beachten. Glück in diesem Sinne ist als eine der vier Emotionen zu verstehen, die auf der ersten menschlichen Palette von Gefühlen zu finden waren, die Evolutionspsychologen und -soziologen in der Geschichte unserer Art ausmachen konnten: Angst/Abneigung, Anspruch/Ärger, Trauer/Enttäuschung und schließlich Glück/Zufriedenheit.[3]

Prosoziales Verhalten, so erwarten wir vertrauensvoll und vermutlich auch aus Erfahrung, wird belohnt. Sich an die geltenden Regeln der Gruppe zu halten dient der eigenen Reputation und erhöht den sozialen Status. Prosoziales Verhalten führt neben menschlicher Wärme und vielleicht symbolischer Anerkennung durch Orden und Ehrentitel auch dazu, dass der eigene Zugang zu den gemeinsamen Ressourcen der Gruppe gesichert oder gar verbessert werden kann. Die Gruppe bietet im Idealfall Schutz, Versorgungssicherheit, auch Unterhaltung, Freunde, Sexualpartner, alles eben, was das Leben sicher und angenehm macht, alles, was gute Gefühle weckt.

Und damit kommen wir auch zu einer Antwort auf die titelgebende Ausgangsfrage, nämlich die, warum wir Gut und Böse unterscheiden können.

Die Moral, so haben wir inzwischen gesehen, unterscheidet sich von anderen Formen sozialer Konventionen nicht allein dadurch, dass durch Missachtung ihrer Regeln Menschen zu Schaden kommen können, sondern vor allem dadurch, dass moralische Übertretungen stärkere Gefühle hervorrufen als rein konventionelle: Bei jenen, die von Übertretungen erfahren, sind es Ekel, Verachtung und Ärger, bei jenen, die gegen Regeln verstoßen und dabei ertappt werden, Scham, Peinlichkeit und Schuldgefühl. Im Einzelfall können diese Aversionen dazu führen, dass antisoziale Mitglieder aus ihrer Gruppe ausgestoßen werden.

Die Einhaltung moralischer Normen hingegen führt in einer Gruppe zu Vertrauen und kooperativem Verhalten, wie der französische Soziologe Emile Durkheim schon Ende des 19. Jahrhunderts ausführte.[4] Die damit verbundene gegenseitige Anerkennung prosozialen Verhaltens weckt gute Gefühle bei den Einzelnen und macht sie in diesem einfachen Sinne glücklich.

Das emotionale Belohnungssystem, das solche Gefühle erzeugt, ist im Gehirn angelegt und lässt sich in ähnlicher Form zumindest auch bei anderen Primaten finden. Das rechtfertigt die Vermutung, dass die Verbindung von gemeinschaftlichem Leben und stimulierenden Gefühlen nicht erst mit dem Menschen begonnen hat. Allerdings hat sie mit unserer Spezies unübersehbar eine neue Stufe erreicht. Denn keine andere Art auf unserem Planeten hat es geschafft, in so ausgedehnten Verbänden und mit so vielen unterschiedlich gefärbten sozialen Beziehungen zu leben wie der Mensch. Der entscheidende Grund für diesen Erfolg, so zeigt sich als gemeinsames Ergebnis der Forschung aus ganz unterschiedlichen Disziplinen von der Biologie über die Neurowissenschaften bis zur Soziologie: die Entdeckung der Moral.

Seit sich die menschliche Abstammungslinie von der schimpansischen getrennt hat, haben biologisches Erbe und frühmenschliche Erfahrungen zusammen zu einer parallelen und sich wechselseitig fordernden und fördernden Entwicklung von mentalen und sozialen Fähigkeiten geführt. Salopp ausgedrückt: Wir wurden mit der Zeit erstens schlauer und zweitens freundlicher zu allen, denen wir uns verbunden fühlten. Und schließlich begannen wir, Gut und Böse zu unterscheiden. Mit der Moral verfügt der Mensch über ein soziales Instrument, das mächtig genug ist, um ganze Gesellschaften aus Individuen zu schmieden, die auf der Suche nach dem glücklichen, angenehmen Leben vor allem ihren eigenen Interessen folgen. Moralische Normen sind es, die kooperierende Gruppen schaffen, deren innerer Altruismus sie gegen Herausforderungen von außen wappnet und anpassungsfähig macht.

Der Biss in die verbotene Frucht vom Baum der Erkenntnis hat uns der Bibel zufolge zwar das Paradies gekostet. Dafür aber haben wir die Erde gewonnen.

Soziales Kapital

Nun könnte der tägliche Blick in die Nachrichten den Eindruck erwecken, dass wir die Erde gerade wieder verlieren. Doch das zeigt erst einmal nur, dass die Existenz von moralischen Normen allein noch keine gute Entwicklung garantiert. Denn die besten Regeln nützen nichts, wenn sich keiner daran hält. Eine allmähliche Auflösung – oder auch die mögliche Neuschaffung – einer gesellschaftlichen Norm ist ein schon seit der Antike bekanntes Phänomen und wird zum Beispiel auch heute noch im so genannten Gewohnheitsrecht, der »consuetudo«, berücksichtigt. Auf altrömische Rechtsformen geht die Überzeugung zurück, dass eine

Gewohnheit, die sich über einen bestimmten längeren Zeitraum unwidersprochen von zuständigen und anerkannten Autoritäten einbürgert, denselben Rang hat wie geschriebenes Recht, das auf dem sonst üblichen gesetzgeberischen Weg geschaffen wurde. Für uns hier ist wichtig: Die Herausbildung von allgemein geltenden sozialen Normen durch das sich entwickelnde Verhalten der Gemeinschaft ist keine Erfindung der Neuzeit, sondern entspricht der gesellschaftlichen Praxis vieler Kulturen in der Vergangenheit und Gegenwart. Dahinter steckt die Überzeugung, dass nur mit Leben erfüllt werden kann, was von allen oder wenigstens einer breiten Mehrheit getragen wird. Denn nur so kann auch ein Klima des Vertrauens herrschen.

Der gesellschaftliche und evolutionäre Mehrwert, der durch Kooperation, gegenseitige Rücksichtnahme und besonders auch die allgemeine Achtung der gemeinsamen moralischen Regeln entsteht, wird heute wissenschaftlich zumeist als »soziales Kapital« bezeichnet.[5] Der Begriff selbst ist schon etwa hundert Jahre alt und geht nicht auf einen Theoretiker zurück, sondern auf einen amerikanischen Landschulaufseher aus West Virginia namens Lyda Judson Hanifan, der sich Anfang des 20. Jahrhunderts darüber Gedanken machte, wie man die Menschen zu ihrem Besten zueinander bringen könnte – und wie dies auch den Erfolg seiner Schulen sichern könnte.[6] Soziales Kapital, so Hanifan, der mit diesem Begriff auch bei denen Eindruck machen wollte, die es gewohnt waren, in Zahlen und Profitsteigerungen zu denken, ist all das, was im alltäglichen Leben der Menschen am meisten zähle: »namentlich guter Wille, Kameradschaft, Sympathie und der soziale Austausch unter den Einzelnen und Familien, die eine soziale Einheit bilden«.[7]

An dieser Definition hat sich im Prinzip bis heute nichts geändert. Seine gegenwärtige Bedeutung aber gewann dieses Konzept erst in den 1990er Jahren, als der Harvard-Soziologe Robert D. Putnam den Begriff Hanifans und einiger anderer Sozialwissenschaftler, die ihn danach noch einmal verwendet hatten, aufgriff. Vor allem brachte ihn seine Arbeit zu der Erkenntnis, wie sehr das soziale Kapital in den USA in den Jahrzehnten nach dem Zweiten Weltkrieg geschrumpft war. Putnam fasste seine Thesen 1999 in einem Buch mit dem bezeichnenden Titel »Bowling alone« zusammen. Am deprimierenden Bild des einsamen Bowling-Spielers wurde anschaulich, was mit dem sozialen Kapital verloren gehen kann: mit den Worten Hanifans alles das, »was im alltäglichen Leben der Menschen am meisten zählt«.

Für die menschliche Moral haben wir inzwischen gesehen, dass es genau jenes so definierte soziale Kapital ist, das sie schaffen kann: In einer Gruppe zu leben, deren Mitglieder sich an die geltenden Verhaltensregeln halten, bietet nicht nur Sicherheit und Verlässlichkeit im Umgang miteinander, sondern durch die gegenseitige Anerkennung auch das gute Grundgefühl, ohne das kein glückliches Leben möglich ist. Je verlässlicher die moralischen Regeln einer Gruppe oder Gesellschaft eingehalten werden, desto mehr soziales Kapital wird sie bilden und desto besser wird es den Menschen gehen, die unter diesen Bedingungen zusammenleben.

Im Folgenden soll darum zum Abschluss versucht werden, diese Verbindung zwischen Moral und sozialem Kapital noch etwas genauer zu betrachten. Nicht um dieses Verhältnis theoretisch weiter zu ergründen, sondern vor allem um daraus einige Lehren für die Praxis der Moral zu ziehen.

Ein bisschen Vertrauen und keine Objektivität

Es versteht sich von selbst, dass die gemeinsamen materiellen und ideellen Güter der Gruppe für alle verlockend sind, die als Gegenleistung geforderten Pflichten nicht unbedingt. Damit aber ergibt sich in jeder kooperativ lebenden Gemeinschaft ein Problem, das Spiel- und Wirtschaftstheoretiker mit den englischen Fachbegriffen »cheater«, »free rider« und »defector« verbinden. Gemeint sind damit soziale Schummler oder Betrüger, Schwarz- oder Trittbrettfahrer und Abtrünnige, wobei Letzteres bereits andeutet, dass einer, der sich zu weit vom Boden der gemeinsamen Regeln entfernt, im Grunde schon nicht mehr zur Gruppe gehört.

Dass solche Abweichungen durch Regelverstöße keine Kavaliersdelikte sind, bei denen man auch mal ein Auge zudrücken könnte, sondern den Kern unseres Miteinanders verletzen und wir das auch so empfinden, zeigen einige Studien, die sich mit der Frage befassten, wie wir solche Regelbrecher eigentlich entdecken und wie wir danach mit ihnen umgehen.

Diesen Studien zufolge verfügen wir über eine separate kognitive Fähigkeit, soziale Schummler oder Schwarzfahrer zu entdecken.[8] Bei einfachen Verteilungsspielen konnte festgestellt werden, dass Beobachter, die weder etwas zu gewinnen noch zu verlieren hatten, sehr genau darauf aufpassten, ob sich ein Spieler an die unausgesprochen geltenden Regeln der Fairness hielt und von seinem Guthaben bei einem Diktatorspiel ungefähr die Hälfte abgab. War dann eine Bestrafung durch Dritte (»third party punishment«) möglich, wurde sie im Normalfall auch vollzogen. Die Einmischung in moralische Entscheidungen, wie sie sich bei dieser Art der Bestrafung zeigt, ist typisch für den Menschen. Theoretische Arbeiten lassen vermuten, dass dieses Verhalten eine wesentliche Rolle beim Aufrechterhalten der Kooperation in einer Gruppe spielt.[9]

Eine kürzlich veröffentlichte Untersuchung der Universität Gent liefert eine Erklärung, warum das so sein könnte: Offenbar bewirkt nämlich ein unbewusster automatischer Prozess im Gehirn, dass in Situationen sozialen Austausches ein besonderes Alarmsystem aktiviert wird. Dadurch steigt unsere Aufmerksamkeit gezielt in Richtung auf mögliche Betrüger, die sich nicht an die gesellschaftlichen Spielregeln vom gerechten Geben und Nehmen halten.[10] Wir sind also trotz allen Vertrauens, das wir aufbringen – oft auch dann, wenn wir jemanden noch gar nicht richtig kennen –, im sozialen Umgang immer auch ein bisschen misstrauisch, weil wir zumindest unbewusst damit rechnen, dass Regeln missachtet werden. Vielleicht weil wir selbst die Versuchung spüren? Keineswegs. Denn abgesehen von unterschwelligem Misstrauen gegen andere lässt sich noch ein weiterer, nicht sonderlich schmeichelhafter Zug bei uns entdecken: Was die Moral angeht, davon sind wir – natürlich unbewusst – überzeugt, macht uns keiner etwas vor.[11] Wir halten uns für vertrauenswürdiger, ehrlicher und fairer als andere.

Und sind wir auch nach eigener Einschätzung doch einmal in eine moralisch fragwürdige Lage geraten, haben wir zumeist gute Gründe parat, warum wir gar nicht anders konnten, als so zu handeln, wie wir es getan haben.

Alles zusammen verbindet sich nicht nur zu einem ziemlich retuschierten Selbstbild, sondern zu einer gern gepflegten Illusion von eigener Objektivität. Und wir haben zuvor gesehen, dass es sich dabei wirklich um eine Illusion handelt. Denn eine ganze Batterie von Vorurteilen und Voreingenommenheiten färbt und verfälscht nicht nur das Bild von uns selbst, sondern auch das von anderen. Da das für alle Menschen gilt, kann es in moralischen Fragen keine Objektivität geben, sondern nur einen Ausgleich von subjektiven Positionen.

Darum geht es bei der Moral auch nicht um »Wahrheit«, wie vor allem deontologisch ausgerichtete Denker verkündet haben, wenn sie von einem »natürlichen Sittengesetz« ausgingen. Ein solches musste schon deshalb wahr und von absoluter Geltung sein, weil Gott es gestiftet hatte. Doch die Moral fällt nicht vom Himmel, und ihre Regeln werden auch nicht von göttlicher Hand in Stein gehauen. Trotzdem haben wir ein Gewissen oder einen inneren Kanon von Verhaltensregeln, an dem wir uns intuitiv orientieren. Die Regeln dieses Kanons aber gewinnen wir ganz irdisch aus der Beobachtung der anderen. So wird von Kindheit an Erfahrung verinnerlicht und zur Grundlage für späteres Handeln.

Wertebildung

Damit ist ein besonders wichtiger Aspekt sozialen Lernens angesprochen. Denn der Prozess der Verinnerlichung von Regeln, die aus der Beobachtung anderer gewonnen wurden, oder auch nur die Erfahrungen mit der Beachtung solcher Regeln durch die anderen entscheidet am Ende darüber, auf welches Fundament das Verhalten ganzer Generationen gestellt wird.

Wenn Robert Putnam den Verfall von sozialem Kapital in seinem Land beklagt hat, dann geht es genau um dieses Fundament: Wie dicht werden künftig die Netze zwischen den Menschen geknüpft sein? Wie sehr wird in Zukunft einer zur Stütze des anderen werden? Und welchen Wert werden dabei die moralischen Regeln haben?

Wir haben gesehen, dass eine »sichere« Beziehung die beste Voraussetzung dafür ist, dass Verhaltensweisen der Eltern oder von denen, die sich an ihrer Stelle um ein Kind kümmern, angenommen und dem eigenen Repertoire sozialer Handlungen hinzugefügt werden. In ähnlicher Weise gilt das auch später, wenn im Erwachsenenleben gegenseitiges Vertrauen zum Schlüssel für die Verinnerlichung beobachteter Handlungen wird. Welche »Werte« in einer Gesellschaft zur Geltung kommen, hängt von solchen Verinnerlichungsprozessen ab und vom Vertrauen, auf dessen Grundlage sie stattfinden.

Das gegenseitige Vertrauen als Grundgefühl kann in verschiedenen Gesellschaften sehr unterschiedlich ausgeprägt sein, wie ein internationaler Vergleich des »World Values Survey«[12] zeigt, einem gemeinnützigen Forschungsverbund von Sozialwissenschaftlern in mehr als achtzig Staaten. In Ländern wie Brasilien, Uganda oder den Philippinen herrschen unter zehn Prozent Zustimmung zu der Behauptung, den meisten Menschen könne man trauen. Rund fünfundsechzig Prozent Zustimmung sind es dagegen in Skandinavien mit Dänemark an der Spitze. In Deutschland und den meisten anderen »westlichen« Ländern Europas und auch in den USA war das Gefühl, hauptsächlich von vertrauenswürdigen Menschen umgeben zu sein, nur noch bei dreißig bis vierzig Prozent der Befragten ausgeprägt.[13] Diese Zahlen können als Indikatoren für das soziale Kapital dieser Gesellschaften gewertet werden. Denn abhängig davon, wie stark oder schwach das Gefühl der Geborgenheit ist – eine andere Beschreibung für eine vertrauenswürdige Umgebung –, werde ich mich unterschiedlich verhalten und andere Werte verinnerlichen. Und auch das müssen wir in diesem Zusammenhang bedenken: Gefühle sind ansteckend. Zusammen mit Imitationsprozessen durch das System von Spiegelneuronen ist dieser Prozess der Übertragung von Emotionen Teil der Basis unseres sozialen Umgangs. Das bedeutet, auch eine depressive Stimmung ohne Vertrauen ineinander oder gar in die Zukunft kann um sich greifen, wenn keine Gegenkräfte wirken. Und ist eine Gesellschaft erst einmal in einem Vertrauenstief wie zum Beispiel die brasilianische oder viele afrikanische, ist es ein schwerer Weg hin zum Optimismus, der die Energie für Veränderungen in sich birgt.

Wenn Gruppen verschmelzen

Bei der Verinnerlichung von unter den Mitmenschen – Eltern, Schülern und Lehrern, überhaupt Mitgliedern der »Gesellschaft« – wahrgenommenen Werten entwickelt sich für jeden Einzelnen eine innere Definition dessen, was »gut« ist. Nichts anderes ist mit »Wert« gemeint. Was sich demzufolge auf einem solchen Weg in einer Gemeinschaft als Wert durchsetzt, wird das Verhalten der Menschen in dieser Gemeinschaft zueinander bestimmen und damit auch das Klima, in dem sie leben.

Nehmen wir ein Beispiel aus unserer Gegenwart, das die Bedeutung des Vertrauens für die Verinnerlichung moralischer Normen verdeutlichen kann. Wenn Menschen aus einer Gesellschaft wie der türkischen zu uns kommen, in der nicht einmal jeder Fünfte glaubt, den meisten seiner Mitbürger dürfe man trauen,[14] wird das die Übernahme geltender Regeln in der neuen Umgebung erheblich erschweren. Ohne Vertrauen lernen schon Kinder nicht.

Eine mitgebrachte soziale Skepsis wird sich beinahe zwangsläufig noch verstärken, wenn nicht nur unterschiedliche Gruppen – parochial altruistisch – aufeinandertreffen, sondern im Zuge dessen auch die jeweils geltenden moralischen Maßstäbe und Verhaltensweisen. Im konkreten Fall sind das zumeist die Werte einer aufgeklärten, hedonistisch geprägten Demokratie auf der einen Seite und einer stark national und religiös geprägten Gesellschaft auf der anderen. Beide Haltungen betonen das Parochiale am eigenen Altruismus, also die Ausrichtung vornehmlich auf die eigene Gruppe.

Beim Nationalen versteht sich das von selbst. Was die Religion angeht, so ist diese Abgrenzungstendenz kein Muss, wie etwa der vergleichsweise offene Buddhismus zeigt. Islam und ebenso Christentum sind aber anders strukturiert und betonen in ihrer Lehre gewöhnlich die absolute Geltung ihres Glaubens und der darauf fußenden moralischen Normen.

Wie es in der Theorie des sozialen Kapitals inzwischen üblich ist,[15] könnten wir damit zum einen sagen, durch nationale Gesinnung – nicht nur die in der Türkei vorkommende – und Religiosität – nicht nur die des Islam – wird die Bindung innerhalb der Gruppe oder moralischen Gemeinschaft gestärkt. Zum anderen aber wird eine zweite häufig unterschiedene Komponente der Bildung sozialen Kapitals geschwächt: die des so genannten »Bridging«, des Vertrauen und Verbindung schaffenden Brückenschlages über Gruppengrenzen hinweg. Diese zweite Komponente wird zum Beispiel da gestärkt, wo Türken hierzulande in Deutschkursen nicht nur mit der Sprache, sondern auch mit den Gewohnheiten ihrer neuen Mitmenschen vertraut werden. Wie außerordentlich wichtig die Sprache für unsere angeborene Kategorisierung ist, das Einteilen unserer Mitmenschen in Gruppen, die uns näher oder ferner stehen also, haben wir bereits in einem früheren Kapitel gesehen. Auch darum hat eine gemeinsame Sprache eine so starke verbindende Kraft. Wie aber sollen solche Bindungen entstehen, wenn so viele Zuwanderer kaum oder gar kein Deutsch verstehen?

Damit haben wir schon eine Reihe ausgesprochen schlechter Vorzeichen für eine immer wieder geforderte oder beschworene »Integration«. Damit die Menschen so unterschiedlicher Gruppen zueinanderfinden und schließlich *eine* Gruppe bilden, müsste sich durch einen Brückenschlag (Bridging) zuerst Vertrauen, also soziales Kapital bilden, auf dessen Basis anschließend durch wechselseitiges soziales Lernen gemeinsame moralische Regeln entstehen könnten (Bonding). Aber in diesem Sinne integriert werden kann nur, wer das ausdrücklich will und unterstützt. Da es bei uns wie in vielen Immigrationsgesellschaften allerdings nicht mehr nur um eine soziale Eingliederung weniger geht, sondern um die Zuwanderung großer Gruppen mit einer ausgeprägten, ihre Mitglieder zusammenhaltenden Kultur, wird dieser Prozess des Zusammenfindens erheblich erschwert. Es ist kaum noch denkbar, dass eine Integration dergestalt ablaufen könnte, dass die zugewanderte Gruppe die zuvor in der neuen Gesellschaft geltenden Normen unverändert übernimmt. Auch die Mitglieder der Gesellschaft, in die eingewandert wird, müssten also Veränderungen ihrer bis dahin geltenden Regeln akzeptieren. Wie es dem angenommenen parochialen Altruismus entspricht, ist davon aber zumindest in der breiten Bevölkerung nichts zu spüren.

Stattdessen ist zu beobachten, wie sich beide Seiten voneinander abgrenzen, und die Grenze zwischen ihnen wird wohl nur schwer und in einem sicher lange währenden und nicht konfliktfreien Prozess zu überwinden sein. Bis dahin sieht sich zum Beispiel eine mehrheitlich islamisch gesinnte Einwohnerschaft entlang des Viertels am Hamburger Steindamm durch den jährlichen bunten Umzug von Schwulen und Lesben zum Christopher Street Day belästigt, wenn nicht beleidigt. Und in Köln wird um jeden Meter eines Minaretts gefeilscht, wenn es um die Verwirklichung eines manchen Bürgern der Domstadt zu üppig geratenen Entwurfs einer Moschee geht.[16]

Wo die Geborgenheit, da das Glück

Beim Beispiel der Integration geht es schon von der Zahl her vor allem um Jugendliche. Ob sie aus der Türkei stammen oder aus Deutschland, macht vor dem Hintergrund des dargestellten Verständnisses menschlicher Moral keinen großen Unterschied, da sie als Mitglieder derselben Spezies in dieser Hinsicht gleich »ticken«. Und darum gilt für beide, dass sie ihr Verhalten dahin führen wird, wo sie sich wohlfühlen, wo das Glück oder die Lust als maximal und der Schmerz als minimal empfunden werden. Prosoziales Verhalten macht Lust. Im Normalfall menschlichen Umgangs jedenfalls, und darum wird es implizit und meist auch explizit, also bewusst, erwartet. Nicht immer aber wird die Erwartung erfüllt, oder sie wird anderswo eher und besser erfüllt als da, wo die Gesellschaft junge Menschen gern haben möchte. In ihrer Mitte nämlich und loyal zu den für alle geltenden Regeln. Für die Jugendlichen stellt sich aber die (unbewusste) Frage, welche (innere) Belohnung sie erwarten können, wenn sie sich an die Regeln halten. Was fühlt sich so gut an, macht Lust auf mehr, wenn ich zu dieser konkreten Gesellschaft gehöre und ihre Normen beachte?

Es würde zu weit führen, hier alle mit diesen Fragen in Zusammenhang stehenden Phänomene von jugendlichen Subkulturen bis zum Generationenkonflikt zu diskutieren. Aber das Verständnis der Moral und ihrer Funktion, das wir beim Blick auf viele neuere Forschungsarbeiten aus unterschiedlichen Disziplinen gewinnen konnten, lässt auch für diese traditionelle Problemzone zwischen Jung und Älter einige Schlussfolgerungen zu.

Eine für Jugendliche vermutlich unpopuläre zuerst: Die Hirnforschung der letzten Jahre hat zweifellos gezeigt, dass das adoleszente Gehirn noch nicht »fertig« ist. Wenn aber wichtige Areale des »Exekutivapparates« im Frontalhirn wirklich erst irgendwann in der Mitte des dritten Lebensjahrzehnts ausgereift sind, dann muss das sowohl bezüglich der Pflichten Jugendlicher berücksichtigt werden wie auch in Hinsicht auf ihre gesellschaftlich eingeräumten Rechte. Generationen früherer Epochen wurde nachträglich manchmal der Vorwurf gemacht, sie hätten Kinder nicht wie Kinder, sondern wie kleine Erwachsene behandelt und damit überfordert. Etwas Vergleichbares müssen wir auch für die folgenden Lebensjahre bedenken. Dabei können Jugendliche sowohl über- wie auch unterfordert werden. Am sozialen Ziel des Heranwachsens jedenfalls kann es keinen Zweifel geben: Jugendliche sollen die Regeln der Gemeinschaft lernen und achten, in der sie leben. Dazu sind sie normalerweise auch in der Lage. Voraussetzung ist aber, dass der Vermittlungsprozess weitgehend reibungslos in Gang kommt.

Wenn zwischen denen, die solche Regeln vermitteln, und denen, die sie lernen sollen, kein Vertrauen, kein altruistisch geprägtes Gefühl der Zusammengehörigkeit besteht, kann das soziale Lernen kaum gelingen. Entsprechend schlimme Folgen haben darum familiäre Verhältnisse, in denen kein oder nur ein sehr geringes Vertrauen herrscht oder in denen prosoziales Verhalten – in diesem Fall also zugunsten der Familie – nicht hinreichend geachtet wird. Bleibt Anerkennung, die »Belohnung« aus und folgt auf eigenes Bemühen nur dumpfe Gleichgültigkeit, verändern sich die im Hirn gebildeten Repräsentationen der anderen – der Eltern, Lehrer, Chefs, aber auch der Altersgenossen und Freunde. Aufgrund der negativ empfundenen Erfahrungen entwickeln sie sich vom zuvor vielleicht sogar bestehenden Vertrauensverhältnis weg. Das soziale Kapital der Familie, Schule, Clique wird so Schritt für Schritt vermindert, was zu einer entsprechend schwächeren Bindung innerhalb der Gruppe führt. Im schlimmsten Fall bedeutet das, die entsprechende Gemeinschaft löst sich allmählich auf. Darum ist es so wichtig, ob Jugendliche für ihr Engagement gelobt werden. Nur so lassen sie sich auch anspornen und vielleicht ja sogar begeistern, so weiterzumachen wie zuvor und sich für die Gruppe – und ihre Werte – einzusetzen. Nur so fühlen sie sich auch dazugehörig und verantwortlich. Daran müssen Eltern, Lehrer und Politiker im Umgang mit den Jugendlichen gleichermaßen denken, wenn sie nicht erleben wollen, dass die Bindungen und schließlich auch Verbindungen schwächer werden. Wer keinen Respekt zollt, darf auch keinen erwarten.

Eine natürliche Reaktion – da von dem Verlangen nach Belohnung geleitet – ist in einem solchen Fall die Suche nach einer anderen Gruppe, die zu geben weiß, was andere verweigert oder schlicht versäumt haben: Anerkennung und Zuwendung. In solchen Fällen muss es einen nicht mehr wundern, wenn Jugendliche am Ende »auf die schiefe Bahn geraten«, wie es oft heißt. Sieht man genau hin, ist dieser Ausdruck grundfalsch. Denn eigentlich »geraten« sie nicht auf die schiefe Bahn, als sei das ein Zufall oder allein ihr Verschulden. Vielmehr werden sie mit jeder verweigerten Zuwendung auf diese schiefe Bahn geschoben. Abgeschoben.

Auch Strafe muss sein

Es soll also wohl nur noch gelobt und gekuschelt werden, denken nun vielleicht grollend manche Eltern oder Lehrer.

Bislang haben wir aber nur einen Aspekt der gruppenbildenden Funktion der Moral betrachtet. Zum Zuckerbrot kommt nun also die Peitsche. Der Einsatz für die anderen zu eigenen Lasten, aber um des größeren Ganzen willen, der Altruismus, funktioniert in den Simulationsmodellen der sozial oder auch ökonomisch interessierten Spieltheoretiker nämlich nur dann auch auf längere Sicht und führt zu stabilem kooperativen Verhalten, wenn er durch ein Zusatzinstrument gestärkt wird: das Strafen. In einer Gemeinschaft, die unter bestimmten Regeln lebt, die für alle gelten, muss bestraft werden, wer diese Regeln bricht und sich somit antisozial verhält.[17]

Die »altruistische Bestrafung« ist ein Phänomen, das inzwischen nicht nur unter Laborbedingungen untersucht worden ist, sondern auch durch die direkte Beobachtung des Verhaltens von Menschen in unterschiedlichen Kulturen.[18] Ausnahmslos bestätigte sich die theoretisch gewonnene Vermutung, dass Menschen bereit sind, es sich sogar etwas kosten zu lassen, um Missetäter bestraft zu sehen. Hierin zeigt sich übrigens ein Zug von Moralität, der so nur beim Menschen zu beobachten ist: Wir mischen uns ständig – innerlich oder auch ausdrücklich – in moralische Angelegenheiten ein, die uns im Grunde gar nichts angehen, weil wir nicht direkt betroffen sind. Anders wäre zum Beispiel der Erfolg von Gerichtsshows im Nachmittagsprogramm des Fernsehens kaum zu erklären. Und auch die Lust an Krimis hat natürlich etwas damit zu tun, dass wir es genießen, das Gute siegen und das Böse untergehen zu sehen. Die Empathieexperimente von Tania Singer haben zumindest für Männer bereits zeigen können, wie belohnt sich das Gehirn fühlt, wenn es die bestraft sieht, die sich unfair verhalten haben. Schadenfreude ist ein weiteres Gefühl, das vom Gehirn wie eine Belohnung empfunden wird.[19] Neurobiologisch gesehen kommt der Strafe jedenfalls eine Schlüsselrolle bei der Ausbildung des Sozialverhaltens zu.[20]

Auch so also erfahren wir eine Gemeinschaft als eine, in der es sich zu leben lohnt, weil das mit angenehmen Gefühlen verbunden ist: wenn Regeln nicht nur hohle Phrasen sind, sondern ihre Achtung und Befolgung eingefordert und ihr Bruch geahndet wird.

Vor dem Hintergrund immer wiederkehrender öffentlicher Diskussionen über den Sinn von Strafe in einer Gesellschaft wie der unseren ist diese vor allem aus den Neurowissenschaften stammende Einsicht ein bedeutender Beitrag. Normalerweise dreht sich die öffentliche Debatte um die Frage, ob Strafe resozialisieren, Sühne oder Abschreckung sein soll. Vor allem der Sühnecharakter einer Strafe wird nicht selten entschieden abgelehnt, weil sich ein damit verbundener Rachegedanke nicht mit einer modernen Gesellschaftsordnung vertrage. Die Ergebnisse aus den genannten Studien der vergangenen Jahre zeigen allerdings, dass wir als soziale Wesen die Bestrafung antisozialen Verhaltens, des Bruchs der Regeln also, innerlich und unbewusst ebenso erwarten wie die Belohnung einer prosozialen Haltung. Beides empfindet das Gehirn als ausgesprochen wohltuend. Und darum stärkt beides auch den Willen, zu einer Gemeinschaft zu gehören, in der das Gute gefördert und das Schlechte unterbunden wird. So wird soziales Kapital vermehrt.

Das ist ein wichtiger Aspekt, der nun nicht mehr nur den jeweiligen Täter in den Mittelpunkt der Betrachtung rückt, sondern auch die Gemeinschaft um ihn herum. Nicht nur wie es dem ergeht, der angeklagt wird und dann einer möglichen Verurteilung entgegensieht, ist ein wichtiger Aspekt der Frage, wie wir mit antisozialem Verhalten bei uns umgehen wollen. Soll nicht einfach beiseitegeschoben werden, was die Naturwissenschaften inzwischen beigetragen haben, so muss auch berücksichtigt werden, wie sich etwa der staatliche Umgang mit Gewalt und Verbrechen in der Gesellschaft »anfühlt«, die davon betroffen ist. Auch soziologische Untersuchungen zeigen inzwischen einen klaren Zusammenhang:[21] Wenn Regelverstöße nicht geahndet werden, nimmt das Vertrauen – die gefühlte Sicherheit, könnten wir hier sagen – ab. Und in dem Maße, wie das soziale Kapital sinkt, steigt die Missachtung der geltenden Regeln. Das muss sich nicht gleich durch eine Zunahme schwerer Verbrechen zeigen. Aber das gesellschaftliche Klima verändert sich.

Die Erfahrungen prägen die Repräsentation der »Autoritäten« oder »Normgeber« im Gehirn, haben wir gesehen. Diese Repräsentationen sind es, die wiederum unser Verhaltensrepertoire einengen oder erweitern, und wir haben die Summe solcher impliziten, also unbewussten Prozesse »Gewissen« genannt. Als Gruppe oder Gemeinschaft verstehen wir hier jeden Sozialverband, der durch parochial altruistisches Verhalten seiner Mitglieder zusammengehalten wird, von der kleinen Familie oder Clique bis hin zur großen Gesellschaft. Wenn wir in einer solchen Gruppe nun zunehmend erleben, dass Regelverstöße folgenlos bleiben oder gar denen zugutekommen, die sie begehen, wie wird das wohl auf uns selbst wirken? Sicher nicht in dem Sinne, dass wir uns dann nur noch genauer an die Normen halten. Warum sollten wir das auch tun, wenn Regeln offenbar nicht ernst gemeint sind? Werden aber die Normen einer Gruppe oder einer Gesellschaft aufgeweicht, ist das gesamte Gefüge in Gefahr.

Unfrei und verantwortlich

Wir müssen an dieser Stelle noch einmal zu einer Frage zurückkommen, die schon zu vielen hitzigen und manchmal auch verwirrenden Diskussionen geführt hat: die Frage nach dem »freien Willen« des Menschen. Im Alltag spielt sie praktisch keine Rolle, aber in Gelehrtenzirkeln ist sie zu einem beliebten Gegenstand und manchmal auch schon zum akademischen Kriegsgrund geworden. In unserem Zusammenhang ist sie insofern interessant, als unsere vermeintliche Fähigkeit, zwischen zwei Handlungsalternativen »frei« zu wählen, Voraussetzung dafür zu sein scheint, von moralischer Verantwortung und gegebenenfalls Schuld sprechen zu können. Denn, so die weit verbreitete Meinung, nur wer in einem solchen Sinne frei ist, kann auch für seine Taten verantwortlich sein und zur Rechenschaft gezogen werden.[22]

Unstrittig ist, dass wir uns normalerweise als frei erleben und davon ausgehen, unsere Handlungen willentlich zu bewirken. Ebenso nehmen wir das von den anderen an. Wir haben aber auch schon gesehen, wie sehr uns unterschwellige, unbewusste und automatisch ablaufende Prozesse bei Entscheidungen beeinflussen. In diesem Kontext wird immer wieder vor allem von Geisteswissenschaftlern die Frage gestellt, wer denn eigentlich entscheide, wenn doch zum Beispiel der Gefühlsapparat, das limbische System etwa, so wesentlichen Einfluss habe. So wird Hirnforschern vorgeworfen, sie hätten einen »Homunculus« eingeführt, ein inneres »Menschlein«, das die Kommandos für das Verhalten eines Menschen anstelle der »ganzen Person« gebe.[23]

Ob Homunculus oder »Kapitän der Seele«, wie Aldous Huxley eine mögliche Kommandoinstanz genannt hat, beide Begriffe entsprechen so wenig dem Stand der Hirnforschung, wie der des »Äthers« noch etwas mit der Ausbreitung elektromagnetischer Wellen zu tun hat. Letztere brauchen – auch wenn uns diese Vorstellung schwerfällt – kein Medium, um sich »wellen« zu können. Und der Mensch braucht keine Kommandoinstanz, um entscheiden zu können, auch wenn uns diese Vorstellung ebenfalls nicht leichtfällt. Wir haben am Beispiel der Ameisenkolonie gesehen, was unter der Selbstorganisation hochkomplexer Systeme verstanden wird und wie aus solchen Systemen Eigenschaften per Emergenz entstehen. Vorstellbar ist auch das nicht. Trotzdem geschieht es vor unseren Augen. Wie es der Frankfurter Neurophilosoph Thomas Metzinger einmal ausgedrückt hat, gibt es in diesem Sinne zwar Handlungen, aber womöglich keine Handelnden.

Tatsächlich zeigen nicht nur die immer wieder herangezogenen Experimente des englischen Hirnforschers Benjamin Libet, dass es falsch ist, von einem bewussten Willen auszugehen, der für unsere Fähigkeit steht, frei und damit unabhängig von impliziten Prozessen zu entscheiden. Eine solche Entscheidung war ja in der landläufigen Annahme der Grund für unser Verhalten in einer bestimmten Situation. Bei Libets Versuchen hat sich gezeigt, dass die motorische Vorbereitung (»Aktivierung«) einer einfachen Handlung – etwa einen bestimmten Knopf zu drücken – im Gehirn schon ein paar hundert Millisekunden vor der bewussten Entscheidung für diese Handlung zu beobachten ist.[24] Andere Experimente haben inzwischen Vergleichbares gefunden. Doch daraus kann nicht geschlossen werden, »irgendwer«, ein Homunculus oder Seelenkapitän, lege halt schon die ersten Schalter um und bereite eine Greifbewegung vor, von der »er« uns dann anschließend noch vorgaukle, wir hätten uns dazu aus freien Stücken entschieden. So zu denken, ist platter Dualismus. Wer den vermeiden will, und dafür gibt es viele gute Gründe, muss sich aber auch von der Unterscheidung zwischen »ganzer Person« und ganzem biologischem Körper verabschieden, weil die Person bei dieser Unterscheidung die Rolle einnähme, die wir der Seele im klassischen Verständnis bereits abgesprochen haben.

Wie also lässt sich diese moderne Sicht menschlicher Entschei-
dungsfindung auf der Grundlage der neurowissenschaftlichen
Forschung mit einem Konzept persönlicher Verantwortlichkeit
verbinden? Es gibt durchaus Philosophen, die das für unmöglich
halten und sich entweder auf die eine Seite schlagen und den »frei-
en« Willen gegen die Ketzer aus den Hirnlabors in Schutz nehmen,
oder aber von der Gegenposition aus Verantwortlichkeit und frei-
en Willen gleichermaßen zur Illusion erklären. Dazwischen gibt es
Theoretiker wie John Martin Fischer von der University of California in Riverside, die eine Harmonisierung der auf den ersten Blick
unvereinbaren Positionen versuchen. In Fischers Ansatz sollen
also ein kausaler Determinismus – »Die Dinge waren so, dass ich
gar nicht anders konnte ...« – und moralische Verantwortlichkeit
in Einklang gebracht werden. Möglich ist das nur – wenn überhaupt, denn natürlich ist auch diese Position umstritten – durch
komplizierte Definitionen, die so etwas wie den philosophischen
Kern von Verantwortlichkeit herausstellen sollen. Es sei nicht un-
angemessen, schreibt Fischer, all diese Überlegungen zur Freiheit
unseres Willens zusammen auf den Titel eines Liedes von Doris
Day aus dem Jahre 1956 zu kondensieren: »Qué será, será« – was
sein wird, das wird sein.[25]

Was uns aus der Sicht praktischen moralischen Handelns
wirklich beschäftigen muss, ist die Frage, ob ein soziales Miteinander, wie wir es in den vorigen Kapiteln beschrieben haben,
ohne das philosophische Konzept eines freien Willens überhaupt
noch denkbar wäre, und wenn ja, mit welchen möglichen Ein-
schränkungen. Wir brauchen keine Libet-Experimente, um an
einem Verständnis von Freiheit zu zweifeln, bei der uns in einer
bestimmten Situation gewissermaßen alle denkbaren Handlungsalternativen gleich möglich zur Entscheidung vorliegen: Heute
entscheide ich mich, in der U-Bahn schwarzzufahren, morgen
kaufe ich ein Ticket. Heute schlage ich mein Kind, weil es beim Essen gekleckert hat, morgen lache ich laut, auch wenn das Breichen
durch die Gegend spritzt. Wen das noch nicht überzeugt, der muss sich nur weitere Bei-

spiele einfallen lassen, um die Absurdität der Vorstellung eines völlig freien Willens zu begreifen. Natürlich gibt es etliche Philosophen, die »frei« auch nicht so frei verstehen. Wir müssen das hier nicht weiter ausführen, können aber festhalten, dass eingeschränkte Handlungsoptionen durch die Umstände, aber auch durch Vorurteile und Gefühle, die uns unwiderstehlich in die eine oder andere Richtung ziehen, im Grunde selbstverständlich sind. Trotzdem würden wir nie auf den Gedanken kommen, darum seien in jedem Fall auch die Umstände verantwortlich zu machen, wenn wir durch andere geschädigt werden.

Ob es philosophisch sauber formuliert ist oder nicht: Wir können kognitiv gar nicht anders, als Handlungen mit Handelnden und Handelnde mit Absichten zu verbinden. Darin aber steckt bereits der Keim der Verantwortlichkeit. Wer Absichten hat, »will« etwas. Und wer zum Beispiel etwas will, das mich schädigt, ist auch schuld an diesem Schaden und trägt in meinen Augen die Verantwortung. Diese schon bei Babys zu beobachtende Grundstruktur menschlichen Geistes und sozialer Zuordnung lässt sich nicht wegdiskutieren, indem wir den freien Willen philosophisch abschaffen. Natürlich auch dann nicht, wenn es viele gute Gründe gibt, das zu tun. Aus unserer Haut können wir nicht heraus.

Schlechte Vorbilder ...

In der alltäglichen Praxis, jenseits aller Theorien über selbstorganisierte Systeme und einen mehr oder minder freien Willen also, sind wir es somit doch wieder selbst, die wie gewohnt entscheiden müssen. Zwischen Aufstehen und Liegenbleiben, einem Kind oder zweien, Erdbeere oder Schokolade und auch zwischen Gut und Böse. Es ist immer ein und derselbe Kopf, mit dem das in all diesen Fällen geschieht.[26]

Und mit dem entwickeln wir auch ein Gespür dafür, was in unserer gesellschaftlichen Umgebung (im Allgemeinen) möglich ist und (überwiegend) gewünscht wird. Was dem entspricht, ist gut, was nicht, eben nicht.

Dieser Satz wird manchen unruhig machen. Denn genau genommen lässt sich daraus schließen, dass jede beliebige Ethik in einer Gesellschaft gedacht, etabliert und gerechtfertigt werden kann, wenn sich nur eine deutliche Mehrheit hinter ihr versammelt. Tatsächlich scheint es so zu sein, wenn wir die Geschichte – gerade auch die deutsche – betrachten. Es war möglich, auf breiter Basis eine Ethik einzuführen, nach der es gerechtfertigt war, alle, die nicht im Katalog des Erlaubten standen, als rechtlos anzusehen und zu töten, wenn es geboten schien. Juden und alle »Nichtarier«, dazu falsch Glaubende, falsch Denkende, falsch Liebende, falsch Veranlagte. Und trotzdem gab es nicht wenige, die sich durchaus wohlfühlten in jenen Zeiten, weil sie sich vielleicht sicher glaubten, wenn sie nachts allein einen Park durchquerten, oder weil sie warme Strümpfe bekamen, wenn es winters kalt wurde und sie keine kaufen konnten. Wer dazugehörte, mochte sich geborgen fühlen, wer ausgestoßen wurde – ideologisch oder im Viehwagen –, war schon so gut wie tot.

Das Beispiel der Nazi-Gesellschaft macht deutlich, dass es wirklich möglich ist, so gut wie alles für »gut« zu halten. Es zeigt auch, wie verführbar wir sind und wie mächtig der »Luzifer-Effekt«, den Philip Zimbardo beschrieben und beim Stanford Prison Experiment am eigenen Leib erlebt hat, letztlich jeden treffen kann. Es wäre töricht, sich ausnehmen zu wollen.

Darum aber müssen wir noch einmal auf das Klima innerhalb einer Gruppe oder Gesellschaft zurückkommen, dem ein bestimmtes Sozialkapital entspricht. Was wir für Jugendliche gesehen haben, gilt nicht weniger für Erwachsene. Werden Regeln kaum befolgt oder nehmen sich einige heraus, sie nicht zu befolgen, geraten wir in innere Konflikte und in Versuchung, es auch selbst nicht so streng zu halten. Nehmen wir noch einmal kurz die sozialen Themenkreise in den Blick, auf die wir offenbar schon aus einer Veranlagung heraus besonders empfindlich reagieren und bei denen wir meist oder gar ausnahmslos von einer moralischen Qualität der betreffenden Handlung ausgehen. Dabei ging es um Fragen zu unserer Autonomie, insbesondere unserer Freiheit also, zum Verhältnis zwischen Individuum und Gemeinschaft, bei dem die Gerechtigkeit im Mittelpunkt steht, und schließlich der Transzendenz, zu der im weitesten Sinne alles zählt, was uns heilig ist.[27]

Die immer wieder und oft mit großer Härte geführte Debatte über das Verhältnis von Leistung und Entlohnung ist ein Beispiel aus dem zweiten Themenkreis, bei dem die Gerechtigkeit als Kriterium im Zentrum steht. Ein immer wiederkehrender Streitpunkt bei dieser Debatte ist das Verhältnis der Gehälter von Arbeitern und Managern. Darf ein »mover and shaker« nur hundertmal so viel verdienen wie die, ohne deren Leistung er vermutlich nichts zu bewegen hätte, oder darf es auch auf ein Mehrtausendfaches eines einfachen Angestelltenlohnes hinauslaufen? Was ist noch »anständig«?

Laborexperimente mit Verteilungsspielen zeigen, dass uns im Allgemeinen offenbar sehr daran gelegen ist, den Abstand von unten nach oben gering zu halten.[28] Es fühlt sich gar nicht gut an, zu einer Zahl hinaufzublicken, die uns schwindeln lässt. Darum ist es eine völlig überflüssige Mühe, wenn Manager Normalverdienern erklären wollen, warum das, was sie monatlich einstreichen, gerecht ist. Und wenn sie tausend gute Gründe dafür finden, wird ihnen innerlich niemand zustimmen.

Das ist aber nur die halbe Wahrheit. Denn wir haben in den Resultaten entsprechender Experimente auch gesehen, dass uns Ungerechtigkeiten – egal, ob echte oder nur dafür gehaltene – nur dann in Rage bringen, wenn wir es sind, die von unten nach oben blicken.[29] Sind wir die großzügig Empfangenden, sehen wir die Dinge in ganz anderem Licht. Dann werden wir es vermutlich selbst sein, die sehr vernünftig und ganz sachlich begründen, was anderen die Röte ins Gesicht treibt – und wieder wedelt der »emotionale Hund« mit seinem »rationalen Schwanz«.[30]

Dennoch ist unser Verstand sicher nicht völlig überflüssig. Vielleicht kann er zum Beispiel einzusehen helfen, wie soziale und moralische Regeln entstehen und vermittelt werden. Durch Vorbilder nämlich. Oder wie wir genauer sagen sollten: durch Vormacher.

Da sie als Zielscheiben gern genommen werden, bleiben wir noch einen Moment bei den Managern und erinnern uns an die Bilder vom Prozess gegen gleich mehrere Manager im Zusammenhang mit einer Abfindung, die dem ehemaligen Mannesmann-Vorstandsvorsitzenden Klaus Esser bei der Übernahme seines Unternehmens durch den britischen Konkurrenten Vodafone im Jahre 2000 gezahlt worden war: 50 Millionen Mark.

Es muss hier nicht mehr ausführlich erläutert werden, was alleine die Erwähnung dieser Summe neurobiologisch zum Beispiel bei denen auslöst, die infolge derselben Übernahme ihren Arbeitsplatz verloren haben. Doch als wäre das noch nicht genug, folgte zum Prozessbeginn die inzwischen berüchtigte Geste, bei der Josef Ackermann, Chef der Deutschen Bank und zum Zeitpunkt der Übernahme Aufsichtsratsvorsitzender von Mannesmann, mit breitem Lachen zwei Finger zum siegesgewissen V-Zeichen in die Luft und vor die Kameras streckte.[31]

Ackermanns Geste ist nur ein Beispiel für einen Vorgang, der vielleicht als Stimmungsmache beschrieben werden kann und der vor allem direkt mit der Schaffung oder Vernichtung von sozialem Kapital zu tun hat. Knapp zusammengefasst, haben wir gesehen, dass soziale Regeln durch das soziale Lernen in Gruppen entstehen, die durch einen parochialen Altruismus zusammengehalten werden, zu dem auch eine »starke« oder »strenge« Reziprozität[32] gehört, wie es in der wissenschaftlichen Literatur manchmal heißt. Mit der »Strenge«, wir könnten auch sagen, mit der »Robustheit«, ist die in einer stabilen Gruppe erforderliche Bestrafung eines Verhaltens gemeint, das Geben nicht mit Geben vergilt und geschenktes Vertrauen nicht erwidert. Solche Regelbrüche sind für sich genommen schon nicht förderlich für den Zusammenhalt einer Gemeinschaft. Erst recht dann, wenn sie vermehrt vorkommen. Wird solcher Verstoß gegen die Normen nach dem Gefühl der anderen Gruppenmitglieder nicht einmal geahndet, ist das noch schlimmer. Kaum mehr zu kalkulierender Schaden am sozialen

Kapital entsteht aber dann, wenn wie bei Ackermanns Geste vor den Fernsehkameras Millionen den Eindruck gewinnen, ihnen *persönlich* würde gerade mit breitem Grinsen deutlich gemacht, wie belanglos sie für das gemeine Ganze sind. So wird Vertrauen unwiederbringlich verspielt, soziales Kapital vernichtet und eine Stimmung erzeugt, in der sich beinahe jeder bei nächster Gelegenheit zwangsläufig fragt, aus welchem Grund er sich eigentlich noch an die Regeln halten und damit Gut und Böse unterscheiden soll.

Die gleichen Prozesse ließen sich auch für andere soziale Problemfelder ausmachen, vom Mindestlohn in Deutschland bis zu Wahlfälschungen in Kenia. Was die Moral der Mitglieder einer Gemeinschaft, die Bereitschaft, sich an geltende Regeln zu halten, zersetzt, sind verweigerter Respekt, fehlende Anerkennung für erbrachte Leistungen, entzogenes Vertrauen und damit alles in allem das Fehlen oder der Verlust von sozialer Belohnung. Es bereitet dann eben keine guten und wohltuenden Gefühle mehr, in einer solchen Gemeinschaft zu leben. Greift eine Haltung zunächst innerer und dann vielleicht auch äußerer Emigration um sich, ist das Ende der Gruppe besiegelt. Ganz gleich, ob es sich um eine Familie, einen Verein, ein Unternehmen oder eine ganze Gesellschaft, ja Kultur handelt.

… und gute Gewohnheiten

Wo also stehen wir am Ende eines langen Weges? Wie lässt sich das Leben, das keiner von uns gegen seine Natur oder allein führen kann, so gestalten, dass wir es gemeinsam gern leben?

Glauben wir den Erzählungen der Bibel, hat sich diese Frage vor dem Sündenfall nicht gestellt. Die Mühe des alltäglichen Sich-Zusammenraufens begann demnach, als dem Menschen aufging, dass es einen Unterschied zwischen Gut und Böse gibt, und die Tore des Paradieses hinter ihm zugestoßen wurden. Dass wir nicht ins Paradies zurückkehren können, heißt im übertragen

Sinne vielleicht auch, wir tun gut daran, die Umstände unserer Existenz zu akzeptieren und nach vorn zu blicken, nicht wehmütig zurück. Die Naturwissenschaften – eine respektable Errungenschaft menschlichen Geistes immerhin – helfen uns zunehmend zu verstehen, wie wir sind und wer wir sind. Damit gewinnen wir zugleich eine stabilere Grundlage für ein gemeinsames Leben. Wir können nicht aus unserer Haut, wie gesagt, aber wir können durchaus etwas dafür tun, das auf den ersten Blick unentwirrbare Geflecht unserer Beziehungen und der vielen Kräfte, die auf sie wirken, zu begreifen. Einzeln ist das möglich und ebenso in Gemeinschaft – solange wir die wichtigste Regel beherzigen: Was allen dient, gehört belohnt, was dagegen schadet, muss bestraft werden.

Das ist offenbar die Basis, auf der allein sich unser soziales Leben und unsere Moral entwickeln kann. Was schließlich als Verhaltensmuster zu einem guten Leben führen kann, hat der mittelalterliche Mönch Thomas von Aquin eine »Tugend« genannt und die wiederum eine Gewohnheit, die den Menschen beim Tun des Guten vervollkommnet.

Nach längerer Vernachlässigung erfahren Tugenden heute wieder große Aufmerksamkeit.[33] Nicht nur, weil in etlichen Teilen der Welt »konservatives« Gedankengut derzeit besonders beliebt ist, sondern auch, weil »die neue Synthese der Moralpsychologie«,[34] die Jonathan Haidt von der University of Virginia in Charlottesville kürzlich in einem wegweisenden Artikel beschrieben hat und die weitgehend auch der Gegenstand dieses Buches war, wenig Raum für einen anderen Umgang mit der Moral lässt. Tugend ist nicht mit absoluten moralischen Regeln verbunden, denn die lassen sich nirgendwo finden. Natürlich werden sie trotzdem von manchen Religionen mit dem Anspruch uneingeschränkter Geltung verkündet. Da deren Glauben aber niemand teilen muss, sind auch vermeintlich absolute Normen nur so lange wirkungsvoll, wie der zugrunde liegende Glaube auch tatsächlich geglaubt wird. Wendet sich eine Gruppe aber von einem Glauben ab – wie das in Europa seit längerem beim Christentum zu beobachten ist –, fällt auch die

Verpflichtung, die entsprechenden Normen zu beachten. Und was dann?

Wir stehen hier vor dem Problem, das bereits viele Philosophen beschäftigt hat, dazu auch Juristen und Soziologen: Wenn von den Umständen einer Gesellschaft abhängt und nicht mehr vom göttlichen Willen, was als »gut« definiert wird, lässt sich dann überhaupt noch sagen, was »besser« ist? Müssen wir zum Beispiel akzeptieren, dass es rein rational ebenso überzeugende Gründe für die Todesstrafe gibt wie dagegen? Viele haben dieses Dilemma erkannt. Darunter auch Max Horkheimer, der 1973 verstorbene Frankfurter Sozialphilosoph, der mit seiner Kritik an der bürgerlichen Gesellschaft eine der Leitfiguren der 68er-Bewegung war. Das »Gute schlechthin, das absolute Positive« sei nicht darzustellen, räumte er ein. In einem Interview drei Jahre vor seinem Tod wurde er gefragt, woher denkende Menschen denn wissen könnten, was gut sei. »Ohne Gedanken an ein Transzendentes« sei das nicht möglich, war die Antwort Horkheimers.[35] Das ist es auch, was einer Welt ohne Transzendenz von der anderen, der glaubenden Seite vorgehalten wird, beispielsweise von Joseph Ratzinger 2005 zu Beginn des Konklaves, aus dem er als Papst hervorging: »Es entsteht eine Diktatur des Relativismus, die nichts als endgültig anerkennt und als letztes Maß nur das eigene Ich und seine Gelüste gelten lässt.«[36] Ein gutes Jahr später hat Ratzinger diesen Gedanken als Benedikt XVI. in seiner umstrittenen Regensburger Rede wieder aufgegriffen und vor einer Welt gewarnt, in der das »subjektive ›Gewissen‹ ... zur letztlich einzigen ethischen Instanz wird«. Und er fügte an: »Dieser Zustand ist für die Menschheit gefährlich.«[37]

Wir haben gesehen, dass diese Einschätzung aus analytischer Perspektive nicht einfach als falsch oder ideologisch voreingenommen abgetan werden kann. Ohne den Glauben an einen göttlichen Gesetzgeber – wie immer er konkret heißt und sich verhält – gibt es keine absoluten Werte. Wie inzwischen eine Flut von Forschungsarbeiten erkennen lässt, sind es die verinnerlichten Normen – das »Gewissen« –, an denen wir unser Urteilen und Handeln orientieren. Diese im gesellschaftlichen Konsens gewonnenen Normen aber sind keine Naturkonstanten, sondern veränderlich und darum gewissermaßen verletzlich. Was wir als »gut« erkannt haben, muss gepflegt und so zur Gewohnheit oder »Tugend« werden, wie Thomas von Aquin gesagt hat, sonst verkommt es, ja kann gefährlich umschlagen. In dieser Hinsicht zumindest ist die päpstliche Warnung auch für Nichtglaubende durchaus ernst zu nehmen. Nur eine starke Moral kann uns zusammenhalten.

Danksagung

Ein gutes Jahr ist vergangen, in dem aus einer verlockenden, aber noch vagen und ein bisschen auch ängstigenden Idee ein Buch geworden ist. Zwar steht nur ein Name über dem Titel – und ich will mich nicht vor der Verantwortung drücken –, doch sind es viele, die mit ihrem Engagement den Abschluss dieses Projektes erst möglich gemacht haben. Ihnen allen möchte ich an dieser Stelle ganz herzlich Dank sagen.

Voran dem Ullstein Verlag für das Vertrauen, das mit dem Vorschlag für dieses Buch in mich gesetzt wurde, und auch für die Unterstützung bei seiner Realisierung; meinen Lektorinnen: Julika Jänicke und Claudia Schlottmann, im Endspurt auch Britt Somann, haben mich mit Elan und Geduld gefragt, gefordert und gefördert.

Ich danke meiner Agentin Michaela Röll und Julia Kruse von Eggers & Landwehr für ihre wohltuende Professionalität und an dieser Stelle auch meinem früheren *stern*-Kollegen Sven Michaelsen, der uns zusammengebracht hat.

Danken möchte ich allen, aus deren Forschungsarbeiten und Erkenntnissen ich schöpfen durfte und ohne die ich keine einzige Seite hätte schreiben können, stellvertretend Antonio Damasio und Frans de Waal, die das Projekt geprüft und unterstützt haben.

Ich danke meinen Chefredakteuren Thomas Osterkorn und Andreas Petzold vom *stern* für die freundlich gewährte Erlaubnis, dieses Buch zu schreiben.

Danke an alle, die mir während dieser Zeit in vielen Gesprächen und manche auch als Erstleser mit ihrem Rat und vor allem ihrer Freundschaft besonders zur Seite gestanden haben: Birgit und

Karl-Heinz Böckmann, Clemens Fabry, Dagmar Gassen, Sabine Kartte, Christoph Koch, Ulrich Korte, Michael Langenfeld, Luise Wagner-Roos und Walter Wüllenweber.

Schließlich danke ich auch diesen Stützen meines Lebens, denen ich das Buch widme: Käthe und Rigo Ochmann, meiner Mutter und meinem verstorbenen Vater, von denen ich zuerst lernen konnte, was gut ist, und natürlich meinem Partner Jochem Pinders.

Anmerkungen

Einführung: Der Strich durchs Herz

1 Solschenizyn, A. 1974, *Der Archipel Gulag*, München: Scherz, S. 173

2 Ebd., S. 167; Biografisches z. B. unter: http://gulag.memorial. de/person.php5?pers=198

3 Wilson 1975, S. 562 (Wenn es nicht anders ausgewiesen ist, sind alle Übertragungen ins Deutsche eigene Übersetzungen.)

4 Leeds et al. 1975. Wilson wies diese Attacke postwendend als »Partisanenangriff« und »selbstgerechten Vigilantismus« zurück (Wilson 1975b)

5 Alexander 1987/2007, S. xiv

6 Huntington 1993

7 Ebd., S. 25

8 Vgl. Marcus 2002 und Illes 2006

9 Vgl. Walker 2007

10 Empfehlenswert ist Thomas Metzingers Internetportal: http:// www.neuroethik.ifzn.uni-mainz.de. Ebenfalls hilfreich sind die englischsprachigen Portale der Stanford University (http:// bioethics.stanford.edu/research/programs/neuroethics.html) und der University of Pennsylvania (http://neuroethics.upenn. edu), wo inzwischen eine hochkarätige neuroethische Fakultät entstanden ist.

11 http://www.neuroethicssociety.org

12 Vgl. Roskies 2006

13 Vgl. Metzinger 2005

14 Thomas H. Huxley beschreibt diese Vorstellung 1894 mit dem Bild eines Gärtners, der gegen die wuchernde, feindliche Natur

ankämpfen muss, um die ihr mühsam abgerungene Ordnung zu verteidigen (Huxley 1896/2004). Gegen diese und ähnliche Theorien über die Natur des Menschen argumentiert: de Waal 2006, S. 3 ff.

15 Steinberger, M., *So, are civilizations at war?*, Interview mit Samuel Huntington im »Observer« vom 21. 10. 2001

16 Adrian Raine ist inzwischen Mitglied der neuroethischen Fakultät der University of Pennsylvania.

17 Gen 4,15 (alle Bibelzitate stammen aus der ökumenischen Einheitsübersetzung von 1979/80). Dort werden das Zeichen und seine Lage allerdings nicht näher beschrieben. Zudem wird Kain *nach* der Tat gekennzeichnet, nicht vorher.

18 »Seele« ist hier in einem umgangssprachlichen Sinn gemeint und nicht als »Ich«, »Selbst« oder mit einer sonstwie über die biologische Natur des Menschen hinausweisenden Bedeutung.

19 Es war nicht unbedingt ein Apfel, auch wenn das immer wieder behauptet wird. In der Bibel ist nur von der nicht näher beschriebenen Frucht vom »Baum der Erkenntnis von Gut und Böse« die Rede.

20 Wir werden uns hier und auch im Folgenden auf die christliche Sicht beschränken, wenn es um die religiöse Seite des Menschen und seines moralischen Handelns geht, es sei denn, es ist ausdrücklich anders angegeben.

21 Vom griechischen »diabolein« = durcheinanderwerfen. Die dualistische Aufteilung des Weltgefüges ist ein Lösungsversuch für das so genannte Theodizee-Problem, bei dem Gottes Allmacht und Liebe in einer als böse und brutal wahrgenommenen Welt gerechtfertigt werden soll (vom griechischen »theos« = Gott, »dike« = Gerechtigkeit)

22 Vgl. www.whatwouldjesusdrive.org

Der wiedervereinigte Mensch

1 Tolkien, J. R. R. 1979: *Der Herr der Ringe*, Übersetzer Wolfgang Krege, Stuttgart: Klett-Cotta Bd. I (2. Buch, 2. Kap.), S. 315

2 Hyrtl, J. 1863: *Lehrbuch der Anatomie des Menschen mit Rücksicht auf physiologische Begründung und praktische Anwendung*, Wien: Wilhelm Braumüller (8. Aufl.), S. 9

3 Teilhard de Chardin 1959/2005, S. 265

4 *Liber divinorum operum* I, 2. XV, in: Migne: *Patrologia latina*, tom. 197, col. 761 B, (hier in der Übersetzung von Heinrich Schipperges, in: Hildegard von Bingen 1958: *Gott ist am Werk*, Olten: Walter, S. 21)

5 Watson 1970, S. IX

6 Vgl. Watson 1913

7 Thomas von Aquin, *Summa Theologiae*, I, q. 79, 2 (zitiert nach der Online-Ausgabe: http://www.corpusthomisticum.org/ sth1077.html)

8 Locke, J. 1690/1872: *Versuch über den menschlichen Verstand*, herausgegeben und übersetzt von J. H. von Kirchmann, Berlin: Heimann, S. 101 (Buch 2, Kapitel 1, § 2)

9 Watson 1970, S. 104

10 Wade 2001, S. 7

11 Vgl. z. B. Pauen 2007, S. 52–56

12 Die gesamte Präsentation ist (auch als Audiodatei) verfügbar unter: http://clinton5.nara.gov/WH/New/html/genome-20000626.html

13 Den langen Weg der Forschung bis zur Feierstunde im East Room des Weißen Hauses beschreibt ausführlich und spannend: Davies 2001. Eine Einschränkung aber sei erlaubt: Das Buch über »die größte wissenschaftliche Entdeckung unserer Zeit« ist noch ganz im Ton der damaligen Euphorie geschrieben. Von daher hat es historischen Wert, vermittelt jedoch nicht mehr den aktuellen Stand der Wissenschaft.

14 http://clinton5.nara.gov/WH/New/html/genome-20000626. html

15 Dulbecco 1986, S. 1056. Genau genommen gab es mehr als nur einen Startschuss für das Genomprojekt. Erste derartige Vorschläge kamen 1980 aus den USA und 1982 aus Japan. Aber erst 1985 war das Instrumentarium so weit entwickelt, dass ein solches, zuvor kaum vorstellbares Projekt überhaupt machbar schien. Nach einer europäischen Initiative im Februar 1986 und einer US-amerikanischen einen Monat später formulierte dann der in den USA arbeitende Italiener Renato Dulbecco in seinem berühmt gewordenen Artikel den Vorschlag, die DNA-Sequenzierung als internationales Projekt durchzuführen.

16 Vgl. Lewontin 1993, S. 69

17 Galton 1874, S. 12 ff.

18 *Nicolas Sarkozy et Michel Onfray – Confidences entre ennemis* (Dialogue), Philosophie Magazine, No. 8, April 2007, S. 31

19 Courtet 2005

20 Vgl. Mann 2003

21 Dieser umfassende Vereinigungsprozess ist allerdings längst noch nicht abgeschlossen. Auch ist er von vielen wohl noch gar nicht wahrgenommen worden.»Der Teufel steckt nicht in den Details«, fasst beispielsweise der Biologe und Philosoph Jason Scott Robert von der Arizona State University seine aufschlussreiche Sicht auf *Embryologie, Epigenese und Evolution* zusammen,»sondern vielmehr in der Gestalt. Es ist höchste Zeit, dass er ausgetrieben wird.« (Robert 2004) Etliche Beobachter sind wie Robert überzeugt, dass vor allem die Genetik derzeit eine grundsätzliche Umwälzung erfährt. Der Teufel, der dabei ausgetrieben werden soll, ist eine fast ausschließlich auf die Gene fixierte Sicht der Biologie und die lange dominierende Vorstellung, Gene könnten zwar auf die Umwelt wirken, eine Wechselwirkung aber gebe es nicht. Dieses Dogma ist inzwischen gefallen.

22 Vgl. Cibelli 2007

23 Vgl. Haas et al. 2006

24 Oder wie es Richard Lewontin ausdrückte:»Warum sind ei-

nige klein und andere groß, einige fett und andere dünn, einige fruchtbar und einige fast steril, die einen clever und die anderen dumm, einige erfolgreich und andere Versager? Jeder individuelle Organismus beginnt sein Leben als einzelne Zelle, als Keim oder befruchtetes Ei, das weder groß noch klein, weder clever noch dumm ist.« (Lewontin 2000, S. 4)

25 Zit. nach: Holding 2004. Zur aktuellen Zahl von etwa 20 500 Eiweiß kodierenden Genen im menschlichen Genom vgl. Clamp 2007.

26 Ohno S. 1972: *So much ›junk‹ DNA in our genome*, Brook Haven Symposia in Biology 23, S. 366–370

27 Vgl. Fraga et al. 2005

28 Ebd., S. 10 609

29 Dawkins, R. 1976, *The Selfish Gene*, Oxford: Oxford University Press (deutsch zuerst 1978: *Das egoistische Gen*, Berlin: Springer)

30 Dawkins 1976/1994, S. 18

31 So z. B. ein Buchtitel des Tübinger Moraltheologen Dietmar Mieth (2001, Freiburg: Herder)

32 *Gattaca*, Columbia Pictures Corporation 1997

33 Erstaunlicherweise bleiben auch neuere Darstellungen noch hinter dem aktuellen Forschungsstand zum *Nature-Nurture*-Problem zurück und zeigen, wie tief die alten Vorstellungen von quasi getrennten Welten noch sitzen. Ein Beispiel ist Michael Gazzanigas Erörterung der Möglichkeiten einer genetischen Verbesserung menschlicher Gehirne (vgl. Gazzaniga 2005, S. 37–54). Gene als »Gerüst des Denkens« zu sehen und anzunehmen, was in Denken, Gedächtnis und andere komplexe geistige Prozesse eingehe, könnte dann in hohem Grade von der Umwelt beeinflusst werden (ebd., S. 44), kann inzwischen als überholt betrachtet werden. Sehr viel differenzierter dagegen: Craig & Loat 2007, S. 41 ff.

34 Vgl. Waddington 1957, hier wiedergegeben nach: Mitchell 2007, S. 691; siehe dazu auch Van Speybroeck 2002 und Van Speybroeck et al. 2007

35 Vgl. Holliday 2002, S. 3
36 Vgl. Finlay 2007, S. 30
37 Vgl. Enard et al. 2002
38 Vgl. Krause et al. 2007
39 Fisher 2006
40 Siehe Oyama 2000, für das Folgende besonders: S. 48 ff. Vgl. auch Dupré 2003, S. 23 ff. Als Ursprung der Theorie der Entwicklungssysteme gilt: Oyama 1985.
41 Wie stark die Regulierung der Gene, nicht die Gene selbst, zum Beispiel auch die Unterschiede zwischen verschiedenen verwandten Spezies erklären kann, zeigen aktuell: Borneman 2007 und Kruglyak & Stern 2007. Und auch bei der evolutionären Entwicklung des Menschen scheint ein entscheidender Teil (in diesem Fall eine positive Selektion in neural- und ernährungsbezogenen Regionen) im regulierenden Teil des Genoms geschehen zu sein, nicht bei den entsprechenden Genen selbst: vgl. Haygood 2007
42 Vgl. Caruso 2007
43 ENCODE 2007, S. 812
44 Pearson 2006
45 Ebd., S. 401
46 Greenfield 2007, S. 4
47 Vgl. Van Gulick 2007
48 Huxley, T. H. 1866: *Lessons in Elementary Physiology 8*, zitiert nach: Van Gulick 2007
49 Blackmore 1991, S. 370
50 Koch 2004/2005, S. xiii

Zwischen Sein und Sollen

1 Nietzsche, F.: *Jenseits von Gut und Böse*, Viertes Hauptstück: Sprüche und Zwischenspiele, Nr. 108
2 Aristoteles, *Nikomachische Ethik*, Buch 1, Kapitel 1, zitiert in der Übersetzung von Eugen Rolfes (online im Projekt Gutenberg:

http://gutenberg.spiegel.de/?id=5&xid=73&kapitel=1#gb_
found)

3 Siehe Haidt & Joseph (im Druck) und Turiel 1983, S. 34–40

4 Vgl. Kelly et al. 2007

5 Für einen umfassenden und aktuellen Überblick ist *The Oxford Handbook of Ethical Theory* (Copp 2006) zu empfehlen oder auch das deutschsprachige *Handbuch Ethik* (Düwell et al. 2006). Die Neuroethik ist allerdings in beide Bände noch kaum eingegangen. Immerhin widmet das *Oxford Handbook* ein ganzes Kapitel der Frage »Biologie und Ethik« (Kitcher 2006). Und das *Handbuch Ethik* reiht die »Evolutionäre Ethik« in den IV. Teil »Zentrale Begriffe der Ethik« ein (Engels 2006), lässt allerdings neuere Beiträge wie die von Frans de Waal (de Waal 2006) oder Marc Hauser (Hauser 2006) und auch die darüber noch andauernden Diskussionen vollständig außen vor. Manchmal scheint der wissenschaftliche Diskurs zu diesem Thema hierzulande wie abgekoppelt von dem im anglo-amerikanischen Raum stattzufinden.

6 Gen 2, 17

7 Gen 3, 4 f.

8 Vgl. z. B. Smend 1981, S. 33 ff.

9 Gen 3, 6 f.

10 Vgl. Röm 5, 12 ff. und 1 Kor 15, 20 ff.

11 »Der ›Baum der Erkenntnis‹ erinnert sinnbildlich an die unüberschreitbare Grenze, die der Mensch als Geschöpf freiwillig anerkennen und vertrauensvoll achten soll. Der Mensch hängt vom Schöpfer ab, er untersteht den Gesetzen der Schöpfung und den sittlichen Normen, die den Gebrauch der Freiheit regeln.« (KKK 396)

12 KKK 407

13 Heinz Göschel et al. (Hg.) 1971: *Meyers kleines Lexikon*, Bd. 2, Leipzig: VEB Bibliographisches Institut, S. 735

14 Vgl. Vec 2003. Dort wird die Frage ausführlich und mit Blick auf die europäische Rechtsgeschichte am Beispiel des »Falles Daschner« untersucht. Der damalige stellvertretende Frank-

furter Polizeipräsident Wolfgang Daschner hatte bei der Entführung des 11-jährigen Jakob von Metzler im September 2002 dem inhaftierten Tatverdächtigen Magnus Gäfgen Zwang angedroht für den Fall, dass er nicht freiwillig den Aufenthaltsort seines Opfers mitteile.

15 Griechisch *to deon* = die Pflicht

16 Ex 20, 1–17

17 Vgl. Schüller 1980, S. 177 f.

18 Kant, I. 1785: *Grundlegung zur Metaphysik der Sitten*, Stuttgart, Reclam; 2. Abschnitt

19 Griechisch *to telos* = der Zweck. Teleologen werden manchmal auch als Konsequentialisten bezeichnet (vgl. Sinnott-Armstrong 2007). In einigen Darstellungen ist die zweckgerichtete Teleologie auch eine Unterart des Konsequentialismus.

20 Vgl. Frankena 1981, S. 32 f.

21 Vgl. Nado 2006, S. 1 f.

22 Frankena 1981, S. 23. Willam Frankenas *Analytische Ethik,* bereits 1963 in den USA erschienen, ist ein Klassiker und bis heute für jeden Moralphilosophen Pflichtlektüre.

23 Wie man auch eine Moral*theologie* mit präzisen Definitionen, klaren Schlüssen und ohne unnötigen ideologischen Ballast formulieren kann, hat zum Beispiel der Münsteraner Moraltheologe P. Bruno Schüller S. J. Anfang der 1970er Jahre gezeigt, indem er so etwas wie eine »getaufte« analytische Ethik entwickelte (Schüller 1980).

24 Frankena 1981, S. 23

25 Ebd.

26 Quelle: amnesty international (web.amnesty.org/pages/death-penalty-facts-eng, deutsch unter: www.amnesty.de)

27 Peter Singer zum Beispiel verwendet die beiden Begriffe synonym (vgl. Singer 1984, S. 9). Ebenso das *Oxford Handbook of Ethical Theory* (Copp 2006). In solchen Fällen entspricht die »Moralphilosophie« oft dem, was sonst von der »Ethik« abgedeckt wird. Es ist also immer ratsam, sich genau die jeweiligen Definitionen eines Autors anzusehen, da es allgemeingültige

nicht gibt. Auch wir werden diese beiden Begriffe, schon um einer gewissen sprachlichen Abwechslung wegen, über weite Strecken synonym verwenden. Das schafft auch keine Verwirrung, solange wir die grundlegende gedankliche Architektur (Moral-Ethik-Metaethik und deskriptiv-normativ) im Hinterkopf behalten.

28 Mt 7,12

29 Lev 19,18

30 Singer 1984, S. 169 f.

31 Vgl. z. B. die folgenden kürzeren Übersichten zur Metaethik: Sayre-McCord 2007, Scarano 2006 und Frankena 1981, S. 114 ff.

32 Vgl. z. B. Anzenbacher 2002/2004 (10. Aufl.)

33 Vgl. Baldwin 2004; G. E. steht für George Edward. Es heißt, Moore habe seine beiden Vornamen so gehasst, dass er sie selbst auch nur abgekürzt verwendet habe.

34 Vgl. Moore 1903/1993, S. 282 ff. (*The Conception of Intrinsic Value*)

35 Frankena 1981, S. 122

36 Hume, D. 1739: *A Treatise of Human Nature*, Book III, 1.1; siehe auch Sayre-McCord 2007

37 Statt »Intuitionalismus« wird manchmal auch der Begriff »Non-Naturalismus« verwendet, obwohl beide – anders als etwa bei Frankena – nicht immer genau gleich definiert werden. Siehe z. B. Ridge 2006

38 Immanuel Kant hat das schon 1785 unmissverständlich ausgedrückt: »... alle Moralphilosophie beruht gänzlich auf ihrem reinen Teil und, auf den Menschen angewandt, entlehnt sie nicht das Mindeste aus der Kenntnis desselben (Anthropologie), sondern gibt ihm als vernünftigem Wesen Gesetze a priori, die freilich noch durch Erfahrung geschärfte Urteilskraft erfordern ...« (Kant, I. 1785: *Grundlegung zur Metaphysik der Sitten*, Vorrede)

39 Siehe z. B. Sinnott-Armstrong 2006. Ausführlich zum Thema Epistemologie und zu deren zentralen Fragen »*Was* können wir

wissen?« und »*Wie* wissen wir es?«: Churchland 2002, S. 241 ff., speziell zur »empirischen Philosophie«: ebd., S. 243–254

40 Prinz 2007, S. 271. Der manchmal zu hörende Vorwurf, hier werde nun doch wieder ein »naturalistischer Fehlschluss« im Moore'schen Sinn eingeleitet und Humes »little attention« missachtet, wonach aus dem »Ist« kein »Soll« abgeleitet werden könne, trifft nicht. Denn metaethische Projekte wie die hier vorgestellten gehen rein deskriptiv vor, nicht normativ. Wer mit naturwissenschaftlichen Methoden herauszufinden versucht, wie der Mensch als moralisch Handelnder »tickt«, leitet daraus nicht zwangsläufig irgendwelche Normen ab. Ebenso wenig wird quasi automatisch eine Kantianische Position eingenommen: Wer das Phänomen der Moral mit Vernunft untersucht, hat damit keineswegs entschieden, dass es auch die Vernunft sein muss, die moralische Urteile fällt.

41 Für Kant zum Beispiel gehört beides, naturwissenschaftliches und sittliches Gesetz, zusammen und kann auch mit genau der gleichen Methodik erforscht und erkannt werden: »Der Fall eines Steins, die Bewegung einer Schleuder, in ihre Elemente und dabei sich äußernden Kräfte aufgelöst, und mathematisch bearbeitet, brachte zuletzt diejenige klare und für alle Zukunft unveränderliche Einsicht in den Weltbau hervor, die, bei fortgehender Beobachtung, hoffen kann, sich immer nur zu erweitern, niemals aber, zurückgehen zu müssen, fürchten darf. Diesen Weg nun in Behandlung der moralischen Anlagen unserer Natur gleichfalls einzuschlagen, kann uns jenes Beispiel anrätig sein, und Hoffnung zu ähnlichem guten Erfolg geben.« (Kant, I. 1788: *Kritik der praktischen Vernunft*, Beschluss)

42 Kant nennt dies den »praktischen Imperativ«, vgl. Kant, I. 1785: *Grundlegung zur Metaphysik der Sitten*, 2. Abschnitt

43 Vgl. Gilligan 1977/1985, Friedman 2000 und Shweder & Haidt 1993

44 KKK, 1950 ff.; vgl. dazu auch Murphy 2002

45 Diese Form von Monismus muss unterschieden werden von einer, die zum Beispiel in der Bewusstseinsforschung eine Rolle

spielt, wenn Monisten etwa eine Trennung zwischen Leib und Seele ablehnen, wie sie von Dualisten vertreten wird.

46 Vgl. Murphy und Rozin et al. 1999

47 Vgl. Haidt et al. 1993

48 Vgl. Daniels 2003

49 Gegenwärtig z. B. der Psychologe und Evolutions-Anthropologe Marc Hauser von der Harvard University. Siehe Hauser 2006 und Hauser 2006 b

Ich, wir und die anderen

1 Kraus, K.: *Aphorismen und Sprüche – Die Fackel*, 1911, »Pro domo et mundo« (zitiert nach der online-Ausgabe unter: http://www.textlog.de/36294.html)

2 Für eine erste Übersicht siehe z. B. Fiske 1998 oder Wilson, 1993, S. 121–140

3 Vgl. z. B. Roth 2001, S. 328 ff. Zur noch immer kontroversen Frage, wie weit das Bewusstsein von Kleinkindern schon ausgebildet ist, siehe z. B. Rochat & Hespos 1997, Trevarthen & Reddy 2006

4 Der Begriff ist vermutlich am bekanntesten als Titel des achten »Star Trek«-Kinofilms (Paramount 1996). Allgemein bezeichnet er die erste Begegnung mit einer unbekannten Kultur.

5 Fälschlicherweise ist immer noch zu hören, Neugeborene könnten nicht sehen. Das können sie sehr wohl, wenn auch eingeschränkt. So ist ihre wahrgenommene Welt zweidimensional, in Schwarz-Weiß und auch nur im Abstand von knapp zwanzig Zentimetern wirklich scharf – da also, wo in etwa das Gesicht eines Menschen ist, der ein Kleinkind auf dem Arm hält. Feinheiten werden noch nicht wahrgenommen, aber die Grundstruktur des Gesichts wird erkannt. Von Anfang an sucht das Gehirn nämlich Gesichter und verfügt dafür sogar über ein eigenes Verarbeitungssystem. Vgl. z. B.: Tsao 2006

6 Meltzoff & Moore 1977, vgl. auch Gallese 2006. Bereits 1973

berichtet Olga Maratos über frühkindliche Imitation, in ihrer Doktorarbeit an der Universität Genf und im April desselben Jahres bei einem Vortrag auf der Jahresversammlung der British Psychological Society in Liverpool (Maratos, O. 1973: *The Origin and Development of Imitation in the First Six Months of Life*, unveröffentlichte Dissertation, Universität Genf). Olga Maratos soll bei einem Besuch dieses spannende Resultat dem da schon greisen Jean Piaget mitgeteilt haben, dessen Theorien eine solche frühkindliche Imitation ausschlossen. Auf die Frage der griechischen Studentin, was er denn nun davon halte, dass nur sieben Wochen alte Babys wie auf Befehl die Zunge herausstreckten, soll Piaget geantwortet haben: »Ich denke, das ist sehr ungezogen.« (vgl. Friedrich, O. 1983: *What do Babies know?*, Time Nr. 33 vom 15. 8., S. 45 ff.)

7 Vgl. Meltzoff & Moore 1977, S. 78

8 Vgl. Eliot 1999, S. 26 f.; eine ausführliche Zusammenstellung von faszinierenden Fakten und Zahlen über das Gehirn ist online zu finden unter: http://faculty.washington.edu/chudler/facts.html

9 Marcus 2004, hier besonders Kapitel 3

10 Meltzoff 2002, S. 24

11 Zum Thema Rationalismus vs. Empirismus und der Möglichkeit eines inneren, erfahrungsunabhängigen Wissens a priori siehe z. B. Markie 2004

12 Tragisch wird das zum Beispiel bei Schlaganfallpatienten deutlich. Es kann vorkommen, dass die zerstörte Region im Kopf genau so liegt, dass das Gehör zwar Sprache noch ins Gehirn vermittelt, diese aber ihrem Sinn nach nicht mehr verstanden werden kann.

13 Eine gute Übersicht zu den unterschiedlichen »Modul«-Theorien des menschlichen Geistes samt einer gründlichen Kritik solcher Ansätze bieten: Bates 1994, Haidt & Joseph (im Druck)

14 In der Literatur heißen diese beiden unterschiedlichen Sichtweisen mit den englischen Fachbegriffen in Bezug auf die be-

trachtete Funktion oft auch »domain-general« und »domain-specific«. Als Ursprung des Modul-Konzeptes gilt: Fodor 1983; siehe z. B. auch Cosmides & Tooby 1994

15 Siehe Cosmides & Tooby 1992, hier S. 163, ebenfalls Bates et al. 1998

16 Zur Notwendigkeit einer sauberen Trennung zwischen den Begriffen »Modul« und »mental organ« siehe Bates 1994, S. 137 f.

17 Siehe Tsao 2006

18 Siehe z. B. Fingelkurts et al. 2005

19 Hirnforscher ziehen es heute zumeist vor, von Systemen statt von Modulen zu reden, um den Eindruck eines räumlich klar abgegrenzten Gebietes im Gehirn, zuständig für ebenso klar umrissene Funktionen, zu vermeiden.

20 Spelke & Kinzler 2007

21 Die Anführungszeichen sollen andeuten, dass die Einführung eines »Verstandes« an dieser Stelle vielleicht etwas kühn ist. Andererseits: Wie soll man es qualitativ benennen, wenn ein Kausalzusammenhang – »Mensch schubst Ball, damit Ball rollt« – erkannt wird? Das Baby hat das »verstanden«, sogar in dem Sinne, dass der Handlung eine *Absicht* zugrunde liegt.

22 Vgl. Von Hofsten 2007

23 Das Verfahren, die Aufmerksamkeit eines Kindes durch die Zeitspanne auszudrücken, in der sein Blick auf einer bestimmten Stelle verweilt, ist eine seit etwa vierzig Jahren gängige und auch begründete Methode, bedarf aber mit den immer komplizierter werdenden Fragestellungen in Bezug auf das Babyhirn der Verfeinerung. Siehe dazu Aslin 2007, der zum Beispiel Blickverfolgungsverfahren empfiehlt, die es gestatten, auch die Mikrobewegungen der Augen aufzuzeichnen und zu bewerten.

24 Vgl. Brannon 2006. In dieser Arbeit wird überzeugend dargestellt, dass der Sinn für Zahlen ein von Sprache unabhängiger Teil unserer angeborenen geistigen Kapazitäten ist, der auch bei Affen bereits zu finden ist.

25 Die Beschränkung gilt nicht einmal nur für Primaten oder Säugetiere. Ein interessantes Beispiel für die Bedeutung und Struktur sozialer Vernetzung in der Vogelwelt zeigt für den Langschwanzpipra *(Chiroxiphia linearis)*: McDonald 2007. Danach lässt sich aus der Intensität und dem Erfolg frühen »Networkings« bei den Männchen auf deren späteren Rang schließen. Für die Jungen wirkt die gute soziale Vernetzung wie ein Fahrstuhl zur Macht. Oben angekommen allerdings ist das intensive Miteinander, wie McDonald berichtet, nicht mehr sonderlich wichtig – jedenfalls bei den Langschwanzpipras.

26 Siehe z. B. Macrae & Bodenhausen 2000

27 Siehe z. B. Baron & Banaji 2006. »Rasse« wird als Bezeichnung unterschiedlicher Abstammungen zwar noch verwendet, ist aber streng genommen überholt, weil genetisch abgrenzbare Gruppen als Subspezies beim Menschen nicht vorkommen. Spätestens seit Abschluss des Humangenomprojekts ist das wissenschaftlich erwiesen. Dennoch gibt es regional identifizierbare genetische Besonderheiten – wie etwa die Hautfarbe –, die als Haplotyp bezeichnet werden. Menschen, die solche Merkmale im Erbgut teilen, gehören zu einer bestimmten Haplogruppe. Vom Wort her bezieht sich dieser Begriff auf den haploiden, also einfachen Chromosomensatz, wie er in noch nicht vereinigter Ei- oder Samenzelle vorkommt und damit – von der Seite des jeweiligen Elternteils – für eine bestimmte genetische Erblinie steht. Wenn im Folgenden der Einfachheit halber trotzdem noch von »Rasse« die Rede sein wird, dann immer mit dieser impliziten Einschränkung.

28 Wer den Test selbst ausprobieren möchte (auch in deutscher Sprache und, falls gewünscht, auch mit der Möglichkeit der Teilnahme an einer internationalen Studie zu diesem Thema), findet ihn unter: https://implicit.harvard.edu/implicit/germany/index.jsp

29 Vgl. Spelke & Kinzler 2007, S. 92, und Bar-Haim et al. 2006

30 Vgl. Kurzban et al. 2001

31 Vgl. ebd. und Cosmides et al. 2003
32 Robert Kurzban ist seit 2002 an der University of Pennsylvania in Philadelphia (http://www.psych.upenn.edu/~kurzban/).
33 Vgl. Kurzban et al. 2001
34 Vgl. Spelke & Kinzler 2007, S. 92, und Weikum et al. 2007
35 Vgl. Kinzler & Spelke 2005
36 Die bislang unveröffentlichte Arbeit von Caitlin McKee von 2006 wird beschrieben in: Spelke & Kinzler 2007, S. 92
37 Vgl. Meltzoff 2007, hier: S. 126
38 Siehe z. B. Gopnik et al. 1999, S. 14–19
39 Siehe z. B. Bloom 2004/2005, S. 14 ff., und Marcus 2004, S. 15 ff.
40 Zum damaligen Erkenntnisstand siehe z. B. Gopnik et al. 1999, S. 92–132
41 Vgl. Kuhl 2007
42 Vgl. Schüller 1980, S. 238 ff.
43 Vgl. Wilson 1993, S. 225 f.
44 Eine detaillierte Übersicht zu diesen Imitationsprozessen bietet z. B.: Iacoboni 2005
45 Vgl. Gallese et al. 1996, Rizzolatti et al. 2006
46 Vgl. Umiltà et al. 2001
47 Vgl. Gallese & Umiltà 2006
48 Vgl. Gallese 2001. Der Begriff wird auch im Deutschen in der Regel unübersetzt verwendet.
49 Vgl. Von Hofsten 2007, hier besonders S. 58
50 Joh 1, 51. Einen guten Überblick der noch jungen Forschung über das kulturpsychologische »Tabu«-Thema Religion bieten: Bloom 2007, Boyer 2003, Kelemen 2004, ausführlicher: Bloom 2004, Boyer 2004
51 Vgl. Boyer 2001/2004, Kelemen 1999
52 Vgl. Spelke 2000, S. 1243
53 Vgl. Baron & Banaji 2006

Von Natur aus gut?

1 Darwin 1871, S. 71 f.

2 Unter »gut« verstehen wir hier, was in unserem, vor allem in Christentum und Aufklärung wurzelnden Kulturraum gemeinhin für »gut« gehalten wird. Insbesondere gilt dabei als »gut«, wer in seinem Denken und Handeln bewusst auf die Grundbedürfnisse anderer Rücksicht nimmt und nach Kräften hilft, wo Hilfe nötig ist.

3 Gallese 2006, S. 4 f. Dass dieses System von Spiegelneuronen offenbar auch schon bei menschlichen Neugeborenen angelegt ist und grundlegende Aufgaben übernimmt, die dann zum Beispiel früheste Imitationen erlauben, zeigt die Zusammenfassung der aktuellen Beweislage von Lepage & Théoret 2007.

4 Siehe z. B. Jedin 1985, Bd. IV, S. 46–53

5 Vgl. Korsgaard 2006, S. 101

6 Der freiwillige Verzicht zugunsten anderer beweist deswegen nicht, dass alle Menschen Selbstsucht prinzipiell mit einem Tabu belegen, wie etwa Mark Ridley behauptet hat (Ridley 1996/98, S. 38). Alle Werte, die wir hochhielten, so Ridley, seien solche, die dem Wohl der anderen dienen. Allerdings verweist er dann selbst auf eine Ausnahme, die dieses Bild einer gar zu heilen Welt in Scherben gehen lässt: Ruhm. Auf diesen zentralen Aspekt sozialen Ansehens werden wir an späterer Stelle eingehen.

7 Vgl. Fliessbach et al. 2007

8 De Waal 2006, S. 7–12

9 Vgl. Huxley 1896/2004, S. 46–116 (*Evolution and Ethics*)

10 Alexander 1987, S. 3

11 Gould 1977/1992, S. 261

12 Röm 12,15

13 Abgesehen von einer Vielzahl anderer möglicher Definitionen unterscheiden Neurowissenschaftler gewöhnlich folgendermaßen: *Emotionen* sind das, was sich an – *unbewussten* – Regungen zum Beispiel im limbischen System des Gehirns messen

lässt oder was sich als Erregung im Hautwiderstand oder auch als Stresssignal im Cortisolspiegel des Blutes bemerkbar macht. Damit einher geht ein subjektiv empfundenes *Gefühl*, das per definitionem ein *Bewusstseinszustand* ist und darum nicht einfach von außen einsehbar. Wenn im Folgenden *Emotion* und *Gefühl* wie in der Umgangssprache synonym verwendet werden, dann immer unter der Voraussetzung, dass die beschriebene neurowissenschaftliche Unterscheidung beider Begriffe nicht grundsätzlich verletzt wird. Vgl. Tsuchiya & Adolphs 2007, S. 158

14 Eine Übersicht zum aktuellen Forschungsstand bieten z.B.: Preston & de Waal 2002, de Vignemont & Singer 2006, Singer 2006, Decety & Lamm 2006 und besonders ausführlich (samt einer vollständig dokumentierten Diskussion der einzelnen Beiträge) der Sammelband der Novartis Foundation von 2006: *Empathy and Fairness* (Novartis Foundation Symposium 278), Chichester: John Wiley & Sons

15 Vgl. de Vignemont 2006, S. 186 f.

16 Einen guten Überblick über das junge Forschungsfeld des »Embodiment« von Emotionen bietet z.B. Niedenthal 2007.

17 Vgl. z.B. de Vignemont & Singer 2006, S. 435

18 Vgl. Singer et al. 2004 und Singer & Fehr 2005. Tania Singer hat inzwischen eine Professur am Zentrum für soziale Neurowissenschaften und Neuroökonomie der Universität Zürich inne.

19 Eigentlich ist es ein grober dualistischer Fehler, zwischen »mir« als Subjekt und »meinem Gehirn« als Handelndem zu unterscheiden (vgl. z.B. Pauen, M.: *Mein Gehirn und ich – Vorsicht vor Denkfallen der Leib-Seele-Debatte!*, in: Könneker 2006, S. 186 f., und Cruse, H.: *Ich bin mein Gehirn. Nichts spricht gegen den materialistischen Monismus*, in: Geyer 2004, S. 223–228). Wenn eine solche Unterscheidung hier dennoch vorgenommen wird, dann allein, um die Anteile von bewusster und unbewusster Reaktion begrifflich zu trennen.

20 Vgl. Preston & de Waal 2002, S. 4

21 Vgl. Kilner et al. 2006

22 Siehe Chartrand & Bargh 1999

23 Vgl. de Vignemont 2006, S. 187 f.

24 Siehe Kuhn 2007

25 Vgl. Singer 2006 b

26 Vgl. Warneken et al. 2007

27 Der Begriff Altruismus hat seine Wurzel im lateinischen »alter« (»der andere«). Aus dem Dativ (»alteri«, »dem anderen«) wird im 11. Jh. französisch »altrui« (vgl. *Dictionnaire de l'Académie française*, 9ème édition, online: http://atilf.atilf.fr/academie9.html). In seinem *Catéchisme positiviste* führt der Philosoph Auguste Comte, einer der Begründer der Soziologie, 1852 den Begriff des Altruismus (»l'altruisme«) als Gegensatz zum Egoismus ein und meint damit so etwas wie eine säkularisierte Form der christlichen Nächstenliebe. (Comtes *Catéchisme* online unter: http://classiques.uqac.ca/classiques/Comte_auguste/catechisme_positiviste/catechisme_positiviste.html)

28 Westermarck 1924. Wie Frans de Waal hervorhebt, war Westermarck der erste Wissenschaftler, der sich ausführlich mit der Moral befasste und dabei menschliches und tierisches Verhalten ebenso zusammenfasste wie die Einflüsse von Evolution und Kultur. Beides wurde damals von den Vertretern des Mainstreams als Affront gegen die bis heute noch nicht überwundene »westliche dualistische Tradition« aufgefasst (de Waal 2006, S. 17–21).

29 Vgl. Panksepp et al. 2007

30 Herbert Spencer ist allerdings kein »grober Sozialdarwinist«, als der er wegen seiner These vom »survival of the fittest« oft gilt. Eine differenziertere Einschätzung bietet: Weinstein 2002.

31 Vgl. Wilkinson 1984

32 Aus der Beobachtung nicht-menschlicher Primaten beschreibt de Waal Verhaltensweisen wie Konfliktlösungsstrategien, Empathie, gegenseitige Hilfe und auch Fairness. Diese deutet er als evolutionäre Bausteine moralischen Verhaltens, wie es für den Menschen typisch ist (vgl. z. B. de Waal 2006, S. 3–58). De

Waals Einschätzung ist nicht unumstritten und hat sich vor allem den Vorwurf des »Anthropomorphismus« eingehandelt. Einfach gesagt: In die beobachteten Schimpansen werde ein nahezu menschliches Verhalten hineininterpretiert, was sich bei näherem Hinsehen jedoch als nicht gerechtfertigt erweise. Vor allem deshalb, weil sich in neuerer Zeit, neben aller Ähnlichkeit, auch deutliche Unterschiede zwischen den Gehirnen von Schimpansen und Menschen gezeigt haben, die für das Sozialverhalten wichtig sein könnten (für eine aktuelle Zusammenfassung der Ergebnisse siehe: Premack 2007).

33 Siehe: http://www.arlingtoncemetery.net/ramcginnis.htm

34 Vgl. Cosmides & Tooby 1992, S. 167–170

35 Alexander 1987, S. 3

36 Vgl. Harbaugh et al. 2007

Böse Triebe

1 Aus: *Mein Versuch, die Henker zu verstehen.* Ein Gespräch mit Jonathan Littell, *FAZ* vom 3. 11. 2007, S. 37 (Gespräch: Jesús Ruiz Mantilla, »El Païs«, Übersetzung aus dem Spanischen: Clementine Kügler)

2 Vgl. Moore 1993, S. 7, und Dreier 2006, S. 242 ff. Hier und auch im Weiteren ist das *ethisch* Böse als von Menschen stammende »Abweichung vom Guten« gemeint, das in der Philosophie oft vom *physisch* und *metaphysisch* Bösen unterschieden wird. Vgl. z. B. Riedlinger 1995, S. 122

3 Vgl. *Katholischer Katechismus der Bistümer Deutschlands* von 1955, Freiburg i. Br.: Herder, S. 162–166. Den besonderen, *maßlosen* Charakter der Todsünde verdeutlicht der Satz: »Solange der Todsünder sich nicht bekehrt, ist er tot für den Himmel und kann sich darum durch seine guten Werke keinen himmlischen Lohn erwerben.« (S. 163) Anders ausgedrückt: Eine Todsünde kann durch nichts wettgemacht werden.

4 Vgl. Benedikt XVI.: Enzyklika »Spe salvi«, Nr. 45–48 (online:

http://www.vatican.va/holy_father/benedict_xvi/encyclicals/
documents/hf_ben-xvi_enc_20071130_spe-salvi_ge.html)

5 Ebd., Nr. 45

6 Online unter: http://www.ushmm.org/research/collections/
highlights/auschwitz/

7 Siehe z.B. den Übersichtsartikel von Gilbert & Malone 1995.
Die Forschung zum Attributionsfehler geht bis in die 1950er
Jahre zurück und zeigt auch im Experiment, wie vorsichtig wir
mit dem umgehen müssen, was uns »der Bauch« sagt oder »der
gesunde Menschenverstand«. Und auch »was doch jeder weiß«
kann von der Realität weit entfernt sein. Der Begriff »fundamen-
taler Attributionsfehler« wurde 1977 von dem an der Stanford
University lehrenden Sozialpsychologen Lee D. Ross geprägt.

8 Der Fall ist real, aber anonymisiert (siehe: Blair et al. 2005, S.
1 f.).

9 Online unter: http://www.dimdi.de/static/de/klassi/diagnosen/
icd10/

10 Einen Forschungsüberblick bietet: Dahl 2004

11 Vgl. Dahl 2004, S. 3

12 Ebd., S. 17

13 Vgl. Singer 2006, S. 861

14 De Waal 1996, S. 217 f.

15 Vgl. dazu z.B. Holland 1998, S. 81–115. Das Beispiel vom selbstorganisierten Ameisenvolk geht auf den Physiker und Kogniti-
onsforscher Douglas R. Hofstadter zurück (1979: *Gödel, Escher,
Bach: an Eternal Golden Braid*, New York: Basic Books; deutsch
1985: *Gödel, Escher, Bach – Ein endloses geflochtenes Band*, Stuttgart: Klett-Cotta, S. 336–360).

16 Zumindest einzelne Neuronentypen scheinen nicht ganz so
»dumm« zu sein wie bislang angenommen (siehe Harvey &
Svoboda 2007). Selbst auf einer sehr tiefen Ebene der dyna-
mischen Hirnstruktur gibt es offenbar noch Phänomene wie
»Lernen« und »Gedächtnis«. Für unsere Betrachtungen hier ist
das aber nicht erheblich, da es am Prinzip der Selbstorganisation nichts ändert.

17 Vgl. Giraud et al. 2002
18 Vgl. Ishikawa & Raine 2003, S. 278–281
19 Vgl. Bargh & Williams 2007
20 Vgl. Koechlin & Hyafil 2007
21 So auch jüngst in einer internationalen Nokia-Umfrage: »Survey results confirm it: Women are better multi-taskers than men« (Presseerklärung vom 22. 11. 2007; online: http://www.nokia.com/A4136001?newsid=1170280)
22 Der 1967 entdeckte so genannte »Omo«-Fund aus Äthiopien, Skelettteile eines anatomisch bereits modernen, uns weitgehend gleichenden Menschen, wurde inzwischen auf ein Alter von 195 000 (± 5000) Jahren datiert. Siehe McDougall, I. et al. 2005: *Stratigraphic placement and age of modern humans from Kibish, Ethiopia*, Nature 433, S. 733–736
23 Vgl. z. B. Winkielman 2007, S. 186 f.
24 Vgl. Anderson et al. 1999. Seit 2005 hat Antonio Damasio einen Lehrstuhl für Neurowissenschaften an der University of Southern California in Los Angeles inne, wo er gemeinsam mit seiner Frau Hanna das im selben Jahr gegründete »Brain and Creativity Institute« leitet.
25 Ebd., S. 1036
26 Ex 20, 15 und Dtn 5, 17
27 Vgl. Damasio et al. 1994 und Harlow 1848/1999
28 Harlow 1848/1999, S. 283
29 John M. Harlow, zitiert nach Damasio et al. 1994, S. 1102
30 Siehe Hampton et al. 2007
31 Vgl. Blair 2005, S. 1
32 Vgl. ebd., S. 19
33 Vgl. Cleckley 1941/1976, S. 320 ff.
34 Ebd., S. 321
35 Siehe Moffitt & Caspi 2007, S. 96 f.
36 Angaben für 2005, Quelle: Bureau of Justice Statistics, U. S. Department of Justice, online: http://www.ojp.usdoj.gov/bjs/prisons.htm
37 Vgl. Moffitt & Caspi 2007, S. 102

38 Ebd., S. 103

39 Ebd., S. 113

40 Niehoff 1999, S. 258

Gewissensbisse

1 Aus dem Gedicht »Vermächtnis«, zitiert nach Goethe, J. W. v. 1961: *Sämtliche Gedichte*, 2. Teil, München: dtv, S. 150

2 Frankena 1981, S. 23. Diese neutrale Definition ist inzwischen weit verbreitet. Siehe z. B. Düwell 2006, S. 426–430, ebenso Copp 2006, S. 3 f.

3 Presseerklärung des Erzbistums Köln vom 7. 12. 2007: »Kardinal Meisner kritisiert Ministerin Schavan«

4 Vgl. Blair 2005, S. 124–134

5 Vgl. ebd., S. 127, Turiel 1983, S. 34 f., und Thompson 2006, S. 273

6 Siehe Thompson & Goodvin 2005, S. 392 ff.

7 Vgl. ebd., S. 400

8 Nach Thompson 2003, S. 147

9 Vgl. Laible & Thompson 2002

10 Vgl. Thompson 2003, S. 160 f.

11 Nach Thompson 2006, S. 267

12 Vgl. Csibra & Gergely 2007

13 Vgl. Lagattuta 2005

14 Ebd.

15 Gen 3, 7

16 Siehe zum Folgenden: Mascolo & Fischer 2007

17 In welchem Alter genau bestimmte Gefühle einsetzen, besonders Schuldgefühle, ist in der Literatur umstritten. Einigkeit herrscht aber darüber, dass die Fähigkeit, Schuld zu empfinden, spätestens nach dem dritten Geburtstag als gegeben angenommen werden kann. Vgl. Eisenberg 2000, S. 678 ff.

18 Vgl. ebd., S. 667 f.

19 Killen 2001, S. 589

20 Ebd., S. 590
21 Vgl. z. B. Thompson 2003, S. 139. Einen Überblick über den aktuellen Forschungsstand zur Frage der Bindungsentwicklung, möglichen genetischen Einflüssen und der offenbar großen Bedeutung einer förderlichen Umgebung bietet: Bakermans-Kranenburg & van Ijzendoorn 2007
22 Gansberg, M. 1964: *Thirty-eight who saw murder didn't call the police*, »New York Times« vom 27. 3., S. 1
23 Vgl. Manning 2007
24 Darley & Latané 1968
25 Ebd., S. 378
26 Insgesamt nahmen an dem Versuch neunundfünfzig weibliche und dreizehn männliche Studenten teil.
27 Darley & Latané 1968, S. 380
28 Ebd., S. 382
29 Vgl. Darley & Batson 1973
30 Lk 10, 25–37
31 Vgl. Curlin 2007
32 Einen guten Überblick bieten: Greenwald & Banaji 1995 und Winkielman 2007
33 Vgl. Niedenthal 2007, S. 1002
34 Vgl. Greenwald & Banaji 1995, S. 9
35 Publius Terentius Afer, *Heauton Timorumenos*, Actus IV.V, 797
36 Vgl. Greenwald & Banaji 1995, S. 15
37 So Fürstin Gloria von Thurn und Taxis am 9. 5. 2001 in der ARD-Talkshow »Vorsicht Friedman!«.
38 »He says that he is ›inherently gloomy about the prospect of Africa‹ because ›all our social policies are based on the fact that their intelligence is the same as ours – whereas all the testing says not really‹, and I know that this ›hot potato‹ is going to be difficult to address. His hope is that everyone is equal, but he counters that ›people who have to deal with black employees find this not true‹.« (Hunt-Grubbe, C. 2007: *The Elementary DNA of Dr Watson*, »Sunday Times Magazine« vom 14. 10. 2007, S. 24)
39 Haidt 1993, S. 617

40 Ebd., S. 619
41 Vgl. Koenigs 2007. Siehe dazu auch: Talmi & Frith 2007
42 Koenigs 2007, Supplementary information, S. 7
43 Ebd., S. 13
44 Ebd., S. 910
45 Eine sehr gute Übersicht über die entsprechende Forschung in
beiden Feldern bieten: Young & Koenigs 2007.

Miteinander und gegeneinander

1 Zitiert nach einem TV-Spot von 1996: http://www.youtube.
com/watch?v=6STJAXsCzKU
2 Huxley, A. 1956: *Tomorrow and tomorrow and tomorrow, and
other essays*, New York: Harper, S. 62
3 Siehe dazu: Bargh 1997
4 Siehe z. B.: Churchland 2002, Geyer 2004, Könneker 2006, Pau-
en 2004 und 2007, Pauen & Roth 2001, Roth & Grün 2006,
Singer 2003, Sturma 2006
5 Vgl. Zimbardo 2004 und 2007
6 Vgl. ebd. und Haney 1973. Das »Stanford Prison Experiment«
ist auch online ausführlich dokumentiert unter: http://www.
prisonexp.org/
7 Vgl. Haney 1973, S. 6 und 14
8 Zimbardo 2004, S. 13 ff.
9 Der Koran, Erste Sure, zitiert nach der Übersetzung von Max
Henning (1960, Stuttgart: Reclam)
10 Siehe: Berridge & Robinson 2003, Schultz 2000, 2007, 2007 b.
11 Vgl. Winkielman 2005
12 Siehe z. B. Moore 2004 und Copp 2006, S. 359 ff.
13 Bentham, J. 1781: *An Introduction to the Principles of Morals
and Legislation*, Chap. 1, Oxford, Basil Blackwell
14 Vgl. Danovitch & Keil 2008
15 Einen guten Überblick bieten: Haidt 2007 und Haidt & Joseph
(im Druck)

16 Vgl. Haidt 2001, S. 814
17 Ebd., hier besonders S. 820–823
18 Vgl. Westen 2006
19 Ebd., S. 1949
20 Siehe dazu z. B. Mauss 2007, hier besonders S. 149 ff.
21 Vgl. Lord 1979
22 Vgl. dazu Lerner & Tetlock 2002
23 Vgl. Bernhard 2006
24 Aus »An die Freude«, online unter: http://gutenberg.spiegel.de/
   ?id=5&xid=2410&kapitel=67&cHash=0742a5c97ffreude#gb_
   found
25 Vgl. Choi & Bowles 2007
26 Arrow 2007
27 Vgl. Rozin 1999
28 De Vogli 2007, S. 516
29 Vgl. Chartrand & Bargh 1999
30 »… ask not what your country can do for you – ask what you
   can do for your country.« Online unter: http://www.jfklibrary.
   org/Historical+Resources/Archives/Reference+Desk/Spee-
   ches/JFK/003POF03Inaugural01201961.html

Von Werten, Vorbildern und Tugenden

1 »… virtus humana est quidam habitus perficiens hominem
  ad bene operandum.« Thomas von Aquin, *Summa Theologica*,
  Ia–IIae, q.58, a. 3, co., zitiert nach der Online-Ausgabe unter:
  http://www.corpusthomisticum.org/sth2055.html
2 Siehe z. B. Düwell 2006, S. 385 f., Annas 2006, S. 520–523, und
  Kraut 2007
3 Vgl. z. B. Lovaglia 2002, S. 7
4 Vgl. dazu: Haidt & Graham (im Druck)
5 Siehe dazu vor allem die umfassende Darstellung von Halpern
  2005
6 Vgl. Putnam 2000, S. 19, und Halpern 2005, S. 6 f.

7 Hanifan, L. J. 1916: *The Rural School Community Center*, Annals of the American Academy of Political and Social Science 67, 130–138, zitiert nach Putnam 2000, S. 19

8 Siehe z. B. Fiddick & Rutherford 2006

9 Vgl. ebd., S. 419

10 Vgl. Vaneste 2007

11 Vgl. Chugh 2005

12 www.wordvaluessurvey.org

13 Zahlen gelten für Umfragen zwischen 2001 und 2004, zitiert nach Halpern 2006, S. 60

14 Vgl. ebd.

15 Vgl. ebd., S. 19–22

16 Siehe z. B. Eusterhus, E.: *An der Trennlinie zwischen Muslimen und Homosexuellen*, Die Welt vom 24. 4. 2007, S. 34, und Frank, J.: *Konkurrenz der Religionen*, Kölner Stadtanzeiger vom 14. 7. 2007, S. 26

17 Vgl. Fehr & Schmidt 1998

18 Siehe z. B. Fehr & Gächter 2002 und Henrich 2006

19 Vgl. De Quervain 2004

20 Siehe Seymour 2007

21 Siehe Halpern 2005, S. 113–141

22 Siehe dazu z. B. Roth 2006 und Kröber 2004

23 Z. B. Kröber 2004, S. 104

24 Siehe dazu Libet 2004

25 Fischer 2006, S. 351

26 Natürlich ist auch diese Formulierung nicht dualistisch gemeint, sondern allein umgangssprachlich und mit all den Vorbehalten, die zuvor ausführlich bedacht wurden.

27 Vgl. Rozin 1999 und Haidt 2007

28 Vgl. Dawes 2007

29 Vgl. Fliessbach 2007

30 Haidt 2001

31 Siehe z. B. Dunsch, J. 2005: *Der Richterspruch*, FAZ vom 22. 12. 2005, S. 1

32 Zur »strong reciprocity« siehe z. B. Gintis 2000

33 Siehe z. B. Casebeer 2003/2005 und Hursthouse 2007
34 Haidt 2007
35 *Was wir ›Sinn‹ nennen, wird verschwinden,* Spiegel-Gespräch
   mit dem Philosophen Max Horkheimer, Der Spiegel 1–2/1970
   vom 5. 1. 1970, S. 79–84, hier S. 80
36 Predigt von Kardinal Joseph Ratzinger bei der Messe zur Er-
   öffnung des Konklaves am 18. 4. 2005 in St. Peter, online nachzulesen unter: http://www.vatican.va/gpII/documents/homily-
   pro-eligendo-pontifice_20050418_ge.html
37 Ansprache von Papst Benedikt XVI. beim Treffen mit Vertretern aus dem Bereich der Wissenschaften an der Universität
   Regensburg am 12. 9. 2006, online nachzulesen unter: http://
   www.vatican.va/holy_father/benedict_xvi/speeches/2006/sep-
   tember/documents/hf_ben-xvi_spe_20060912_university-re-
   gensburg_ge.html

Literaturverzeichnis

Außer den zitierten Büchern und Forschungsarbeiten sind hier einige weitere – nicht weniger wichtige – Quellen aufgeführt, deren Gedanken in dieses Buch eingeflossen sind und die sich zur vertiefenden Lektüre eignen.

ALEXANDER, R. D. 1987/2007: *The Biology of Moral Systems*, New Brunswick/London: Aldine Transaction

ANDERSON, S. W. ET AL. 1999: *Impairment of social and moral behavior related to early damage in human prefrontal cortex*, Nature Neuroscience 2, 1032–1037

ANNAS, J. 2006: *Virtue Ethics*, in: Copp 2006, 515–536

ANZENBACHER, A. 2002/2004: *Einführung in die Philosophie*, Freiburg: Herder (10. Aufl.)

ARROW, H. 2007: *The Sharp End of Altruism*, Science 318, 581–582

AXELROD, R. 1984: *The Evolution of Cooperation*, New York: Basic Books (hier verwendet: revidierte Auflage 2006)

BAKERMANS-KRANENBURG, M. & VAN IJZENDOORN, M. 2007: *Research Review: Genetic vulnerability or differential susceptibility in child development: the case of attachment*, Journal of Child Psychology and Psychiatry 48, 1160–1173

BALDWIN, T. 2004: *George Edward Moore*, in: Zalta, E. N. (Hg.): *The Stanford Encyclopedia of Philosophy, Summer 2004 Edition* (http://plato.stanford.edu/archives/sum2004/entries/moore/)

BAR-HAIM, Y. ET AL. 2006: *Nature and Nurture in Own-Race Face Processing*, Psychological Science 17, 159–163

BARGH, J. A. 1997: *The Automaticity of Everyday Life*, in: Wyer jr., R. S. (Hg.) 1997: *The automaticity of everyday life: Advances in social cognition*, Mahwah, NJ: Lawrence Erlbaum Associates, 1–61

BARGH, J.A. & WILLIAMS, L.E. 2007: *The Nonconscious Regulation of Emotion*, in: Gross, J. (Hg.) 2007: *Handbook of Emotion Regulation*, New York: Guildford Press, 429–445

BARON, A.S. & BANAJI, M.R. 2006: *The Development of Implicit Attitudes – Evidence of Race Evaluations From Ages 6 and 10 and Adulthood*, Psychological Science 17, 53–58

BATES, E. 1994: *Modularity, Domain Specificity and the Development of Language*, Discussions in Neuroscience 10, 136–149

BATES, E. ET AL. 1998: *Innateness and emergentism*, in: Bechtel, W. & Graham, G. (Hg.) 1998: *A companion to Cognitive Science*, Oxford: Basil Blackwell, 590–601

BERNHARD, H. ET AL. 2006: *Parochial altruism in humans*, Nature 442, 912–915

BERRIDGE, K.C. & ROBINSON, T.E. 2003: *Parsing reward*, Trends in Neurosciences 26, 507–513

BLACKMORE, S. 1991: *Lucid Dreaming: Awake in Your Sleep?*, Skeptical Inquirer 15, 362–370

BLAIR, J., MITCHELL, D. & BLAIR, K. 2005: *The Psychopath – Emotion and the Brain*, Oxford: Blackwell Publishing

BLOOM, P. 2004: *Descartes' Baby – How the Science of Child Development Explains What Makes Us Human*, New York: Basic Books

BLOOM, P. 2007: *Religion is natural*, Developmental Science 10, 147–151

BOYD, R. & RICHERSON, P.J. 2005: *The Origin and Evolution of Cultures*, Oxford: Oxford University Press

BOYER, P. 2001: *Religion explained: the evolutionary origins of religious thoughts*, New York: Basic Books; deutsch 2004: *Und Mensch schuf Gott*, Stuttgart: Klett-Cotta

BOYER, P. 2003: *Religious thought and behaviour as by-products of brain function*, Trends in Cognitive Sciences 7, 119–124

BRANNON, E.M. 2006: *The Representation of Numerical Magnitude*, Current Opinion in Neurobiology 16 (2), 222–229

CARUSO, D. 2007: *A Challenge to Gene Theory, a Tougher Look at Biotech*, New York Times vom 1. 7. 2007, BU3

CASEBEER, W.D. 2003/2005: *Natural Ethical Facts – Evolution, Connectionism, and Moral Cognition*, Cambridge, MA: MIT Press (hier verwendet: Paperback-Ausgabe 2005)

CHARTRAND, T.L. & BARGH, J.A. 1999: *The Chameleon Effect: The Perception-Behavior Link and Social Interaction*, Journal of Personality and Social Psychology 76, 893–910

CHOI, K.-J. & BOWLES, S. 2007: *The Coevolution of Parochial Altruism and War*, Science 318, 636–640

CHUGH, D. ET AL. 2005: *Bounded Ethicality as a Psychological Barrier to Recognizing Conflicts of Interest*, in: Moore, D.A. et al. 2005: *Conflicts of Interest – Challenges and Solutions in Business, Law, Medicine, and Public Policy*, Cambridge, UK: Cambridge University Press, 74–95

CHURCHLAND, P.S. 2002: *Brain-Wise – Studies in Neurophilosophy*, Cambridge, MA: MIT Press

CIBELLI, J. 2007: *A Decade of Cloning Mystique*, Science 316, 990–992

CLAMP, M. ET AL. 2007: *Distinguishing protein-coding and noncoding genes in the human genome*, PNAS 104, 19428–19433

CLECKLEY, H.M. 1941/1976: *The Mask of Sanity*, St. Louis: C.V. Mosby Co. (5. Aufl.)

COPP, D. (Hg.) 2006: *The Oxford Handbook of Ethical Theory*, Oxford: Oxford University Press

COSMIDES, L. & TOOBY, J. 1992: *Cognitive Adaptations for Social Exchange*, in: Barkow, J. et al. (Hg.) 1992: *The Adapted Mind – Evolutionary Psychology and the Generation of Culture*, New York: Oxford University Press, 163–228

COSMIDES, L. & TOOBY, J. 1994: *Origins of domain specificity: The evolution of functional organization*, in: Hirschfeld, L. & Gelman, S. (Hg.) 1994: *Mapping the Mind: Domain Specificity in Cognition and Culture*, New York: Cambridge University Press, 85–116

COSMIDES, L. ET AL. 2003: *Perceptions of Race*, Trends in Cognitive Sciences 7, 173–179

COURTET, P. 2005: *The Genetic Basis for Suicidal Behavior*, Psychiatric Times 22 (9), http://www.psychiatrictimes.com/showArticle.jhtml?articleId=170100929

CRAIG, I. & LOAT C. 2007: *The evolutionary genetics of morality*, in: Walker 2007, 33–50

CSIBRA, G. & GERGELY, G. 2007: ›*Obsessed with goals*‹: *Functions and mechanisms of teleological interpretation of actions in humans*, Acta Psychologica 124, 60–78

CURLIN, F.A. ET AL. 2007: *Do Religious Physicians Disproportionately Care for the Underserved?*, Annals of Family Medicine 5, 353–360

DAHL, R.E. 2004: *Adolescent Brain Development: A Period of Vulnerabilities and Opportunities*, in: Dahl, R.E. & Spear, L. P. 2004: *Adolescent Brain Development – Vulnerabilities and Opportunities* (Annals of the New York Academy of Sciences, vol. 1021) New York: The New York Academy of Sciences, 1–22

DAMASIO, A. 1994: *Descartes' Error*, New York: Putnam (hier verwendet: Paperback-Ausgabe 1998, New York: Bard); deutsch 2001: *Descartes' Irrtum – Fühlen, Denken und das menschliche Gehirn*, München: dtv

DAMASIO, A. 1999: *The Feeling of What Happens*, New York: Harcourt; deutsch 2000: *Ich fühle, also bin ich*, München: List

DAMASIO, A. 2003: *Looking for Spinoza – Joy, Sorrow, and the Feeling Brain*, New York: Harcourt; deutsch 2003: *Der Spinoza-Effekt – Wie Gefühle unser Leben bestimmen*, München: List

DAMASIO, H. ET AL. 1994: *The return of Phineas Gage: clues about the brain from a famous patient*, Science 264, 1102–1105

DANIELS, N. 2003: *Reflective Equilibrium*, in: Zalta, E.N. (Hg.) 2003: *The Stanford Encyclopedia of Philosophy, Summer 2003 Edition*, http://plato.stanford.edu/archives/sum2003/entries/reflective-equilibrium/

DANOVITCH, J.H. & KEIL, F.C. 2008: *Young Humeans: the role of emotions in children's evaluation of moral reasoning abilities*, Developmental Science 11, 33–39

DARLEY, J.M. & LATANÉ, B. 1968: *Bystander Intervention in Emer-*

gencies: Diffusion of Responsibility, Journal of Personality and Social Psychology 8, 377–383

DARLEY, J. M. & BATSON, C. D. 1973: *»From Jerusalem to Jericho«: A Study of Situational and Dispositional Variables in Helping Behavior*, Journal of Personality and Social Psychology 27, 100–108

DARWIN, C. 1871: *The Descent of Man, and Selection in Relation to Sex*, London: John Murray; deutsch z. B. 2005: *Die Abstammung des Menschen*, Frankfurt/M.: S. Fischer

DAVIES, K. 2001: *Cracking the Genome – Inside the Race to Unlock Human DNA*, New York: Free Press

DAWES, C. T. ET AL. 2007: *Egalitarian Motives in Humans*, Nature 446, 794–796

DAWKINS, R. 1976: *The Selfish Gene*, Oxford: Oxford University Press; deutsch 1976: *Das egoistische Gen*, Berlin: Springer (hier verwendet: Neuauflage 1994, Heidelberg: Spektrum Akademischer Verlag)

DECETY, J. & LAMM, C. 2006: *Human Empathy Through the Lens of Social Neuroscience*, The Scientific World Journal 6, 1146–1163

DE QUERVAIN, D. J.-F. ET AL. 2004: *The Neural Basis of Altruistic Punishment*, Science 305, 1254–1258

DE VIGNEMONT, F. 2006: *When do we empathize?*, in: *Empathy and Fairness* (Novartis Foundation Symposium 278), Chichester: Wiley, 181–196

DE VIGNEMONT, F. & SINGER, T. 2006: *The empathic brain: how, when and why?*, Trends in Cognitive Sciences 10, 435–441

DE VOGLI, R. ET AL. 2007: *Unfairness and health: evidence from the Whitehall II Study*, Journal of Epidemiology and Community Health 61, 513–518

DE WAAL, F. B. M. 1996: *Good Natured – The Origins of Right and Wrong in Humans and Other Animals*, Cambridge, MA: Harvard University Press (7. Aufl. 2003); deutsch 1997: *Der gute Affe: Der Ursprung von Recht und Unrecht bei Menschen und anderen Tieren*, München: Hanser

DE WAAL, F. B. M. 2005: *Our Inner Ape*, New York: Riverhead; deutsch 2006: *Der Affe in uns*, München: Hanser

DE WAAL, F. B. M. 2006: *Primates and Philosophers – How Morality Evolved*, Princeton & Oxford: Princeton University Press

DREIER, J. 2006: *Moral Relativism and Moral Nihilism*, in: Copp 2006, 240–264

DULBECCO, R. 1986: *A Turning Point in Cancer Research: Sequencing the Human Genome*, Science 231, 1055–1056

DUPRÉ, J. 2003: *Darwin's Legacy – What Evolution Means Today*, Oxford: Oxford University Press; deutsch 2006: *Darwins Vermächtnis – Die Bedeutung der Evolution für die Gegenwart des Menschen*, Frankfurt/M.: Suhrkamp

DÜWELL, M. ET AL. (Hg.) 2006: *Handbuch Ethik*, Stuttgart/Weimar: Metzler (2. Aufl.)

ECCLESIA CATHOLICA 1993: *Katechismus der katholischen Kirche*, München: R. Oldenbourg (lateinischer Urtext: Città del Vaticano: Libreria Editrice Vaticana; zitiert als:»KKK« mit der Nummer des jeweiligen Abschnitts)

EISENBERG, N. 2000: *Emotion, Regulation, and Moral Development*, Annual Review of Psychology 51, 665–697

ELIOT, L. 1999: *What's Going On In There? How the Brain and Mind Develop in the First Five Years of Life*, New York: Bantam Books; deutsch 2001: *Was geht da drinnen vor?*, Berlin: Berlin Verlag

ENARD, W. ET AL. 2002: *Molecular evolution of FOXP2, a gene involved in speech and language*, Nature 418, 869–872

ENCODE PROJECT CONSORTIUM 2007: *Identification and analysis of functional elements in 1% of the human genome by the ENCODE pilot project*, Nature 447, 799–816

ENGELS, E.-M. 2006: *Evolutionäre Ethik*, in: Düwell et al. 2006, 347–352

FEHR, E. & GÄCHTER, S. 2002: *Altruistic punishment in humans*, Nature 415, 137–140

FEHR, E. & SCHMIDT, K. M. 1998: *A Theory of Fairness, Competition, and Cooperation*, The Quarterly Journal of Economics 114, 817–868

FIDDICK, L. & RUTHERFORD, M. D. 2006: *Looking for loss in all the wrong places: loss avoidance does not explain cheater detection,* Evolution and Human Behavior 27, 417–432

FINGELKURTS, A.A. ET AL. 2005: *Functional Connectivity in the Brain – Is it an Elusive Concept?*, Neuroscience & Biobehavioral Reviews 28, 827–836

FINLAY, B.L. 2007: *Endless minds most beautiful,* Developmental Science 10 (1), 30–34

FISCHER, J.M. 2006: *Free Will and Moral Responsibility,* in: Copp 2006, 321–354

FISHER, S.E. 2006: *Tangled webs: Tracing the connections between genes and cognition,* Cognition 101(2), 270–297

FISKE, A.P. 1998: *Human Sociality,* International Society for the Study of Personal Relationships 14(2), 4–9

FLIESSBACH, K. ET AL. 2007: *Social Comparison Affects Reward-Related Brain Activity in the Human Ventral Striatum,* Science 318, 1305–1308

FODOR, J.A. 1983: *The Modularity of Mind,* Cambridge, MA: MIT Press

FOOT, P. 2001: *Natural Goodness,* Oxford: Oxford University Press (hier verwendet: Paperback-Ausgabe 2003)

FRAGA M.F. ET AL. 2005: *Epigenetic differences arise during the life-time of monozygotic twins,* PNAS 102, 10604–10609

FRANKENA, W. 1963: *Ethics,* Englewood Cliffs, NJ: Prentice Hall; deutsch 1981: *Analytische Ethik – Eine Einführung,* München: dtv

FRIEDMAN, M. 2000: *Feminism in Ethics: Conceptions of Autonomy,* in: Fricker, M. & Hornsby, J. (Hg.) 2000: *The Cambridge Companion to Feminism in Philosophy,* Cambridge, UK: Cambridge University Press, 205–224

GALLESE, V. ET AL. 1996: *Action recognition in the premotor cortex,* Brain 119, 593–609

GALLESE, V. 2001: *The »Shared Manifold« Hypothesis – From Mirror Neurons To Empathy,* Journal of Consciousness Studies 8, 33–50

GALLESE, V. 2006: *Embodied simulation: from mirror neuron sys-*

tems to interpersonal relations, in: *Empathy and Fairness* (Novartis Foundation Symposium 278), Chichester: Wiley, 3–19

GALLESE, V. & UMILTÀ, M. A. 2006: *Cognitive Continuity in Primate Social Cognition*, Biological Theory 1, 25–30

GALTON, F. 1874: *English Men of Science: Their Nature and Nurture*, London: Macmillan & Co.

GAZZANIGA, M. S. 2005: *The Ethical Brain – The Science of Our Moral Dilemmas*, New York: Dana Press (hier verwendet: Taschenbuch-Ausgabe 2006, New York: HarperPerennial); deutsch 2007: *Wann ist der Mensch ein Mensch? Antworten der Neurowissenschaft auf ethische Fragen*, Düsseldorf: Patmos

GEYER, C. (Hg.) 2004: *Hirnforschung und Willensfreiheit – Zur Deutung der neuesten Experimente*, Frankfurt/M.: Suhrkamp

GILBERT, D. T. & MALONE, P. S. 1995: *The Correspondence Bias*, Psychological Bulletin 117, 21–38

GILLIGAN, C. 1977: *In a Different Voice: Women's Conceptions of the Self and of Morality*, Harvard Educational Review 47, 481–517 (hier verwendet: Nachdruck von 1985; online: http://www.barnard.columbia.edu/sfonline/sfxxx/documents/gilligan.pdf)

GINTIS, H. 2000: *Strong reciprocity and human sociality*, Journal of Theoretical Biology 206, 169–179

GIRAUD, T. ET AL. 2002: *Evolution of Supercolonies: The Argentine Ants of Southern Europe*, PNAS 99, 6075–6079

GOPNIK, A. ET AL. 1999: *The Scientist in the Crib*, New York: William Morrow and Company; deutsch 2000: *Forschergeist in Windeln*, Kreuzlingen & München: Hugendubel

GOULD, S. J. 1977: *Ever Since Darwin – Reflections in Natural History*, New York: W W. Norton and Co. (hier verwendet: Neuauflage 1992); deutsch 1984: *Darwin nach Darwin – naturgeschichtliche Reflexionen*, Frankfurt/M.: Ullstein

GREENFIELD, S. 2007: *The neuroscience of morality*, in: Walker 2007, 3–13

GREENWALD, A. G. & BANAJI, M. R. 1995: *Implicit Social Cognition: Attitudes, Self-Esteem, and Stereotypes*, Psychological Review 102, 4–27

HAAS, C. S. ET AL. 2006: *Identification of genes modulated in rheumatoid arthritis using complementary DNA microarray analysis of lymphoblastoid B cell lines from disease-discordant monozygotic twins*, Arthritis and Rheumatism 54, 2047–2060

HAIDT, J. ET AL. 1993: *Affection, Culture, and Morality, or Is It Wrong to Eat Your Dog?*, Journal of Personality and Social Psychology 65, 613–628

HAIDT, J. 2001: *The Emotional Dog and Its Rational Tail – A Social Intuitionist Approach to Moral Judgment*, Psychological Review 108, 814–834

HAIDT, J. 2007: *The New Synthesis in Moral Psychology*, Science 316, 998–1002

HAIDT, J. & GRAHAM, J. (im Druck): *Planet of the Durkheimians – Where Community, Authority, and Sacredness are Foundations of Morality*, in: Jost, J. et al. (Hgg.): *Social and Psychological Bases of Ideology and System Justification*, Oxford: Oxford University Press (hier verwendet in der Online-Fassung unter: http://papers.ssrn.com/sol3/papers.cfm?abstract_id=980844)

HAIDT, J. & JOSEPH, C. (im Druck): *The Moral Mind*, in: Carruthers, P. et al. (Hgg.): *The Innate Mind*, Band 3, New York: Oxford University Press (verwendete Fassung online unter: http://faculty.virginia.edu/haidtlab/articles/haidt.joseph.2007.the-moral-mind.doc)

HALPERN, D. 2005: *Social Capital*, Cambridge, UK: Polity Press

HAMPTON, A. N. ET AL. 2007: *Contributions of the Amygdala to Reward Expectancy and Choice Signals in Human Prefrontal Cortex*, Neuron 55, 545–555

HANEY, C. ET AL. 1973: *A Study of Prisoners and Guards in a Simulated Prison*, Naval Research Reviews, Washington, D.C.: Office of Naval Research, Department of the Navy

HARBAUGH, W. T. ET AL. 2007: *Neural Responses to Taxation and Voluntary Giving Reveal Motives for Charitable Donations*, Science 316, 1622–1625

HARE, R. D. 1993: *Without Conscience – The Disturbing World of the Psychopaths Among Us*, New York: Pocket Books; deutsch

2005: *Gewissenlos – Die Psychopathen unter uns*, Wien: Springer

HARLOW, J. M. 1848: *Passage of an iron rod through the head*, Boston Medical and Surgical Journal 39, 389–393 (Nachdruck 1999, Journal of Neuropsychiatry and Clinical Neuroscience 11, 281–283)

HARVEY, C. D. & SVOBODA, K. 2007: *Locally dynamic synaptic learning rules in pyramidal neuron dendrites*, Nature 450, 1195–1200

HAUSER, M. D. 2006: *Moral Minds*, New York: HarperCollins

HAUSER, M. D. 2006b: *What's fair? The unconscious calculus of our moral faculty*, in: Empathy and Fairness (Novartis Foundation Symposium 278), Chichester: Wiley, 41–55

HAYGOOD, R. ET AL. 2007: *Promoter regions of many neural- and nutrition-related genes have experienced positive selection during human evolution*, Nature Genetics 39, 1140–1144

HENRICH, J. ET AL. 2006: *Costly Punishment Across Human Societies*, Science 312, 1767–1770

HOLDING, C. 2004: *Refining the Genome*, Online-News von »The Scientist« 5(1), 21. 10. 2004

HOLLAND, J. H. 1998: *Emergence – From Chaos to Order*, Cambridge, MA: Perseus Books

HOLLIDAY, R. 2002: *Epigenetics comes of age in the twenty-first century*, Journal of Genetics 81, 1–4

HUNTINGTON, S. P. 1993: *The Clash of Civilizations?*, Foreign Affairs (Summer issue), 22–49

HURSTHOUSE, R. 2007: *Virtue Ethics*, in: Zalta, E. N. (Hg.) 2007: *The Stanford Encyclopedia of Philosophy, Fall 2007 Edition* (http://plato.stanford.edu/archives/win2007/entries/ethics-virtue/)

HUXLEY, T. H. 2004: *Evolution and Ethics – Science and Morals*, New York: Prometheus Books (Nachdruck des Originals v. 1896, New York: D. Appleton)

IACOBONI, M. 2005: *Understanding Others: Imitation, Language, Empathy*, in: Hurley, S. & Chater, N. 2005: *Perspectives on Imitation: From Mirror Neurons to Memes*, Bd. 1, Cambridge, MA: MIT Press, 77–100

ILLES, J. (Hg.) 2006: *Neuroethics – Defining the issues in theory, practice and policy*, New York: Oxford University Press

ISHIKAWA, S. S. & RAINE, A. 2003: *Prefrontal Deficits and Antisocial Behavior – A Causal Model*, in: Lahey, B. B. et al. (Hg.) 2003: *Causes of Conduct Disorder and Juvenile Delinquency*, New York/London: The Guilford Press

JEDIN, H. (Hg.) 1967: *Handbuch der Kirchengeschichte*, Freiburg i. B.: Herder (hier verwendet: Neuauflage 1985)

KELEMEN, D. 1999: *Why are Rocks Pointy?: Children's Preference for Teleological Explanations of the Natural World*, Developmental Psychology 35, 1440–1452

KELEMEN, D. 2004: *Are Children »Intuitive Theists«? – Reasoning About Purpose and Design in Nature*, Psychological Science 15, 295–301

KELLY, D. ET AL. 2007: *Harm, Affect, and the Moral/Conventional Distinction*, Mind and Language 22, 117–131

KILLEN, M. ET AL. 2001: *Fairness or stereotypes? Young children's priorities when evaluating group exclusion or inclusion*, Developmental Psychology 37, 587–596

KILNER, J. M. ET AL. 2006: *Modulation of the mirror system by social relevance*, Social Cognitive and Affective Neuroscience 1, 143–148

KITCHER, P. 2006: *Biology and Ethics*, in: Copp 2006, 163–185

KOCH, C. 2004: *The Quest for Consciousness – A Neurobiological Approach*, Englewood, CO: Roberts and Company Publishers; deutsch 2005: *Bewusstsein – ein neurobiologisches Rätsel*, München: Elsevier-Spektrum Akademischer Verlag

KOECHLIN, E. & HYAFIL, A. 2007: *Anterior Prefrontal Function and the Limits of Human Decision-Making*, Science 318, 594–598

KOENIGS, M. ET AL. 2007: *Damage to the prefrontal cortex increases utilitarian moral judgments*, Nature 446, 908–911

KÖNNEKER, C. (Hg.) 2006: *Wer erklärt den Menschen? Hirnforscher, Psychologen und Philosophen im Dialog*, Frankfurt/M.: S. Fischer

KRAUSE, J. ET AL. 2007: *The Derived FOXP2 Variant of Modern Humans Was Shared with Neandertals*, Current Biology 17, 1–5

KRAUT, R. 2007: *Aristotle's Ethics*, in: Zalta, E.N. (Hg.) 2007: *The Stanford Encyclopedia of Philosophy, Winter 2007 Edition* (http://plato.stanford.edu/archives/win2007/entries/aristotle-ethics/)

KRÖBER, H.-L. 2004: *Die Hirnforschung bleibt hinter dem Begriff strafrechtlicher Verantwortlichkeit zurück*, in: Geyer 2004, 101–110

KUHL, P.K. 2007: *Is speech learning ›gated‹ by the social brain?*, Developmental Science 10, 110–120

KUHN, S. 2007: *Prisoner's Dilemma*, in: Zalta, E.N. (Hg.) 2007: *The Stanford Encyclopedia of Philosophy, Winter 2007 Edition* (http://plato.stanford.edu/archives/win2007/entries/prisoner-dilemma/)

KURZBAN, R. ET AL. 2001: *Can Race be Erased? Coalitional Computing and Social Categorization*, PNAS 98, 15387–15392

LAGATTUTA, K.H. 2005: *When You Shouldn't Do What You Want to Do: Young Children's Understanding of Desires, Rules, and Emotions*, Child Development 76, 713–733

LAIBLE, D.J. & THOMPSON, R.A. 2002: *Mother-child conflict in the toddler years: Lessons in emotion, morality, and relationships*, Child Development 73, 1187–1203

LEEDS, A. ET AL. 1975: *Against Sociobiology*, The New York Review of Books 22 (18) vom 13. 11. 1975, online: http://www.nybooks.com/articles/9017

LEPAGE, J.-F. & THÉORET, H. 2007: *The mirror neuron system: grasping others' actions from birth?*, Developmental Science 10, 513–529

LERNER, J.S. & TETLOCK, P.E. 2002: *Bridging individual, interpersonal, and institutional approaches to judgment and choice: The impact of accountability on cognitive bias*, in: Schneider, S. & Shanteau, J. (Hg.) 2002: *Emerging perspectives in judgment and decision making*, Cambridge, UK: Cambridge University Press, 431–457

LEWONTIN, R.C. 1993: *Biology as Ideology – The Doctrine of DNA*, New York: HarperPerennial

LEWONTIN, R.C. 2000: *The Triple Helix – Gene, Organism, and En-*

vironment, Cambridge, MA: Harvard University Press; deutsch 2002: *Die Dreifachhelix. Gen, Organismus und Umwelt*, Berlin: Springer

LIBET, B. 2004: *Mind Time – The Temporal Factor in Consciousness*, Cambridge, MA: Harvard University Press; deutsch 2005: *Mind Time – Wie das Gehirn Bewusstsein produziert*, Frankfurt/M.: Suhrkamp

LORD, C. G. ET AL. 1979: *Biased Assimilation and Attitude Polarization: The Effects of Prior Theories on Subsequently Considered Evidence*, Journal of Personality and Social Psychology 37, 2098–2109

LOVAGLIA, M. J. ET AL. 2002: *Social Development and Human Evolution: Managing the Ingroup Boundary*, Vortrag bei der Jahresversammlung der »American Sociological Association« in Chicago, August 2002, hier verwendet als Online-Manuskript unter: www.uiowa.edu/~soc/docs/tw/lovagliatw.pdf

MACRAE, C. N. & BODENHAUSEN, G. V. 2000: *Social Cognition: Thinking Categorically about Others*, Annual Review of Psychology 51, 93–120

MANN, J. J. 2003: *Neurobiology of Suicidal Behavior*, Nature Reviews Neuroscience 4, 819–828

MANNING, R. ET AL. 2007: *The Kitty Genovese Murder and the Social Psychology of Helping: the parable of the 38 witnesses*, American Psychologist 63, 555–562

MARCUS, G. 2004: *The Birth of the Mind – How a Tiny Number of Genes Creates the Complexities of Human Thought*, New York: Basic Books; deutsch 2005: *Der Ursprung des Geistes – Wie Gene unser Denken prägen*, Darmstadt: Wissenschaftliche Buchgesellschaft

MARCUS, S. J. 2002: *Neuroethics – Mapping the Field* (Conference proceedings), New York: Dana Press

MARKIE, P. 2004: *Rationalism vs. Empiricism*, in: Zalta, E. N. (Hg.) 2004: *The Stanford Encyclopedia of Philosophy, Fall 2004 Edition* (http://plato.stanford.edu/archives/fall2005/entries/rationalism-empiricism/)

MASCOLO, M. F. & FISCHER, K. W. 2007: *The co-development of self-awareness and self-evaluative emotions across the toddler years*, in: Brownell, C. A. & Kopp, C. B. (Hg.) 2007: *Socioemotional Development in the Toddler Years: Transitions and Transformations*, New York: The Guilford Press, 66–99

MAUSS, I. B. ET AL. 2007: *Automatic Emotion Regulation*, Social and Personality Psychology Compass 1, 146–167

MCDONALD, D. B. 2007: *Predicting fate from early connectivity in a social network*, PNAS 104, 10910–10914

MELTZOFF, A. N. & MOORE, M. K. 1977: *Imitation of Facial and Manual Gestures by Human Neonates*, Science 198, 75–78

MELTZOFF, A. N. 2002: *Imitation as a Mechanism of Social Cognition: Origins of Empathy, Theory of Mind, and the Representation of Action*, in: Goswami, U. (Hg.) 2002: *Blackwell Handbook of Childhood Cognitive Development*, Oxford: Blackwell Publishers, 6–25

MELTZOFF, A. N. 2007: ›*Like me*‹: *a foundation for social cognition*, Developmental Science 10, 126–134

METZINGER, T. 2005: *Unterwegs zu einem neuen Menschenbild*, Gehirn & Geist 11, 50–54

MITCHELL, K. J. 2007: *The Genetics of Brain Wiring: From Molecule to Mind*, PLoS Biology 5(4), e113

MOFFITT, T. E. & CASPI, A. 2007: *Evidence from Behavioral Genetics for Environmental Contributions to Antisocial Conduct*, in: Grusec, J. E. & Hastings, P. D. 2007: *Handbook of Socialization: Theory and Research*, New York: The Guilford Press, 96–123

MOORE, A. 2004: *Hedonism*, in: Zalta, E. N. (Hg.) 2004: *The Stanford Encyclopedia of Philosophy, Summer 2004 Edition* (http://plato.stanford.edu/archives/sum2004/entries/hedonism/)

MOORE, G. E. 1903/1993: *Principia Ethica*, Cambridge, UK: Cambridge University Press (revidierte Fassung hg. v. Thomas Baldwin); deutsch z. B. 1996: *Principia Ethica*, Stuttgart: Reclam

MURPHY, M. 2002: *The Natural Law Tradition in Ethics*, in: Zalta, E. N. (Hg.) 2002: *The Stanford Encyclopedia of Philosophy, Win-*

ter 2002 Edition (http://plato.stanford.edu/archives/win2002/entries/natural-law-ethics/)

NADO, J. ET AL. 2006 (Final Draft): *Moral Judgment*, erscheint in: Symons, J. und Calvo, P. 2008: *Routledge Companion to the Philosophy of Psychology*, Routledge, London, Part 46 (online: http://www.rci.rutgers.edu/~stich/Publications/Papers/Moral%20Judgment%20-%20FINAL%20DRAFT%20-%20web.pdf)

NIEDENTHAL, P.M. 2007: *Embodying Emotion*, Science 316, 1002–1005

NIEHOFF, D. 1999: *The Biology of Violence – How Understanding the Brain, Behavior, and Environment Can Break the Vicious Circle of Aggression*, New York: Free Press

OYAMA, S. 1985: *The Ontogeny of Information*, Cambridge, UK: Cambridge University Press

OYAMA, S. 2000: *Evolution's Eye – A System's View of the Biology-Culture Divide*, Durham/London: Duke University Press

PANKSEPP, J.B. ET AL. 2007: *Affiliative Behavior, Ultrasonic Communication and Social Reward Are Influenced by Genetic Variation in Adolescent Mice*, PLoS ONE 2(4): e351

PAUEN, M. & ROTH, G. (Hg.) 2001: *Neurowissenschaften und Philosophie – Eine Einführung*, München: Wilhelm Fink

PAUEN, M. 2004: *Illusion Freiheit? – Mögliche und unmögliche Konsequenzen der Hirnforschung*, Frankfurt/M.: S. Fischer

PAUEN, M. 2007: *Was ist der Mensch?*, München: DVA

PEARSON, H. 2006: *What is a gene?*, Nature 441, 399 ff.

PINKER, S. 2002: *The Blank Slate*, New York: Viking; deutsch 2003: *Das unbeschriebene Blatt – Die moderne Leugnung der menschlichen Natur*, Berlin: Berlin Verlag

PREMACK, D. 2007: *Human and animal cognition: Continuity and Discontinuity*, PNAS 104, 13861–13867

PRESTON, S.D. & DE WAAL, F.B.M. 2002: *Empathy: Its ultimate and proximate bases*, Behavioral and Brain Sciences 25, 1–72

PRINZ, J.J. 2007: *Can Moral Obligations Be Empirically Discovered?*, Midwest Studies in Philosophy 31, 271–290

PUTNAM, R. D. 2000: *Bowling Alone*, New York: Simon & Schuster

RIDGE, M. 2006: *Moral Non-Naturalism*, in: Zalta, E. N. (Hg.) 2006: *The Stanford Encyclopedia of Philosophy, Summer 2006 Edition* (http://plato.stanford.edu/archives/sum2006/entries/moral-non-naturalism/)

RIDLEY, M. 1996: *The Origins of Virtue – Human Instincts and the Evolution of Cooperation*, New York: Penguin (hier verwendet: Neuauflage 1998); deutsch 1997: *Die Biologie der Tugend – Warum es sich lohnt, gut zu sein*, Berlin: Ullstein

RIDLEY, M. 2003: *Nature via Nurture – Genes, Experience, and What Makes us Human*, New York: HarperCollins

RIZZOLATTI, G. ET AL. 2006: *Mirrors in the Mind*, Scientific American Nr. 11, 54–61

ROBERT, J. S. 2004: *Embryology, Epigenesis, and Evolution – Taking Development Seriously*, Cambridge, UK: Cambridge University Press

ROCHAT, P. & HESPOS, S. J. 1997: *Differential Rooting Response by Neonates: Evidence for an Early Sense of Self*, Early Development and Parenting 6, 105–112

ROSKIES, A. 2006: *A case study of neuroethics: the nature of moral judgment*, in: Illes, J. 2006, 17–32

ROTH, G. 2001: *Fühlen, Denken, Handeln*, Frankfurt/M.: Suhrkamp

ROTH, G. 2006: *Willensfreiheit und Schuldfähigkeit*, in: Roth, G. & Grün, K. J. (Hg.) 2006, 9–27

ROTH, G. & GRÜN, K.-J. (Hg.) 2006: *Das Gehirn und seine Freiheit – Beiträge zur neurowissenschaftlichen Grundlegung der Philosophie*, Göttingen: Vandenhoeck & Ruprecht

ROZIN, P. ET AL. 1999: *The CAD Triad Hypothesis: A Mapping Between Three Moral Emotions (Contempt, Anger, Disgust) and Three Moral Codes (Community, Autonomy, Divinity)*, Journal of Personality and Social Psychology 76, 574–586

SAYRE-MCCORD, G. 2007: *Metaethics*, in: Zalta, E. N. (Hg.) 2007: *The Stanford Encyclopedia of Philosophy*, Spring 2007 Edition

(http://plato.stanford.edu/archives/spr2007/entries/metaethics)

SCARANO, N. 2006: *Metaethik – ein systematischer Überblick*, in: Düwell et al. 2006, 25–35

SCHÜLLER, B. 1980: *Die Begründung sittlicher Urteile – Typen ethischer Argumentation in der Moraltheologie*, Düsseldorf: Patmos (Erstauflage 1973)

SCHULTZ, W. 2000: *Multiple Reward Signals in the Brain*, Nature Reviews Neuroscience 1, 199–207

SCHULTZ, W. 2007: *Reward*, Scholarpedia, Art. #1652

SCHULTZ, W. 2007b: *Reward Signals*, Scholarpedia, Art. #2184

SEYMOUR, B. ET AL. 2007: *The Neurobiology of Punishment*, Nature Reviews Neuroscience 8, 300–311

SHERMER, M. 2004: *The Science of Good and Evil*, New York: Times (hier verwendet: Paperback-Ausgabe 2004, New York: Owl Book)

SHWEDER, R.A. & HAIDT, J. 1993: *The Future of Moral Psychology*, Psychological Science 4, 360–365

SINGER, P. 1979: *Practical Ethics*, Cambridge, UK: Cambridge University Press; deutsch 1984: *Praktische Ethik*, Stuttgart: Reclam

SINGER T. ET AL. 2004: *Empathy for Pain Involves the Affective but not Sensory Components of Pain*, Science 303, 1157–1162

SINGER, T. & FEHR, E. 2005: *The Neuroeconomics of Mind Reading and Empathy*, American Economic Review 95, 340–345

SINGER, T. 2006: *The neuronal basis and ontogeny of empathy and mind reading: Review of literature and implications for future research*, Neuroscience and Biobehavioral Reviews 30, 855–863

SINGER, T. 2006b: *Empathic neural responses are modulated by the perceived fairness of others*, Nature 439, 466–469

SINGER, W. 2003: *Ein neues Menschenbild? Gespräche über Hirnforschung*, Frankfurt/M.: Suhrkamp

SINNOTT-ARMSTRONG, W. 2006: *Moral Intuitionism Meets Empirical Psychology*, in: Horgan, T. & Timmons, M. (Hg.) 2006: *Metaethics after Moore*, Oxford: Clarendon Press, 339–366

SINNOTT-ARMSTRONG, W. 2007: *Consequentialism*, in: Zalta, E.N.

(Hg.) 2007: *The Stanford Encyclopedia of Philosophy, Spring 2007 Edition* (http://plato.stanford.edu/archives/spr2007/entries/consequentialism/)

SMEND, R. 1981: *Die Entstehung des Alten Testaments*, Stuttgart: Kohlhammer

SPELKE, E.S. 2000: *Core Knowledge*, American Psychologist 55, 1233–1243

SPELKE, E.S. & KINZLER, K.D. 2007: *Core knowledge*, Developmental Science 10, 89–96

STURMA, D. (Hg.) 2006: *Philosophie und Neurowissenschaften*, Frankfurt/M.: Suhrkamp

TALMI, D. & FRITH, C. 2007: *Feeling right about doing right*, Nature 446, 865–866

TEILHARD DE CHARDIN, P. 1959/2005: *Der Mensch im Kosmos*, München: C.H. Beck

THOMPSON, R.A. ET AL. 2003: *Early Understanding of Emotion, Morality, and Self: Developing a Working Model*, Advances in Child Development and Behavior 31, 137–171

THOMPSON, R.A. & GOODVIN, R. 2005: *The Individual Child: Temperament, Emotion, Self, and Personality*, in: Bornstein, M. H. & Lamb, M. E. 2005: *Developmental Science – An Advanced Textbook*, Mahwah, NJ: Lawrence Erlbaum Associates, 391–428

THOMPSON, R.A. ET AL. 2006: *Understanding values in relationship: The development of conscience*, in: Killen, M. & Smetana, J. (Hg.) 2006: *Handbook of moral development*, Mahwah, NJ: Lawrence Erlbaum Associates, 267–299

TSAO, D. 2006: *A Dedicated System for Processing Faces*, Science 314, 72–73

TSUCHIYA, N. & ADOLPHS, R. 2007: *Emotion and Consciousness*, Trends in Cognitive Sciences 11, 158–167

TURIEL, E. 1983: *The Development of Social Knowledge: Morality & Convention*, Cambridge, UK: Cambridge University Press

UMILTÀ, M.A. ET AL. 2001: *I Know What You Are Doing – A Neurophysiological Study*, Neuron 31, 155–165

VANESTE, S. ET AL. 2007: *Attention bias toward noncooperative people – A dot probe classification study in cheating detection*, Evolution and Human Behavior 28, 272–276

VAN GULICK, R. 2007: *Consciousness*, in: Zalta, E. N. (Hg.) 2007: *The Stanford Encyclopedia of Philosophy, Spring 2007 Edition* (http://plato.stanford.edu/archives/spr2007/entries/consciousness/)

VAN SPEYBROECK, L. 2002: *From Epigenesis to Epigenetics – The Case of C. H. Waddington*, Annals of the New York Academy of Sciences 981, 61–80

VAN SPEYBROECK, L. ET AL. 2007: ›*Epi-geneticization*‹: *where biological and philosophical thinking meet*, in: Fagot-Largeault, A. et al. (Hg.) 2007: *The effects of genetics on contemporary thinking*, Dordrecht: Springer, 115–136

VEC, M. 2003: *Schmerz gegen Wahrheit? Oder: Auch Not kennt ein Gebot*, Frankfurter Allgemeine Zeitung vom 4. 3. 2003, 38

VON HOFSTEN, C. 2007: *Action in development*, Developmental Science 10, 54–60

WADDINGTON, C. H. 1957: *The strategy of the genes: A discussion of some aspects of theoretical biology*, London: Allen & Unwin

WADE, N. 2001: *Life Script – How the Human Genome Discoveries Will Transform Medicine and Enhance Your Health*, London: Simon & Schuster; deutsch 2001: *Das Genom-Projekt und die neue Medizin*, München: Siedler

WALKER, G. (Hg.) 2007: *The Science of Morality – Collected Papers*, London: Royal College of Physicians

WARNEKEN, F. ET AL. 2007: *Spontaneous Altruism by Chimpanzees and Young Children*, PLoS Biology 5(7): e184

WATSON, J. B. 1913: *Psychology as the Behaviorist Views it*; Psychology Review, 20, 158–177

WATSON, J. B. 1970: *Behaviorism*, New York: The People's Institute Publishing Company, New York 1924 / Chicago: W. W. Norton and Co. 1930; hier verwendete Neuauflage: New York: W. W. Norton and Co.; deutsch z. B. 2000: *Behaviorismus*, Eschborn: Klotz

WEIKUM, W.M. ET AL. 2007: *Visual Language Discrimination in Infancy*, Science 316, 1159

WEINSTEIN, D. 2002: *Herbert Spencer*, in: Zalta, E.N. (Hg.) 2002: *The Stanford Encyclopedia of Philosophy, Winter 2002 Edition* (http://plato.stanford.edu/archives/win2002/entries/spencer/)

WESTEN, D. ET AL. 2006: *The neural basis of motivated reasoning: An fMRI study of emotional constraints on political judgment during the U.S. Presidential election of 2004*, Journal of Cognitive Neuroscience 18, 1947–1958

WESTERMARCK, E. 1906: *The Origin and Devlopment of the Moral Ideas*, 2 Bde, London: Macmillan & Co. (Nachdruck der 2. Auflage von 1912); deutsch 1906: *Ursprung und Entwicklung der Moralbegriffe*, Leipzig: Klinkhardt

WILKINSON, G. 1984: *Reciprocal food sharing in the vampire bat*, Nature 308, 181–184

WILSON, E.O. 1975: *Sociobiology – The New Synthesis*, Cambridge, MA: Belknap Press of Harvard University Press

WILSON, E.O. 1975b: *For Sociobiology*, The New York Review of Books, 22(20) vom 11. 12. 1975, online: http://www.nybooks.com/articles/9003

WILSON, E.O. 1978: *On Human Nature*, Cambridge, MA: Harvard University Press (hier verwendet: Paperback-Ausgabe 2001: London: Penguin)

WILSON, J.Q. 1993: *The Moral Sense*, New York: Simon & Schuster; deutsch 1994: *Das moralische Empfinden*, Hamburg: Kabel

WINKIELMAN, P. ET AL. 2005: *Unconscious affective reactions to masked happy versus angry faces influence consumption behavior and judgments of value*, Personality and Social Psychology Bulletin 1, 121–135

WINKIELMAN, P. ET AL. 2007: *Affective Influence on Judgments and Decisions: Moving Towards Core Mechanisms*, Review of General Psychology 11, 179–192

YOUNG, L. & KOENIGS, M. 2007: *Investigating emotion in moral cognition: a review of evidence from functional neuroimaging and neuropsychology*, British Medical Bulletin 84, 69–79

ZIMBARDO, P.G. 2004: *A Situationist Perspective on the Psychology of Evil: Understanding How Good People Are Transformed into Perpetrators*, in: Miller, A. (Hg.) 2004: *The social psychology of good and evil: Understanding our capacity for kindness and cruelty*, New York: The Guildford Press, 21–50

ZIMBARDO, P.G. 2007: *The Lucifer Effect – Understanding How Good People Turn Evil*, New York: Random House; deutsch (angekündigt für Juni 2008): *Der Luzifer-Effekt – Die Macht der Umstände und die Psychologie des Bösen*, Heidelberg: Spektrum Akademischer Verlag

Register

Aberglaube 17
Ablehnung 90, 177
Abschreckung 238
Absolutheit (moralischer
  Normen) 70, 230, 248 f.
Abtreibung 62
Abu Ghraib 199 f.
Ackermann, Josef 246 f.
Adam und Eva 17, 50 ff.
Adoleszenz 136, 138, 235; s. a.
  Heranwachsende, Jugend,
  Pubertät
Adolphs, Ralph 189 f.
Affekt/Affektivität 146, 149;
  s. a. Gefühl
Aggression 15, 40, 134, 156 f.;
  s. a. Gewalt
– instrumentelle 156 f.
– reaktive 156
Ähnlichkeit/»wie ich« 89 ff.,
  98, 101, 114, 125
Akteur/Handelnder 78, 82,
  99, 111, 115, 132, 154, 160,
  171 f., 241, 243
Aktion/Handlung 49, 55 ff., 65,
  73, 78, 82, 91, 96, 98 f., 101,
  109 ff., 116, 132, 140, 144,
  149 f., 152 ff., 162,

169 ff., 184 f., 187 ff., 195,
  197, 200, 202, 205 f., 213,
  217 f., 222, 230 f., 240 ff., 245,
  250, 254, 265, 268
Alexander, Richard D. 11, 107,
  125 f.
Allgemeinheit, Wohl der 57,
  59 f.
Allianz s. Koalition
Altes Testament 17, 55; s. a.
  Bibel
Altruismus 121 ff., 128 f.,
  212 ff., 218, 226, 233, 236 f.,
  270; s. a. Hilfsbereitschaft,
  Teilen
– parochialer 212 ff., 233 f.,
  239, 246
– spontaner 123
Ameise (Beispiel für Selbstorganisation) 141 f., 144,
  241, 272
Amygdala/Mandelkern 58,
  145 f., 153 f., 157, 165, 208
Anerkennung 195, 220, 224,
  228, 236 f., 247
Angst 109 f., 116, 138, 158,
  166, 224
Anspruch 224

Anthropomorphismus 271
Antrieb 19
Archipel Gulag 41, 200
Ärger 166 f., 219, 224 f.
Aristoteles 21, 23, 48, 61
Arroganz 15
Arrow, Holly 215
Attribution, selbstwertdien-
    liche 133
Attributionsfehler 132, 160,
    268
Aufklärung (Epoche) 24, 103,
    268
Auschwitz 132 f., 200
außermoralisch 59 f., 63 f., 66
automatisch 105, 111, 113,
    116, 119, 195, 205, 229, 240;
    s. a. implizit, unbewusst
Autorität 12, 205, 227, 239

Baby s. Kleinkind
Banaji, Mahzarin R. 85 f., 186
Bargh, John A. 222
Bar-Haim, Yair 86
Baron, Andrew 85 f.
Base/Basenpaar (Teil der DNA;
    Adenin, Cytosin, Guanin,
    Thymin) 33
»Baum der Erkenntnis von Gut
    und Böse« 50 f., 226, 254,
    259
Befehlsnotstand 60
Begehren/Begierde 153, 173
Behaviorismus 22 f., 161
Beichtgeheimnis 56

Belohnung/»Reward« 104,
    121 f., 128, 145, 153 f., 170,
    179, 200 f., 208, 220, 223 f.,
    235 ff., 247 f.
Belohnungssystem (Gehirn)
    105, 119, 127 ff., 225
Benedikt XVI. 131, 249
Bentham, Jeremy 203, 205
Bestrafung/Strafe 19, 60, 103,
    119, 145, 147, 156, 170, 174,
    179, 211 f., 229, 237 f., 246,
    248
– altruistische 237; s. a. »third
    party punishment«
Bewusstsein 44 ff., 53, 144 f.,
    168, 172, 261, 269; s. a. Ich-
    Bewusstsein
Bibel 16, 50, 61, 94, 174, 205,
    226, 247, 254; s. a. Altes/
    Neues Testament
Bindung (Eltern-Kind-Bezie-
    hung) 166, 271
Biochemie 33 ff., 137
Biologie 9 ff., 20, 28, 30, 37 ff.,
    41 ff., 45 f., 66, 107, 161 f.,
    166, 217, 226, 241, 256, 259
Biologismus 30
Biomedizin 39
Biotechnologie 32, 42
Blair, James 155 ff., 165
Blastozyste 68
»Bonding« 234
böse/das Böse 9 f., 14 f., 17 f.,
    20, 29, 40, 44, 50 ff., 57, 73,
    100, 130 ff., 140, 162, 176,

189, 198 f., 207, 225 f., 238, 247, 271

Bowles, Samuel 213 ff.

»Bridging« 233 f.

Bush, George W. 207 ff.

Butler, Rhett 158

CAD-Hypothese (Community-Autonomy-Divinity) 71, 219

Casebeer, William D. 66

Caspi, Avshalom 161

»Chamäleon-Effekt« 115, 222

Chaostheorie 38

Charakter 37, 185

Chartrand, Tanya L. 222

Choi, Jung-Kyoo 213 ff.

Christentum 13, 18, 24, 50, 52, 61, 68, 103, 131, 184, 233, 248, 254, 268, 270

Churchland, Patricia 66

Churchland, Paul 66

Cibelli, José 32

Cleckley, Hervey M. 158 f.

Clinton, Bill 26, 43

Collins, Francis 26, 28, 35, 43

Comte, Auguste 267

Cosmides, Leda 88

Courtet, Philippe 30

Csibra, Gergely 171

Dahl, Ronald E. 136

Damasio, Antonio 147 f., 150, 152, 189 f., 269

Dankbarkeit 19

Danovitch, Judith H. 203

Darfur 15

Darley, John M. 179 f., 182

Darwin, Charles 22, 28, 102, 122

Daschner, Wolfgang 258

Dawkins, Richard 36, 41, 122

Day, Doris 242

DDR 53, 57, 60

De Vogli, Roberto 221

De Waal, Frans 107, 124, 140, 259, 270

Defensivmechanismen, psychologische 209

Demografischer Faktor 15

»deontisches Schließen« 173

Deontologie 55, 59, 68, 105, 189, 230

Depression 30, 136, 232

Descartes, René 195

Designerbabys 36

Determinismus 242

Diktatorspiel 127, 211, 217, 229

Dilemma, moralisches 13, 149, 163, 189, 191 f., 194; s. a. Konflikt

DNA (Desoxyribonukleinsäure) 21, 26 ff., 31, 33 ff., 39 f., 42, 46

– als »Code des Lebens« 21, 34

– »Junk-DNA« 35

– Transkription 42

Dolly (Klonschaf) 31 f.

Dopamin 154

Doping 58
Dualismus 140, 195, 241, 263, 269, 278
Dulbecco, Renato 26 f., 256
Durkheim, Emile 225
Dyade 217

Eden, Garten 50 ff.; s. a. Paradies
Egoismus 40, 56 f., 107, 125 f., 159, 168, 214 f., 270
Egozentrismus 92, 156
Ehre 19, 200
Eigennutz/Eigeninteresse 105, 107, 125 f.
Einfühlungsvermögen 110, 115 f.; s. a. Empathie
Ekel 189, 219, 225
Eltern 14, 29, 34, 94, 125, 135, 155, 161, 165 ff., 171, 173 ff., 177 f., 194, 231 f., 236 f., 239, 266; s. a. Familie, Verwandtschaft
Embodiment 269
Embryo 32, 52, 62, 68 ff., 164, 192
Embryonenforschung, verbrauchende 69
Emergenz 142, 241
Emotion s. Gefühl
Empathie 102, 109 f., 112 ff., 116 ff., 128, 137, 157, 162, 164, 167 f., 170, 192, 196, 203, 238, 270; s. a. Einfühlungsvermögen

Empirie/Empirismus 24, 64, 66 f., 71, 78 f., 264
ENCODE-Projekt 42 f.
Entscheidung/Entscheidungsprozess 10, 146, 154, 157, 165, 184, 188, 190 ff., 197, 204, 210, 213, 240 ff.
Entwicklung (psychologisch) 34, 38 f., 41, 77, 79, 89, 92, 138, 140, 167 ff.
Entwicklungssystem 41, 43
Epigenom/Epigenetik 35 f., 42 f., 160 f.
Epigenotyp 38
Epistemologie 261
Erbanlagen/Erbgut 17, 21, 25 f., 28, 30 ff., 38, 40, 43, 46 f., 84, 125, 161 f., 267
Erbschuld/Erbsünde/Sündenfall 24, 50, 52 f., 247
Erfahrung 16, 20, 24, 28, 47, 74 f., 79, 84, 98, 103, 118, 145, 150, 162, 170, 177, 184, 186, 196, 218, 226, 230 f., 236, 261
Erwachsene/erwachsen 76, 85 f., 95, 99 f., 114, 135, 137 f., 152, 167, 171 ff., 203, 236, 244
Erwartungen 103, 109, 134 f., 137 ff., 145 f., 162, 167 ff., 187, 212, 217, 219, 222, 235
Erziehung 15 f., 28, 47, 53, 147, 161, 166
Esser, Klaus 246

Ethik 48, 52, 61 ff., 68 ff., 72 f.,
    119, 140, 244, 249, 258 ff., 271
 – analytische 58, 163, 260
 – deskriptive/normative 61
Eudaimonia (Glückseligkeit)
    224
Evolution 11 ff., 22, 35 f., 39,
    43, 79, 81, 87, 122, 124 f.,
    143 f., 172, 213, 215 f., 224,
    227, 258, 270
Evolutionsbiologie 14, 125,
    216
Evolutionstheorie 11, 22, 28,
    122, 217
Exekutivapparat (Gehirn) 235

Fairness 72, 118 f., 177, 218,
    229 f., 270
Faktenurteil 59 f., 66
Familie 10, 29 f., 124 f., 149,
    159 f., 163, 227, 236, 239,
    247; s. a. Eltern, Verwandt-
    schaft
Fegefeuer 131
Fehr, Ernst 211
Finlay, Barbara 39
Fischer, John Martin 242
Fisher, Simon 40
Folter 54 f.
FOXP2 (»Sprach-Gen«) 40
Fraga, Manuel 35 f.
Frankena, William 260 f.
Freiheit (der Entscheidung/des
    Handelns) 12, 29, 44, 53, 71,
    164, 242, 245

Freud, Sigmund 195, 209
Frontalhirn 58, 191, 235; s. a.
    Kortex, präfrontaler
 – Frontalhirnschaden 178,
    191 ff.
Frustration 166, 173
Fürsorge s. Sorge

Gäfgen, Magnus 260
Gage, Phineas 150 ff., 158, 191
Gallese, Vittorio 102
Galton, Francis 28
Gazzaniga, Michael 256
Geborgenheit 178, 232, 235,
    244
Gedächtnis 46, 88, 138, 145,
    151, 257, 272
Gefangenen-Dilemma 117 f.
Gefühl/Emotion 16, 19, 22,
    45 f., 50, 80, 97, 99, 109 ff.,
    114, 116, 119, 127 f., 134,
    137 f., 145 f., 153, 155 f.,
    158 f., 163, 166 ff., 173 ff.,
    187 ff., 191 ff., 197, 200 ff.,
    204 f., 207 ff., 219, 221,
    223 ff., 228, 232, 236, 238,
    240, 243, 247, 269, 274; s. a.
    Affekt
Gehirn 16 f., 19, 35, 39 f., 44 ff.,
    75, 77, 79 ff., 83, 95 ff., 104,
    110 ff., 118 f., 127 ff., 135 ff.,
    140 ff., 152 ff., 178, 193 f.,
    196, 200, 220, 222 f., 225,
    229, 235, 238 f., 241, 257,
    264, 268 f.

Geist 11, 13, 37, 41, 44 ff., 76 f.,
79 ff., 107, 137, 264
Geisteswissenschaften 10 f.,
240
Gemeinschaft 10, 14, 71, 87 f.,
142, 163 f., 219, 224, 227 f.,
232 f., 236 ff., 245 ff.; s. a.
Gruppe
Gen 17, 19, 25 ff., 29 ff., 125 f.,
160 ff., 166, 214 f., 218, 257 f.,
266 f., 275
– Aktivierung und Deakti-
vierung 34
– »Gott-Gen« 40
– »Sprach-Gen« 40
– »Verbrecher-Gen« 161
Genetik 26 f., 35, 37, 40, 42 f.,
94, 126, 256
»Genetische Verwundbarkeit«
30
Genetozentrische Sicht 27,
126, 161
Genom 25 ff., 32, 35, 37, 42,
258
Genomprojekt 25 ff., 34 f.,
42 f., 256, 266
Genotyp 41
Genovese, Catherine (»Kitty«)
178 f.
Genpatente 43
»Genschalter« 42
Gerechtigkeit/Gerechtigkeits-
sinn 23, 69 ff., 95, 105, 118 f.,
177, 211, 218, 245
Geschlecht/Geschlechter-

unterschied 11, 18, 87, 119,
185, 201
Gesellschaft 10 f., 15, 26, 29,
50, 53, 59, 71, 107, 131,
139 f., 149, 159, 162, 197,
213, 215 f., 222, 226 ff.,
231 ff., 238 ff., 244, 247,
249 f.
Gesetz 49, 55
Gesicht 82, 86, 115, 174, 202,
261 f.
Gesinnung 37, 105 f., 117, 214
Gestik 115, 222
Gewalt/Gewalttätigkeit 15,
134, 136, 155, 157, 161 f.,
239; s. a. Aggression
Gewissen 19, 23, 63, 102,
163 f., 168 ff., 178, 192 ff.,
204 ff., 230, 239, 249
Gewissensbisse 205 f., 220
Gewohnheit 227, 247, 250
Gewohnheitsrecht 226
Gilligan, Carol 69 f., 72, 119
Glaube 13, 17 f., 50, 53, 64, 68,
71, 73, 131, 183 f., 248
Gleichgewicht, reflektiertes 62
Gleichheit 12, 98
Globalisierung 215
Glück 154, 166, 173, 193 f.,
201, 203, 210, 220, 222, 224,
235
Goethe, Johann Wolfgang von
5, 163
Goldene Regel 61
Goodall, Jane 124

Gott/das Göttliche 12 f., 16 ff.,
21, 24 ff., 39, 41, 51 f., 65, 68,
70 f., 131, 170, 200, 205, 219,
230, 249
Gotteslästerung 13
Gould, Stephen Jay 108, 122
Greenfield, Susan 44
Großhirnrinde 105, 112, 136,
144 ff., 153
Großzügigkeit 105
Gruppe/Gruppenbildung 12,
84 ff., 101, 115, 124, 126, 163,
177, 186, 188, 196, 210 ff.,
221 f., 224 ff., 228 f., 232 ff.,
236 f., 239 f., 244, 246 ff.; s. a.
Gemeinschaft, Koalition
gut/das Gute/Güte 9 f., 14,
17 f., 20, 23, 29, 40, 44, 48,
50 ff., 56 ff., 63, 65 f., 73, 100,
102 f., 105 ff., 126, 130 f., 140,
144, 189, 193, 198 ff., 207,
221, 225 f., 232, 238, 244,
247, 249 f., 268, 271

Habgier 15
Haenning, Gitte 123
Haidt, Jonathan 187 f., 204,
206 f., 248
Halo-Effekt 185
Haltung, moralische 85 ff., 95,
100, 131, 169, 193, 210, 215,
247
Handlung s. Aktion
Hanifan, Lyda Judson 227 f.
Haplogruppe 85, 266

Harbaugh, William T. 127
Harlow, John 151 f.
Hass 113, 131
Hauser, Marc 189 f., 258, 261
Hautfarbe 18, 85 ff., 89, 100,
126, 160, 186, 212, 266; s. a.
Rasse
Hedonismus 57, 202 f., 233
heilig/Heiligkeit 64, 68, 71,
106, 126, 219, 245
Heldentat 125
Heranwachsende 136 f., 236;
s. a. Adoleszenz, Jugend,
Pubertät
Heuchlerei 15
Hierarchie 12
Hildegard von Bingen 21
Hilfsbereitschaft/Helfen 34,
120 ff., 126, 179, 181 ff., 211,
213, 216, 270; s. a. Altruis-
mus
Himmel 19, 24, 100, 103, 131,
271
Hirnforschung 14, 44, 113,
138, 153, 192 f., 235, 240 f.,
265
Hirnstamm 45, 143
Höcker, Karl 132
Hofstadter, Douglas R. 272
Hölle 100, 131
Holocaust 130, 132
Holoshitz, Joseph 32 f.
Homo moralis 73, 167
Homo sapiens 34, 40, 121, 146
Homosexualität 29, 60

Homunculus (»Menschlein«) 240 f.
Horkheimer, Max 249
Hume, David 64 f., 72, 260
Huntington, Samuel P. 12, 15
Hussein, Saddam 110, 113, 116
Huxley, Aldous 195, 240
Huxley, Thomas H. 45, 107, 254
Hyrtl, Joseph 20

Ich/Selbst 75, 96, 141, 168, 176, 254
Ich-Bewusstsein 73, 75, 168; s. a. Bewusstsein
Imitation 76, 82, 95, 99, 111, 116, 232, 264, 267 f.
Imperativ, kategorischer 56, 69, 173
implizit 85, 196, 235, 239, 241; s. a. automatisch, unbewusst
implizite kognitive Prozesse 184 f., 187
Individuum/Individualität 34, 41, 71, 107, 126, 164, 166, 198 f., 213 ff., 219 f., 226, 245
Instinkt 46, 102, 106 f.
Integration 234 f.
Intelligenz 141, 151, 186, 203
Intuition 50, 100, 145, 205, 230
Intuitionismus 66 f., 261
– soziologischer 204
Inzest 204 ff., 219
Irak 15, 124, 199

Irrtum 172 f.
Islam 12 f., 15, 233 f.

Jesus Christus 18, 52
Jugend/Jugendliche 29 f., 134, 136 f., 144, 147, 154 f., 235 ff., 244; s. a. Adoleszenz, Heranwachsende, Pubertät

Kain/Kainsmal 16 f., 254
Kalter Krieg 11 f.
Kant, Immanuel 56, 68, 72, 173, 261 f.
Kategorisierung 86 ff., 212, 233
Katechismus 52 ff., 57, 70
Kausalität 160, 209, 265
Keil, Frank C. 203
Kennedy, John F. 222
Kerntransfer 32
Kernwissen 81 f., 89, 91, 94 f., 99, 101
Kerry, John 208 f.
Killen, Melanie 176 f.
Kind/Kindheit 14 f., 24, 85, 93, 97 ff., 114, 120 f., 134 ff., 153, 161, 165 ff., 190, 193 f., 203, 205, 212, 230 f., 233, 236, 265; s. a. Kleinkind
Kirche, katholische 52 ff., 57, 70, 131, 164
Kleinhirn 143
Kleinkind/Baby/Neugeborenes/Säugling 62, 64, 74 ff., 81 ff., 86, 90 ff., 98 f., 109, 120 f., 135, 148, 164, 166 ff.,

170 f., 176, 190 f., 194, 212, 243, 261 ff., 268; s. a. Kind
Klonen 31 ff., 38
– therapeutisches 52, 62; s. a. Stammzellenforschung
Koalition/Allianz/Networking 84, 88 f., 101, 265; s. a. Gruppenbildung
Koch, Christof 45
Kognition/Kognitionsforschung 39 f., 78, 109, 111, 132, 146, 149, 170, 175 f., 186, 189, 207, 215, 217, 229, 243
Kognitivismus 67, 69
Kohlberg, Lawrence 67, 69 f., 72, 95, 119
Kommunikation 43, 78, 80, 82, 89, 99
Konditionierung 171, 201
Konflikt 12 f., 134, 163, 167 f., 184, 189 ff., 211, 244, 270
Konsequentialismus 259
Kontrolle 95, 99, 138, 155
Konvention 165, 187 f., 225
Konversationsforum (Eltern-Kind-Beziehung) 168
Kooperation 12, 71, 106, 117, 126, 142, 212, 220, 225 ff., 237
Korrelation 160
Korsgaard, Christine M. 104
Kortex, präfrontaler 137, 144, 146, 149 f., 152 ff.; s. a. Frontalhirn

– dorsolateraler 136, 138
– ventraler 152, 208
– ventro-medialer 191
Kraus, Karl 74
Kreuzzüge 13
Krieg 124, 214 f.
– gerechter 94
Kriminalität 15, 139, 159 f.; s. a. Straftat
Kriminologie 15
Kuhl, Patricia 92 f., 140
Kultur 12 f., 15, 17, 50, 60, 107, 139, 185, 188, 215 f., 234, 238, 247, 268, 270
Kurzban, Robert 88, 267

La Mettrie, Julien Offray de 25
Lagattuta, Kristin 173
Langschwanzpipra 263
Latané, Bibb 179 f., 182
Lay, Ken 207 f.
»Leib-Seele-Problem« 45
Leonardo da Vinci 20 f.
Lernen 76, 78 f., 81, 92 ff., 149, 151, 154, 156, 162, 168, 201, 216, 231, 233 f., 236, 246, 272
Lewontin, Richard 27, 256 f.
Libet, Benjamin 241 f.
limbisches System 46, 145, 153, 240, 268
Littell, Jonathan 130
Locke, John 24, 29
Logik 57, 63, 65 f., 106, 159, 188, 191, 206, 208 f.
Lüge 55 f., 131

Lust 154, 202 f., 206, 209, 224, 235
»Luzifer-Effekt« 200, 221, 244

Manager 245 f.
Mandelkern s. Amygdala
Maratos, Olga 264
Marcus, Gary 77
McGinnis, Ross 124
Medizin 25, 68, 156, 184, 221
– regenerative 62
Meisner, Joachim 164
Meltzoff, Andrew 76, 92
»Mensch als Maschine« 25
Menschenbild 21 f.
Menschenrechte 18
Messenger-RNA 33
Metaethik 63, 65, 73, 261 f.
Metzinger, Thomas 14, 67, 241, 253
Metzler, Jakob von 258
Mimik 111, 115, 167, 171, 174, 222
Mitchell, Margaret 158
Mitgefühl/Mitleid 15 f., 19, 22, 105, 110, 112 f., 118 f., 137, 149, 157, 194, 196
Mittelalter 13, 17, 21, 23, 61
Modularität (Gehirn) 79 f., 141, 262 f.
Moffitt, Terrie 159, 161
Mohammed-Karikaturen 12 f.
Monismus 70, 262 f.
Moore, G. E. 63 f., 130, 261 f.
Moore, Keith 76

Moral/Moralität 9 ff., 14, 18 ff., 22 f., 31, 37, 41, 46, 48 ff., 75, 81, 91, 94, 98, 100, 102, 106 f., 109, 122, 131, 140, 143 f., 149 f., 157, 163 ff., 178 f., 183, 185, 187 ff., 203 ff., 209 f., 217 ff., 237 f., 240, 242, 245 ff., 254, 261 f., 270
Moralphilosophie 49, 54 f., 57 f., 63, 66, 261 f.
Moralpsychologie 248
Moraltheologie 55 f., 58, 261
Mord/Mörder 16, 60, 132 f., 136, 156, 178 f.; s. a. Töten
Motivation/Handlungsmotivation 13, 109 f.
Motorik 116
Multitasking 146
Muttersprache 90 f., 93; s. a. Sprache
Mythos 17 f., 50 f.

Nächstenliebe 61, 103, 183, 270
Nationalsozialismus 11, 60, 244
naturalistischer Fehlschluss 64, 262
»Nature and nurture« 28, 36, 41, 74, 257
Naturwissenschaften 10 f., 19, 22, 73, 79, 239, 248, 262
Networking s. Koalition
Neues Testament 17; s. a. Bibel
Neugeborenes s. Kleinkind

Neurobiologie 49, 238, 246
Neuroethics Society 14
Neuroethik 13 f., 258
Neuron 35, 77 ff., 96 ff., 109,
  111 f., 115, 140 ff., 272
– neuronales Aktivitätsmuster
  143 f., 194
Neurophilosophie 14, 241
Neuropsychologie 17
Neurowissenschaften 9, 13 f.,
  30, 39, 65 f., 79, 109 f., 112,
  118 f., 138, 140 f., 147, 152,
  155, 162, 184, 189 f., 195,
  216, 226, 238, 242, 268
Nicht-Linearität 38 f.
Niehoff, Debra 162
Nietzsche, Friedrich 48
Nikomachische Ethik 48
Non-Naturalismus 260
Norm 14, 59 ff., 65, 71, 88, 94,
  170, 177 f., 183, 206, 225 ff.,
  232 ff., 240, 246, 248 ff., 260,
  261; s. a. Regel

O'Hara, Scarlett 158
Objektivität 22, 68, 228, 230
Ohno, Susumu 35
ökologisches Gleichgewicht
  172
»Omo«-Fund 273
Onfray, Michel 29
Opfer 15, 17, 49, 52, 72, 157,
  179, 183, 187, 190 ff.
Organismus 21, 27, 35, 37, 39
Oyama, Susan 41

Pantheismus 18
Papst 164, 249 f.
Paradies 50, 52, 100, 226, 247;
  s. a. Eden, Garten
Parochialismus s. Altruismus,
  parochialer
Peinlichkeit 219, 225
Persönlichkeit 37, 151 f., 157
Pflicht 18, 71, 118, 163, 172 f.,
  200, 222, 228, 235
Phänotyp 38, 41
Phantasie 24
Philosophie 10, 13 f., 17, 23 f.,
  29, 45, 48, 55 ff., 61 f., 65 ff.,
  73, 79, 105, 130, 189, 193,
  197, 242 f., 249, 271
Physiologie 26
Piaget, Jean 92, 99, 168, 264
Plastizität 80
Politik 53, 163, 222
Priester 17
Primaten 37, 83, 108, 124 f.,
  225, 265, 270
»Priming« 196 f.
Prinz, Jesse J. 67
»Pruning« 78
Psyche 30, 107, 156, 191
psychische Erkrankung 147
Psychologie 10, 22, 39, 41, 49,
  66 f., 132 f., 178, 185, 193,
  195, 197, 199, 208
Psychopathie 156 ff., 165
Pubertät 78, 137 f., 154; s. a.
  Adoleszenz, Heranwachsen-
  de, Jugend

Putnam, Robert D. 227 f.,
231

Rache 19, 159, 211, 238; s. a.
Vergeltung
Raine, Adrian 15 ff., 159, 254
Räsonieren, moralisches 149
Rasse 11, 25, 84 ff., 100, 266 f.;
s. a. Hautfarbe
Rassismus 11, 87 f.
Rationalismus 78, 264
Ratzinger, Joseph s. Benedikt
XVI.
Rawls, John 72, 95
Recht 12, 49, 163, 197, 209,
219 f., 226 f., 236, 260
Rechtswissenschaft 14
Regel 18 f., 134, 140 ff., 146 f.,
150 f., 159, 162 ff., 167, 169 f.,
173, 176, 180, 186, 205, 210,
219, 224 ff., 233 ff., 244,
246 ff.; s. a. Norm
Regeldeontologie 56, 68, 173
Relativismus 249
Religion 15, 18, 49 f., 53, 57,
59, 73, 84, 163, 170, 183 f.,
233, 248, 254, 267
Repräsentation (Gehirn)
177 f., 236, 239
Reptilienhirn 143
Respekt 189, 221, 237, 247
Restrictio late mentalis 55
Rettungsfolter 55
Reue 23
Reziprozität 246

Rheumatoide Arthritis 32 f.
Ridley, Mark 268
Risikofaktoren 161, 221
RNA (Ribonukleinsäure) 42 f.;
s. a. Messenger-RNA
Robert, Jason Scott 256
Romeo und Julia 136 f.
Ross, Lee D. 268
Rückenmark 143
Rücksicht 18, 123 f., 126, 227,
267
Rücksichtslosigkeit 18
Ruhm 268

Sadismus 15, 199 f.
Samariter, guter 182 f.
Sarkozy, Nicolas 29 f.
Säugling s. Kleinkind
Schaden 165
Schadenfreude 238
Scham 19, 46, 51, 114, 170,
175, 219, 225
Schavan, Annette 164
Schimpanse 74, 121, 124 f.,
170, 226, 270
Schlaf 44, 59
Schlecht/das Schlechte 55 ff.,
63, 65, 108
Schmerz 30, 45, 57, 112 f., 118,
151, 158, 166, 203, 205, 224,
235
Schmerzmatrix 112 f.
Scholastik 23
Schuld 23, 29, 46, 53, 130, 140,
175, 219, 240, 243, 274

Schuldbewusstsein 148, 170
Schuldgefühl 19, 156, 175, 225, 274
Schüller, P. Bruno 259
Schwarmintelligenz 142
Seele 17, 20 ff., 78, 98 ff., 109, 114, 128, 140, 170, 195 f., 241, 254
Selbstbewusstsein 171, 174 ff.
Selbstlosigkeit 12, 40, 105, 123, 129, 213, 215 f.
Selbstmord/-tötung/Suizid 29 f., 136
Selbstmordattentat 13
Selbstorganisation (hochkomplexer Systeme) 141, 143, 241, 243, 272
Selbstsucht 15, 57, 268
Selbstwert 175
Selektion 125, 257
»Selfish Gene« (egoistisches Gen) 36, 122
Sequenz 26, 31, 33 ff., 42
Sequenzierung 26 f., 254
sexuelle Orientierung/Sexualverhalten 18, 29, 52, 148
Shweder, Richard 71
sichere/unsichere Beziehung (Eltern-Kind) 177 f., 194, 231
Singer, Peter 62, 64 f., 259
Singer, Tania 112, 118 f., 238, 269
Sinne/Sinneswahrnehmung 75 f., 79, 140, 145, 263

Sinnott-Armstrong, Walter 66
Sittengesetz, natürliches 54, 64, 170, 230
Sittlichkeit 52 f., 57 f., 62, 70, 81, 94, 220, 262
Situation 55, 60 f., 65 f., 68, 72, 79, 110, 113, 116 f., 121, 132 f., 144 ff., 149, 154, 160, 197, 199, 208, 217, 220 ff., 229, 241 f.
»Social animal« 74, 92
Solidarität 19, 53
Solschenizyn, Alexander 9, 41
Sorge/Fürsorge 72, 119
– Ethik der S. 69 f., 119
sozial 11, 20, 31, 58, 73 f., 80, 86 f., 89 ff., 94, 97 ff., 104, 116, 122, 124, 134 f., 137 ff., 146, 148 ff., 160 ff., 186 f., 195, 206, 216 ff., 222, 224 ff., 231 ff., 236 ff., 242 ff., 268
Sozialdarwinismus 123, 267
soziale Klasse 11
sozialer Agent 93 f.
soziales Kapital 226 ff., 231 ff., 236, 239, 244, 246 f.
Sozialisierung 167
Sozialverhalten 10, 117, 134, 139, 144, 156, 217, 238, 270; s. a. Verhalten
Soziobiologie 10 f., 30
Soziologie 10, 226 f., 239, 249, 270

sozioökonomischer Status 187
Spelke, Elizabeth 81, 91 f., 99
Spencer, Herbert 122, 270
Spiegelneuronen 96 ff., 101,
    110 f., 115, 232
Spiegeltest 75
Spieltheorie 211, 228, 237
Spiritualität 71, 100
Sprache 39 f., 89 ff., 93 f., 167,
    212, 233, 264 f.; s. a. Mutter-
    sprache
Stalin, Josef 9
Stammzellenforschung 52,
    68 ff., 164, 192; s. a. Klonen,
    therapeutisches
Standards, verinnerlichte
    170 f., 177, 194, 206
Stanford Prison Experiment
    198 ff., 221, 244
Sterbehilfe 62
Stereotype 177, 186 f.
Stirnlappen (Gehirn) 136
Strafe s. Bestrafung
Straftat/Verbrechen 60, 159,
    162, 178, 218, 239
Striatum, ventrales 105, 127 f.,
    208, 210, 222
Subjektivität 249, 269
Sucht 152
Sühne 52
Suizid s. Selbstmord
Sünde 17 f., 50 ff., 65, 131, 174;
    s. a. Todsünde
– lässliche 131
Sündenfall s. Erbschuld

Sympathie 110, 113, 115, 118,
    120, 202, 208, 227
Synapse 77 f., 109

Tabula rasa 23 f., 29, 61, 76, 79
Talent 25, 36
Teilen 103 f., 123, 126, 128,
    211, 213, 217; s. a. Altruis-
    mus
Teilhard de Chardin, Pierre 21
Teleologie 56, 69, 171, 260
Teleologismus (Kinder) 114
Temperament 37 f., 115,
    165 ff., 171, 177
Terenz 186
Teufel 17, 51, 53, 197
Theodizee 254
Theologie 10, 17, 21, 23, 48,
    51 f., 54, 57, 64, 197
Theory of Mind 97 ff., 101,
    108 f., 119, 217
– »Simulations-Theorie«/
    »Theorie-Theorie« 98
»Third party punishment«
    229; s. a. Bestrafung
Thomas von Aquin 23, 224,
    248, 250
Thompson, Ross A. 168 f.
Tiere 10, 22
»Tissue engineering« (Gewebe-
    züchtung) 68
Tod 17, 20, 51, 94, 123 f., 137 f.,
    190
Todesstrafe 59 f., 110, 210, 249
Todsünde 131, 271; s. a. Sünde

Tooby, John 88
Töten 13, 62, 64, 94, 110, 159,
 165, 179; s. a. Mord
Transzendenz 130, 245, 249
Trauer 109, 111, 167, 173, 176,
 224
Treue 52, 118
Trieb 46, 107
Tugend 64, 224, 248, 250

Umwelt 18, 26, 29, 36, 39 f., 84,
 105, 161, 166, 257
unbewusst 46, 113, 184 f.,
 194 f., 197, 205, 230, 239 f.,
 269; s. a. automatisch, implizit
Ungerechtigkeit 220 f., 245
unmoralisch, unsittlich 48
Urbach-Wiethe-Krankheit
 153 f.
Urteile, moralische/sittliche
 12 f., 46, 50, 54 f., 58 ff., 65 ff.,
 70, 72 f., 81, 86, 105, 140,
 144, 164, 184 ff., 188 f., 193 f.,
 196 f., 204 ff., 210, 213, 222,
 250, 262
USA 18, 32, 35, 150 f., 160,
 188, 228, 232
Utilitarismus 56, 59 f., 192 f.

Vampirfledermaus 123 f.
»Veneer Theory« 107
Verachtung 219, 225
Veranlagung 17, 20, 28, 30, 37,
 212, 244

Verantwortung/Verantwort-
 lichkeit 12, 23, 29, 46, 63, 65,
 137, 182, 197, 214, 240, 242 f.
– Diffusion der 182
Verbrechen s. Straftat
Vergebung 23, 52
Vergeltung 19; s. a. Rache
Vergleich, sozialer 127
Verhalten 22, 30 f., 39, 106 ff.,
 117, 121, 125 f., 145 ff.,
 151 ff., 159 ff., 165 ff., 170 ff.,
 174, 176 ff., 182, 194 f., 201 f.,
 205 f., 208, 211 ff., 216 ff.,
 222 ff., 227 f., 230 ff., 235 ff.,
 246, 270; s. a. Sozialverhalten
– antisoziales 15, 17, 133,
 139 f., 156, 159 ff., 225, 237 ff.
– prosoziales 140, 222 ff.,
 235 f., 239
Verhaltensgenetik 161
Verhaltenspsychologie 12, 120,
 140, 216
Verinnerlichung (»social
 learning«) 177 f., 194, 205,
 230 ff.
Vernunft 24, 54, 70, 72, 79,
 100, 104, 152, 173, 260
Verstand 19, 24, 50, 64, 72,
 136, 138, 145, 152 f., 163,
 173, 182, 184, 189, 193, 195,
 205 ff., 223, 245, 265
Verteilungsspiele 217 f., 229,
 245
Vertrauen 10, 46, 90, 118, 178,

195, 218 f., 225, 227 ff., 236,
239, 246 f.
Verwandtschaft 123, 125 f.,
159; s. a. Eltern, Familie
Vorurteil 88, 108, 133, 196,
209, 230, 243

Waddington, Conrad H. 37
Wade, Nicholas 25
Wahl(-freiheit) 29, 56, 240; s.
a. Wille
Wahrheit 70, 131, 207, 209 f.,
230
»warm glow« 128, 205 f.
Warneken, Felix 120
Watson, James 186 f.
Watson, John B. 22 f., 25, 29
Wechselwirkung 26, 41, 43, 47,
80, 126, 161, 216, 256
Werte, moralische 12, 19, 55 f.,
58, 67, 72 f., 176 f., 219, 222,
224, 231 ff., 236, 249, 268

Wertesystem 62, 94
Westen, Drew 207
Westermarck, Edward 122, 270
Whitehall-II-Studie 220 f.
Wille, freier 63, 65, 197, 240 ff.;
s. a. Wahl
Wilson, Edward O. 10 f.
Winkielman, Piotr 201
Würde 69, 221

Zahlenverständnis 83, 91
Zehn Gebote 55, 149
Zelle (biologische) 34 f., 68, 96,
112, 141 f., 257
Zimbardo, Philip 198 ff., 221,
244
Zufriedenheit 105, 209, 221,
224
Zusammenhalt 219, 246
Zuwendung 90, 237
Zwillinge/Zwillingsstudien
32 ff., 36, 38

Richard Dawkins

DER GOTTESWAHN

Aus dem Englischen
von Sebastian Vogel

576 Seiten. Gebunden mit Schutzumschlag
ISBN: 978-3-550-08688-5

Eine furiose Streitschrift wider die Religion

Richard Dawkins, einer der einflussreichsten Intellektuellen der
Gegenwart, zeigt, warum der Glaube an Gott einer vernünftigen
Betrachtung nicht standhalten kann – brillant und bei aller
Schärfe humorvoll. In diesem leidenschaflichen Plädoyer für die
Vernunft zieht er gegen die Religion zu Felde: Wenn wir die Kritik
an den Religionen zum Tabu erklären, laufen wir Gefahr, von
Fundamentalisten jedweder Couleur dominiert zu werden.
Ein wichtiges Buch, das zu einem brennend aktuellen Thema ein-
deutig und überzeugend Position bezieht.

»Ein großartiges, mutiges Buch.«
Guardian

»Eine ausgedehnte Erfrischungskur für den Verstand.«
Sunday Times

ullstein

Kenneth W. Ford

WIE KLEIN IST KLEIN?

Eine kurze Geschichte der Quanten

Aus dem Amerikanischen von Michael Schmidt
368 Seiten mit zahlreichen Abbildungen.
Gebunden mit Schutzumschlag
ISBN: 978-3-550-08715-7

Die wundersame Welt der Quanten

Was fliegt da? Ist es eine Welle? Ist es ein Teilchen? Nein, es ist
beides! In der Logik der Quantenphysik gibt es kein Entweder-
oder, nur ein Sowohl-als-auch. Kenneth W. Ford führt uns in
das geheimnisvolle Reich der Quanten und zeigt, was die Welt
im Innersten zusammenhält.

»Ein höchst willkommenes Buch. Ford ist ein begnadeter
Lehrer. Er schreibt mit beeindruckender Klarheit und erklärt
abstrakte Konzepte meisterhaft.«
Leon Lederman, Nobelpreisträger für Physik

»Eine klare, verständliche Landkarte für die Quantenwelt.«
John D. Barrow

ullstein

Elie Barnavi

MÖRDERISCHE RELIGION
Eine Streitschrift

Aus dem Französischen von Olaf Matthias Roth
176 Seiten. Gebunden mit Schutzumschlag
ISBN: 978-3-550-08710-3

Eine Streitschrift wider den Fundamentalismus

Die zunehmende Ausbreitung des Fundamentalismus, nicht
nur in der muslimischen Welt, beweist: Die westliche Welt hat
vor lauter gut gemeinter Toleranz vergessen, dass der Religion
in der Demokratie Grenzen gesetzt werden müssen. Denn:
Die Schattenseite aller schriftlich fixierten Offenbarungs-
religionen ist die Gewalt. Mit seinen provozierenden Thesen
rüttelt Elie Barnavi, selbst gläubiger Jude, seine Leser aus dem
multikulturellen Dornröschenschlaf und ruft zu einer strikten
Trennung von Religion und Staat auf. Der Westen muss sich auf
die Werte der Aufklärung besinnen und sie kompromisslos verteidigen. Nur so können wir verhindern, dass Fundamentalismus
zum globalen Totalitarismus des 21. Jahrhunderts wird.

Ein flammendes Plädoyer für die radikale Verteidigung unserer
demokratischen Werte.

ullstein